シリーズ
家族はいま…
1

結婚とパートナー関係
問い直される夫婦

善積京子 編

ミネルヴァ書房

シリーズ〈家族はいま…〉(全5巻) 刊行のことば

　いま,家族がおもしろい。同時に,家族が分かりにくくもなっている。むしろ不透明だからこそ,おもしろいともいえよう。

　確かに家族は揺れ動き,変わりつつある。新しい生活のスタイルや価値観が注目を集め,夫婦関係や親子関係,あるいは男性と女性の関係性にもこれまではあまりみられなかったような関わり方や考え方が現れている。しかし家族を考えてみることがいまおもしろいのは,家族が動きつつあるからというだけにとどまらない。家族をとりまく他の社会システムの変化も,因となり果となってこれに連動しているからである。つまり,いま家族を考えてみることは,動きつつある現代日本社会をみつめることにもなるのである。改めていま,家族を問い直し,再考する意義は大きい。

　今回の家族研究シリーズ〈家族はいま…〉は下記のような全5巻からなっている。いずれの巻も,家族生活の内部過程を詳細に追うことにとどまらず,個人—家族—社会の関係性のダイナミズムを探り,さらには両者の関わり合いを自覚的に意識しようと努めている。あくまで家族に焦点をあわせつつも,個人,家族,社会のインターフェイスが浮き彫りにされるようなシリーズにしたいと企画された。さらに全巻に共通する特徴は,隣接領域における家族研究の成果をとりこむとともに,国際的な動きにも目配りをする努力・工夫をしていることである。

　本シリーズのいま一つの水面下の特徴は,問題解決志向性である。これまでわが国の家族社会学は,どちらかというと問題解決志向性については禁欲的,消極的,あるいはせいぜい迂回的貢献を目指すという傾向が強かった。とはいえ,いきなり家族援助技術論に射程をのばすというのではなく,いま少し現代の家族が直面している問題状況を自覚的に位置づけておこうとするものである。各巻の論文にはこうした問題状況を直接的にとりあげているものもあれば,間接的ながら,動きつつある家族が直面している諸種の問題状況やその因ってきたるところを示唆する論考もある。

　最近の家族の生活スタイルや考え方を論じるおもしろさも捨てがたい。しかし,本シリーズを企画した中核的な意図は,専門書として読み応えのある「現代家族の現状分析」を,多様な視角とアプローチから目指す点にある。不透明な時代だからこそ必要なのは,単なる論評や主張にとどまらない,地道な状況検証であろうと考えたからである。もう一つのおもしろい家族論が,いまここにあるといえよう。

シリーズ〈家族はいま…〉 編者一同

シリーズ〈家族はいま…〉(全5巻) 構成

第1巻	結婚とパートナー関係:問い直される夫婦	善積京子編
第2巻	親と子:交錯するライフコース	藤崎宏子編
第3巻	老いと家族:変貌する高齢者と家族	染谷俶子編
第4巻	家族問題:危機と存続	清水新二編
第5巻	家族と職業:競合と調整	石原邦雄編

結婚とパートナー関係：問い直される夫婦

目　次

序　章　結婚制度のゆらぎと新しいパートナー関係
——結婚の意味が問われる時代——……………善積　京子…1

1　結婚制度のゆらぎ………………………………………………………1
（1）社会制度としての結婚…1
（2）結婚の個人的選択化…3
（3）脱性別役割分業による結婚のメリットの減少…4
（4）法律婚の有効性の低下…6
（5）結婚制度を越えた父子関係の確定制度…7
（6）セクシュアリティの選択性からの挑戦…9
（7）多様なライフスタイルの存在を前提とした制度の重要性…10

2　本書の全体のスケッチ………………………………………………11
（1）第Ⅰ部　ライフスタイルの多様化と結婚…12
（2）第Ⅱ部　夫婦関係の現代的諸相…14
（3）第Ⅲ部　変動する社会と結婚…17

3　新しいパートナー関係に向けて……………………………………19
（1）「愛の生活共同体」幻想をはぎ取り，個人単位の社会へ…19
（2）法律婚や夫婦関係の特権化の廃止…20
（3）不安定なパートナー関係を支える支援ネットワーク…21
（4）親密なパートナー関係と親子関係の切り離し…22

第Ⅰ部　ライフスタイルの多様化と結婚

第1章　未婚化・晩婚化・シングル化の背景……大橋　照枝…27

1　成熟社会が促した個化とシングル化…………………………………27
（1）パーソナル化・個化は時代の必然…27
（2）変わる女性の結婚観——"適齢期"は死語に…29

2　未婚化・晩婚化・シングル化・少子化の経済的原因………………30
（1）女性の労働力を搾取する結婚というシステム…30

　　　　（2）女性の失う「機会費用」が大きいことを示す「M字型曲線」…31
　　　　（3）夫に扶養される専業主婦を前提にした日本の社会システム…34
　　　　（4）「パート減税」「遺族年金」が成り立たなくなる日本の21世紀…34
　3　女性が働く意味と，家事・育児・介護の社会化 ……………… 36
　　　　（1）"子の養育は男女および社会全体の責任"と
　　　　　　　うたった国連の女性差別撤廃条約…36
　　　　（2）高齢者の「24時間在宅介護・看護」の社会化…37
　4　世界一高い子どもの養育および教育コスト ……………………… 38
　　　　（1）乏しい企業，自治体，政府の経済的支援…38
　　　　（2）手厚いスウェーデンの子育て支援…39
　　　　（3）少子化対策も企業の社会的責任で…39
　5　進む「結婚の経済学」の議論 …………………………………… 40
　　　　（1）"子どもを産むことを金の儲かる職業とせよ"と
　　　　　　　訴えたバートランド・ラッセル…40
　　　　（2）"結婚は「互換性」と「相互補足性」が増す"
　　　　　　　としたゲリー・ベッカー…41
　　　　（3）結婚のメリットの大きい男女の組み合わせ…42
　6　結婚を忌避させる社会的要因――薄れる「家族」の存在感 ……… 43
　　　　（1）「企業戦士」と「母子家庭」に分断される日本の家族…43
　　　　（2）貧しい親子のコミュニケーション…46
　　　　（3）夫婦，親子が愛情と尊敬で向き合っていない日本の家族…47
　7　日本の政治と社会の変革の必要性 ……………………………… 49
　　　　（1）変わる女性と変わらない日本の企業風土…49
　　　　（2）北欧の男女平等・高福祉社会構築への女性の役割…50
　　　　（3）議会へ進出した北欧女性たちは，積極的に政策提言…51
　　　　（4）女性の社会参加を前提にした社会システムを構築した北欧…52
　　　　（5）まとめ――住み良い社会づくりにシングルズ・パワーを…53

第2章　結婚の現在的意味 ………………………………… 山田　昌弘… 56
　1　お金とセックスをめぐって ……………………………………… 56
　　　　（1）結婚問題のタブー…56

　　　　（2）生活水準と親密性（セクシュアリティ＋インティマシー）…58
　　　　（3）結婚の近代的意味…58
　　　　（4）現代日本の結婚難の原因…60

　　2　結婚意識の不変化が結婚難をもたらす ……………………………… 61
　　　　（1）現代日本の結婚状況…61
　　　　（2）結婚に対する意識は変化したか…61
　　　　（3）性別役割分業意識流動化の虚実…64
　　　　（4）結婚相手への期待…65
　　　　（5）経済的責任と家庭責任の非対称性…66
　　　　（6）結婚相手選びの男女差…67

　　3　経済の環境変化と結婚難 …………………………………………… 70
　　　　（1）高度成長期の結婚…70
　　　　（2）低成長期の結婚難…72
　　　　（3）豊かなヤングアダルト…73
　　　　（4）結婚できない階層の性差…74
　　　　（5）日本の結婚の将来…75

　　4　恋愛意識の変化と結婚難 …………………………………………… 76
　　　　（1）結婚による親密関係の変動…76
　　　　（2）高度成長期の結婚・恋愛…76
　　　　（3）1970年以降の男女交際の機会の増大…77

第3章　非法律婚のライフスタイル ……………… 善積　京子… 81

　　1　非法律婚カップルの人たちの意識 ………………………………… 81
　　　　（1）自分たちのライフスタイルへの認識…81
　　　　（2）法律婚との関連でみたカップルの分類…83
　　　　（3）非法律婚の選択動機と利点…84
　　　　（4）非法律婚カップルの家族観…87

　　2　家庭生活の実態 …………………………………………………… 89
　　　　（1）家事・育児の分担…89
　　　　（2）家計組織…90
　　　　（3）パートナーとの情緒的絆…92
　　　　（4）パートナーとのセックス…93

目次

　3　非法律婚の現代的意味……………………………………………95
　　　（1）逸脱視される非法律婚…95
　　　（2）ライフスタイルの一つとしての非法律婚…97
　　　（3）法律婚に匹敵するオルタナティヴとしての非法律婚…98
　　　（4）試験婚としての非法律婚…99
　　　（5）法律婚に至るモラトリアムとしての非法律婚…101

第4章　同性愛者のライフスタイル……………杉浦　郁子…105
　　　　　　　　　　　　　　　　　　　　　　矢島　正見
　1　〈同性カップル〉を論じる前に……………………………………106
　　　（1）〈同性カップル〉とはだれのことか…106
　　　（2）強制的異性愛…108
　2　同性愛者にとっての「結婚」……………………………………110
　　　（1）「結婚」に対する構え…110
　　　（2）「結婚」をめぐるイメージ…112
　3　同性愛者のライフスタイル………………………………………114
　　　（1）ライフスタイルに対する構え…114
　　　（2）〈カップル〉をめぐる幻想…115
　4　ライフスタイルの創造へ…………………………………………117
　　　（1）ノン・モノガミーの実践…117
　　　（2）多様な性と生の模索…118

第Ⅱ部　夫婦関係の現代的諸相

第5章　性別役割分業からみた夫婦関係…………松田　智子…125
　1　近代家族と性別役割分業…………………………………………125
　　　（1）性別役割分業の成立…126
　　　（2）フェミニズムの問いかけ…127

v

2 家庭内役割分担の現状 …………………………………… 128
- （1）属性別にみた夫の家事遂行…128
- （2）属性別にみた夫の育児遂行…131
- （3）妻と夫が担う家事・育児の質的違い…132
- （4）家事・育児のメンタルな側面…133

3 家庭内役割分担のメカニズム …………………………… 134
- （1）社会化理論からのアプローチ…134
- （2）経済的合理性理論からのアプローチ…136
- （3）権力論からのアプローチ…138
- （4）国家の介入──日本型福祉社会と社会政策…140

4 性別役割分業がもたらす歪み …………………………… 141
- （1）抑圧された男性たち…141
- （2）夫婦のコミュニケーション不全…142
- （3）「脱」性別役割分業にむけて…144

第6章　私事化・個別化の中での夫婦関係 ……… 礒田　朋子…147

1 本章の課題 ………………………………………………… 147
- （1）私事の台頭…147
- （2）家族か夫婦か…148

2 私事化・個別化という視点 ……………………………… 150
- （1）戦後家族と私事化・個別化…150
- （2）公の中の私，私の中の公…152

3 私事化・個別化は進行しているか ……………………… 154
- （1）個別化の現在…154
- （2）個別化の規定要因，促進要因…156
- （3）個別化と共同化…157
- （4）統合努力…159

4 多様な家族 ………………………………………………… 161
- （1）規範的モデルと多様な実態…161
- （2）私事化・個別化と多様化…163
- （3）規範的モデルと家族研究の私事化…164

第7章　家計の中の夫婦関係 ……………………… 木村　清美…168

1　「家計の共同原則」見直しの萌芽 …………………………………………169
（1）妻に渡すお金…169
（2）家計の個別化…170

2　家族成員の所得と「家計」……………………………………………………172
（1）家族内の貨幣の流れ…172
（2）家族内の貨幣配分タイプ…174

3　家族内の貨幣配分タイプの実態……………………………………………174
（1）日本の貨幣配分タイプ…174
（2）イギリスの貨幣配分タイプ…177

4　家族内の貨幣配分タイプと夫婦関係………………………………………179
（1）貨幣配分タイプを規定する要因…179
（2）貨幣配分タイプの決定をめぐる夫婦関係…182
（3）妻による管理と「自発的」抑制…182
（4）夫による管理と権力…184

5　家計の中の夫婦関係——まとめと今後の課題 ……………………………186

第8章　セクシュアリティからみた夫婦問題…… 加藤伊都子…191

1　夫との問題で相談室を訪れる女性たち……………………………………191
（1）「核のある家庭を作りたかった」…191
（2）「何か面白くない」——損をしたような気分になるセックス…193
（3）「できるものなら別れたいんです」——苛立ちから恨みへ…194

2　ディスコミュニケーション・セクシュアリティ …………………195
（1）週刊誌の中の"誰か"とのセックス
　　　——妻の気持ちと無関係のセックス…196
（2）「してくれることはしてほしいことではない」
　　　——妻からのセックスレス…197
（3）「くやしくて涙が噴水のように」
　　　——妻の意志を無視したセックス…198

3　妻たちの感情生活……………………………………………………………199
（1）夫への関心——疑念と不安とのサイクル…199

(2) その場限りの関係——別の自分になったような快感…200
　　　(3) 夫,関係,現実の相対化へ…202

　4　パワーゲームとしてのセクシュアリティ…………………………203
　　　(1)「男の人のセックスについて知りたい」
　　　　　　——無知につけこんだセックス…203
　　　(2)「女としての魅力がないから」——夫からのセックスレス…204
　　　(3) パワーゲームの舞台となったセクシュアリティ…206

　5　夫と妻のセクシュアリティ……………………………………207
　　　(1) 夫側の関係を作る能力の不足と
　　　　　妻側の自分を規定する力の不足…207
　　　(2) 性に対する諦めと無関心——伝え合うことの難しさと苛立ち…208
　　　(3) 性別役割分業に基づく関係——従属する者としての妻たち…210

第9章　夫婦関係の終結のあり方
　　　——離婚をめぐる諸問題——……………榊原富士子…212

　1　最近の離婚の概要……………………………………………213
　　　(1) 離婚年齢…213
　　　(2) 離婚の方法…214
　　　(3) 夫婦のいずれが申し立てているか…214
　　　(4) 離婚の理由…215
　　　(5) 事実婚（非届出婚）の離婚…215
　　　(6) 欧米との比較…216
　　　(7) 欧米の離婚制度の破綻主義化…217
　　　(8) 男女の賃金格差…217

　2　日本における離婚増加の原因………………………………218
　　　(1) 経済的要因…218
　　　(2) 結婚観・離婚観の変化…219
　　　(3) ライフサイクルの変化…220
　　　(4) 核家族化と祖父母家庭の受け入れ能力…220
　　　(5) 性別役割分業への批判の強まり…221

　3　離婚給付の現状………………………………………………222
　　　(1) 低下傾向…222

（2）財産分与の2分の1ルール…222
　　　（3）慰謝料…223
4　離婚の態様……………………………………………………………224
　　　（1）協議離婚…224
　　　（2）調停離婚…224
　　　（3）審判離婚…225
　　　（4）判決離婚と判例の変化…225
　　　（5）離婚実務の簡素化…227
5　離婚と子ども…………………………………………………………228
　　　（1）離婚と子ども…228
　　　（2）親権のかたより…228
　　　（3）面接交渉…229
　　　（4）養育料・児童扶養手当…230
6　離婚のサポート………………………………………………………231
7　今後の方向……………………………………………………………233

第Ⅲ部　変動する社会と結婚

第10章　中国における夫婦のパートナー関係………徐　安琪／松川　昭子訳…239

1　中国における夫婦関係………………………………………………240
　　　（1）家事分担からみた夫婦関係…240
　　　（2）権力配分からみた夫婦関係…242
　　　（3）情緒面からみた夫婦関係…242
2　中国特有の歴史的プロセスと社会的要因…………………………245
　　　（1）中国の女性解放運動の特徴…245
　　　（2）女性の継続的就業モデルの優越性…247
　　　（3）法律と国家による政策的保障…249

- *3* 中国女性が直面する課題……………………………………………250
  - （1）農村女性の現状…250
  - （2）都市女性の現状…253

第11章 アメリカにおける
　　　　結婚とパートナー関係……………岩井　八郎　259
　　　　　　　　　　　　　　　　　　　　岩井　紀子

- *1* The Family と Families ………………………………………259
- *2* 1950年代のアメリカ家族とその後……………………………261
  - （1）世帯構成の推移…261
  - （2）初婚年齢と家族形態…262
  - （3）1950年代の特殊性…264
  - （4）1960年代以降の変化…265
- *3* 変化の背景 ………………………………………………………268
  - （1）女性の就労…268
  - （2）個人主義と恋愛観…270
- *4* 結婚とパートナー関係の現在 …………………………………272
  - （1）結婚の意味…272
  - （2）同棲の新しい位置づけ…274
  - （3）同性のカップル──ゲイ・カップルとレズビアン・カップル…278
- *5* 新たなパートナー関係の提起するもの ………………………279
  - （1）家庭内パートナーの権利…279
  - （2）婚前契約と誓約結婚…280
  - （3）婚前カウンセリングとマリッジ・カウンセリングの隆盛…281
- *6* おわりに──「結婚と家族」の意味をめぐる教科書論争……282

第12章 スウェーデンにおける
　　　　結婚とパートナー関係………………高橋美恵子　289

- *1* 変わりゆくパートナーの形態と家族……………………………289
  - （1）家族政策の流れとパートナー形態の多様化…289
  - （2）多様化するライフスタイルの実態…292

　　　　（3）結婚様式…295
2　パートナー関係……………………………………………………297
　　　　（1）性別役割分業…297
　　　　（2）家事労働と勢力・権力関係…298
　　　　（3）パートナーとの絆と別れ…301
　　　　（4）セクシュアリティ…304
3　スウェーデン社会のインパクトと今後の問題点………………305

文献紹介（各章別，解題付）
索　引

序　章
結婚制度のゆらぎと新しいパートナー関係
―― 結婚の意味が問われる時代 ――

善積　京子

1　結婚制度のゆらぎ

　ライフスタイルの多様化が言われている昨今，先進諸外国では，未婚率や離婚率が上昇し，法的な婚姻登録をしない同棲が増加し，また婚外での出産も増え，結婚制度が崩れてきていると言われている。日本でも，未婚率は上昇し，単に結婚を遅らせる〈晩婚化〉だけでなく，一生涯結婚しない〈非婚化〉の兆しが観察される。ほとんどの人が結婚する皆婚社会では，独身者に向かって「なぜ結婚しない（しなかった）のか」と質問する光景は珍しくなかった。しかし現在，結婚しない人が増え，結婚する人にも「なぜ結婚するのか」と結婚の意味が問われる時代になりつつある。

　本書のテーマは，結婚制度のゆらぎの中で，夫婦関係のみならず親密なパートナー関係の変容を捉えることにある。しかも，単に価値観やライフスタイルの多様化を指摘するだけでなく，その背景を結婚制度に焦点を合わせて論じることにある。序章では，どのような面で結婚制度がゆらいできているのかを分析した後に，本書の全体のスケッチを行い，最後に，結婚やパートナー関係の今後の方向性を探る。まずは，社会制度としての結婚の特徴と本質的機能を押さえておこう。

（1）社会制度としての結婚

　動物の生態報告で，メスとオスが交尾することをもって，「結婚した」とい

う表現がされたりする。しかし人間社会では,結婚は単なる「性的結合」ではなく,一つの社会制度としてある。人間社会は,結婚関係を特別なものとして他の性関係と区別している。文化人類学者のスティーブンス (Stephens, W. N.) は,「結婚は持続的であるという観念をもって企画され,公に披露されることをもって始まる,社会的に適法な性的結合である。結婚は多かれ少なかれ明示的な結婚契約に基づいており,その契約は配偶者同士および配偶者と将来の子どもとの間の,交互の権利義務関係を明示するもの」と定義している(スティーブンス,1971:4ページ)。つまり結婚は,①社会的に承認された持続的な性的結合,②儀式などの公的な披露で結合が始まる,③配偶者同士およびその子どもとの間の一定の権利と義務の取り決め,といった特徴をもつ。ではなぜ人間社会は,結婚という制度を設け,一定の男女の性結合を公の儀式でもって社会的に承認し,その当事者や親族に権利や義務の関係を課しているのであろうか。

母子関係は女が出産するという生物的特質により自然的なものであるが,一方父子関係は文化的なもので,人類の歴史は社会学的父を結婚制度を通じて定めてきた。マリノフスキー (Malinowski, B. K.) が指摘しているように,結婚制度の本質的機能は,社会の性的秩序を維持するためというよりも,結婚制度を通じて,社会学的父を確定し,子どもに対する養育責任や親族間の権利義務関係を明らかにすることにある。彼は「いかなる子どもも,社会的父親の役割を担う男,すなわち監護者としてまた保護者として,子どもと社会の他の人々を結びつける一人の男なくして生まれるべきでない」(Malinowski 1960 : p.137) とする〈嫡出制の原理〉の普遍性を唱え,結婚を性的自由を与えるものとしてのみ把握することは,キリスト教的一夫一婦制の先入観に拘束されているからであり,結婚は性に正当性を与えるものというよりは,親であることに正当性を与えるものであると主張した。

社会学的父を定める必要性はどこにあるのであろうか。これについては,異なる解釈がある。第一は,マリノフスキーのように,子どもの監護・養育のためには社会学的父親が必要であるとする説。人類の子どもは「生理的早産」状

態（A. ポルトマン）で生まれ，社会の存続・維持にとって次世代の養育・社会化は不可欠な課題である。しかしながらどの社会でも，社会学的父はこうした監護・養育という役割を担っているわけではない。第二は，エンゲルス（Engels, F.）やデュビー（Duby, G.）のように，嫡出制の創設を父系制や私有財産の形成と結びつけて考える説。第三は，グード（Goode, W.）のように，嫡出制の目的は子どもの社会的位座（social placement）を定めて社会を組織化することにあるという説である（善積，1993a）。

（2）結婚の個人的選択化

　近年の結婚制度のゆらぎの第一は，結婚で得られるメリットよりもデメリットを多く感じ，結婚よりもシングルでの生活を好む人たちが増えている点である。これは個人レベルでの結婚生活の意義の低下によるもので，その背景には結婚の個人的選択化がある。

　ヨーロッパでは，宗教改革とそれにともなうプロテスタンティズムの台頭により，結婚は「教会のサクラメント」から「民事的な事項」になり，結婚への宗教的統制は弱まっていった。さらに，フランス革命を契機として，封建的なものの打破と人権の確立・個人主義化の進展によって，結婚は非宗教的「民事」であるばかりか，個人の自由意志に基づく「契約」とみなされるようになった。「結婚は二つの家族の協定だ」という中世では自明の理であった考え方は支持されなくなる。結婚は，宗教的あるいは親族的統制から脱し，個人的な選択となっていく。かつては，結婚相手の帰属している集団の地位・宗教・財産など社会的・経済的要因が結婚成立の条件となっていたが，今やこうした集団的要因は後方に押しやられ，恋愛感情といった個人的要因が最優先されるようになった。当事者の意志に反して家族や親族の利害で取り結ばれる結婚は，個人の〈幸福を得る権利〉〈自由の権利〉を踏みにじるものと批判されるようになる。

　日本でも現在，結婚は個人の自由意志に基づく私的な契約となっている。日本の結婚の類型化を試みた姫岡勤（1976）は，共同体主義的婚姻から家族主義

的婚姻，そして個人主義的婚姻へと結婚のあり方が変動してきたと指摘している。かつての農漁村の共同体主義社会では，村内婚が中心で，結婚は村の秩序・利益の観点から規制され，共同体主義的婚姻であった。家制度が浸透する社会になると，家族主義的婚姻が主流になる。結婚は家の繁栄の手段とされ，結婚相手方の家格や家柄が重視され，本人の意志よりも家長の権限で結婚は決められた。戦後の新民法では結婚に当事者間の合意が必要と明記され，結婚は個人本位になる。個人主義的婚姻では，結婚そのものに価値が置かれ，当事者本人たちの意志が優先され，自由恋愛に基づいた配偶者選択が行われる。

ちなみに，恋愛結婚では，結婚相手の階層・財産・階級よりも，パーソナリティや容姿など個人的要因が重要になるが，恋愛と功利主義は全く無縁というわけではない。恋愛感情をいだくプロセスに，結婚相手の社会的地位や経済力といった要素が組み込まれている。ブルデュー（Bourdieu, P.）のいう「結婚戦略」が，恋愛結婚の現代でも生きている。

以上のように，結婚は，以前は共同体や家族といった集団の利害から考慮される公的イベントであったが，近代社会では個人にとってのメリット（利点）とデメリット（不利）から選択される個人的・私的イベントの要素が強まる。結婚の個人的選択化は，メリットとデメリットから考慮する「結婚の経済学」を可能にする。そして近年，本書の第1章と第2章で分析されているように，結婚のメリットが減少し，シングルライフを楽しんでいる人たちは「なぜ，わざわざ結婚しなければならないのか」という疑問を抱くようになってきた。

（3）脱性別役割分業による結婚のメリットの減少

封建時代と違って現代では，憲法で男女平等が唱われ，結婚は当事者男女の合意によって成立し，恋愛結婚が大半を占める。結婚生活も民主的になったと思われがちである。しかし近年のフェミニズムは，結婚がいかに女性の生き方を拘束しているかを暴く。中でも，「家事労働」に注目したマルクス主義フェミニズムは，家父長制と資本制が結びついた近代の結婚制度が女性に対する抑圧装置として存在することを明らかにした。

家父長制（patriarchy）とは「男性が女性を支配し，年長の男性が年少の男性を支配する社会構造」（ミレット，1973）のことである。そこでは女性は，父親・夫・兄弟など男に従属するものとされる。一方若い男性は，成人まで我慢すれば家父長制から利益を受ける。近代の結婚制度は「男は仕事，女は家事・育児」という性別役割分業体制を土台にして成立する。家父長制のもとで女性は，経済的資源から遠ざけられ，家事・育児・介護という性別役割分業を割り当てられ，結婚により父親から夫の支配下に移る。一方，資本制のもとで，労働者としての男性は社会的生産で搾取され，女性は家庭で労働力を再生産することで，陰で資本を支えるという形で搾取される。また女性は，労働市場に参入しても，「家事・育児が女の天職」という性別役割分業体制のため「二流の労働者」として中核的地位から排除され，賃金やポストの面でも差別され，女性は資本制から二重に搾取される（第5章）。女性解放運動にとって，性別役割分業体制をいかに崩していくかが大きな課題となる。

産業化の進展は女性の教育機会の拡大や女性労働者の需要の増大を促進し，さらに性別役割分業を否定する女性解放運動は女性の経済的・精神的自立の意識を強め，先進諸外国では，キャリアを求めて高等教育を受け，結婚後も働き続ける女性が増える。また，家事労働の技術革新により，男性も身辺自立が容易になる。その結果，性別役割分業に基づく〈相補型結婚〉から，夫婦がそれぞれ経済的自活と身辺自立の能力をもつことを前提にした〈自立型結婚〉に変容してきている（第11章）。

男女平等化の進んだ福祉国家のスウェーデンでは，社会組織の単位が〈家族〉でなく〈個人〉に置かれ，性別役割分業の否定に基づく家族政策が取られている（第12章）。性別役割分業を土台にした社会では，男女は互いの欠損を補い合う形で結合しないと生きていけない「カップル（家族）単位」となっており，結婚することが必須となる。個人が結婚のメリットとデメリットを考慮する場合にも，「誰を配偶者に選ぶか」が問題となるだけで，「結婚しない」というオプションは困難である。ところが，性別役割分業を否定した「シングル（個人）単位」社会では，個々人が自立した存在になり，「結婚しない」という

オプションも容易になる（伊田，1998）。つまり，個々人の結婚への依存度は低下し，結婚のメリットが減少している。

（4）法律婚の有効性の低下

　結婚制度のゆらぎの第二の面は，法律婚と同棲の差異が縮まり，法的に婚姻登録する有効性が低下し，同棲カップルが増えていることである。それには，第一に，離婚率が上昇し，法律婚が夫婦関係の永続性を保証するものでなくなったことが関連している。

　欧米諸国で1960年代後半から起こった性解放運動では，〈制度中心的〉価値観から〈人間中心的〉価値観への転換が叫ばれ，キリスト教の抑圧的な性・結婚モラルが否定された。避妊の確率が高まったことと連動して，セックスを楽しむこと自体が積極的に肯定され，誰と性関係をもつかはプライベートなことであり，国家に婚姻として届ける必要はないという考え方が出てきた。さらに，女性も社会的に進出し，経済的力をもつようになり，女性の結婚生活の位置づけが大きく変わる。これまで自分で生計を立てる道が阻まれていた女性にとって結婚はなによりも〈生活保障の場〉であった。しかしそれぞれが自分で生計を立てることができ，人生は自分のものだと考えるようになると，結婚生活に物質的・経済的なものよりも精神的な充足を求めるようになった。結婚生活の維持にとって，個人の満足度が大きな決定要因になり，不幸な結婚生活をしているよりも離婚を望む女性が増えてくる。一方，キリスト教の影響力の低下もあり，欧米諸国では有責主義から破綻主義へ離婚法が改正され，これまでは婚姻関係の破綻に原因を与えた配偶者からの離婚請求は認められなかったが，一定の別居期間があれば多くの離婚は認められるようになった。こうした離婚法の改正によって，同棲関係と同様に，法律婚でも男女関係の永続性は保証されなくなり，法律婚が同棲に一歩近づくことになった。

　法律婚の有効性の低下には，第二に，社会保障や税金や遺産相続などで，法律婚夫婦に法的に保護されている権利が同棲カップルにも部分的であるが認められ，法律婚と同棲の法的差異が徐々に縮まっていることが関連している。

現在でも，結婚の類推によって同棲に婚姻法の規定を適用することに否定的な国があるが，イギリス，アメリカなどの国では，同棲と法律婚の間に一線を画しながら，各々の法分野で同棲を保護してきている。たとえばイギリスでは，判例や立法の中で「婚姻していないカップル」「妻として同居する女性」「同居し，配偶者として評される者」「夫婦として同居する男女」などの表現を用いて同棲関係を多方面で認めている。司法上の信託法理や契約法理によって，共同生活の場であった一方の所有名義の家屋に対する権利が認められ，法律上の配偶者がいたことはそのための障害にはならない。婚外関係にあった者でも死亡の直前に扶養されていれば，同居の有無や扶養の期間に関係なく，遺産の分配を受けることが可能である（善積，1993a）。さらにスウェーデンでは，婚姻法と別に同棲法が制定され，同棲は法体系の中で法律婚に匹敵するライフスタイルの一つとして明確に位置づけられている（第12章）。なおフランスでも，1999年の国民議会で，性別に関係なく契約を結んだ同棲カップルに対して法律婚夫婦と同等の権利の一部を認める「連帯市民協約」（PACS）法案が賛成多数で可決している。

こうした同棲関係への法的保護の動きの背景には，同棲カップルが増え，同棲に対する人々の評価が許容的になり，同棲が社会規範のレベルで受け入れられるようになったことがある。法律婚と類似した同棲に対する法的保護は，ますます法律婚と同棲の差異を縮め，同棲というライフスタイルを選択しやすくさせ，法的に婚姻登録する意義を低下させている。

（5）結婚制度を越えた父子関係の確定制度

結婚制度のゆらぎの第三の面は，結婚に拠らない父子関係の確定が可能となったことである。前述したように結婚制度の本質は，結婚を通じて，社会学的父を確定し，子どもに対する養育責任や親族間の権利義務関係を明らかにすることにある。つまり従来の社会は，結婚を通じて父子関係を定めてきた。DNA鑑定という医療技術の発達により，もはや法律婚に基づかなくても父親の確定が可能となった。これは，制度としての結婚の存在基盤を崩すことを意

味している。

　たとえばスウェーデンでは，父親の確定や子に対する養育責任の追及が法律婚の枠を越えてなされる社会的な体制が作られ，父母の婚姻関係の有無が子どもの法的・社会的地位に影響しなくなった。婚姻中でない女性が出産した場合，家族の権利を守るための行政事務所が母親を呼び出す。ほとんどの母親は同棲相手と一緒に来所し，子どもの父親であることを証言し，父親を確定する。父親が定かでない場合でも，その機関が母親の証言をもとに父親を捜し出し，DNA鑑定を通じて父親を決定する。非婚の父と子の間には，父母が婚姻関係にある場合と同様の権利・義務関係が発生する。子どもを引き取っていない親は，子どもと暮らしている親に養育費の支払い義務があり，支払わない親に対して国が養育費を強制的に取り立てる制度がある（善積，1997）。

　これまでの社会は，結婚制度によって社会学的父を定めてきたために，「結婚して子どもを産むべきである」という嫡出制の規範が重要視されてきた。DNA鑑定を通じて父親を確定し，親の養育責任を追及することが容易に行える社会になれば，あえて人々を結婚制度の枠に押し込めるために，法律婚を優遇し，同棲カップルやシングル・マザーや婚外子を排除・差別することも必要でなくなる。

　ちなみに日本では，性別役割に基づく法律婚家族が社会の単位として尊重され，嫡出制の規範が維持され，非法律婚の親や婚外子に対する社会的・法的差別が存在する。若い世代でも嫡出制の規範を強く内面化し，たとえ結婚に疑問を抱いている人でも，「子どもが欲しい場合には結婚する」という戦略をとることが多い。「子どもを産みたい・欲しい」という気持ちが，結婚の強力な動因となっている。現在，少子化傾向が続いているが，これは，既婚カップルの子ども数の減少でなく，晩婚化による影響が強いと分析されている。晩婚化が出生率の低下に直結するのは，嫡出制の規範が強く，結婚せずに子どもを産んではいけない→結婚するのが遅い→子どもを産むのが遅くなる，という構図が成立しているからである（善積，1999）。

（6）セクシュアリティの選択性からの挑戦

　結婚制度のゆらぎの第四の面は，セクシュアリティの選択性の観点から異性愛強制の結婚制度が批判され，ゲイ・レズビアンのカップルから法律婚と同等の法的保障が要求されていることである。

　人々は，恋愛や親密な性結合と言えば，当然のように男女の間の関係を連想する。異性に恋し，異性と性関係をもつことが自然とみなされている。同性愛者に「なぜ同性を愛するのか」を詰問することはあっても，異性愛者になぜその人の性エネルギーが異性に向けられるのかを問うことはない。同性愛者のみが自分の性的嗜好に悩みを抱いてきた。それほど，異性愛が自明視され，同性愛は逸脱視されている（第4章）。

　通文化的通時的視点から見ると，性や愛のあり方は多様であり，同性間の性行為の評価も民族や時代によりかなり違っている。同性愛や同性間の性行為についての歴史的・民族学的資料は，ほとんどが男性についてであるが，人類学者からの情報をまとめたフォード（Ford, C. S.）とビーチ（Beach, F. B.）によると，情報の得られた76の社会のうち64％の社会が男性同士の性行為を正常と是認している（フォード・ビーチ，1968）。古代ギリシャやローマでも男性の同性愛は認められ，ボズウェル（Boswell, J.）は男性が「男女どちらにエロティックな魅力を感じるかという基準にもとづいて同時代人を分類しようという者はほとんどなかった」（ボズウェル，1990：81ページ）と述べている。

　一方，女性の同性愛についての歴史的・民族学的資料はきわめて乏しい。それは，レズビアンが存在してこなかったことを意味しない。リッチ（Rich, A. 1989）は，レズビアンの存在を歴史から書き落とし，不可視なものにすることで，レズビアンは抑圧・排除されてきたが，それが「強制的異性愛」社会のやり方だと分析する。彼女は，「女が先天的に男にのみ性的に方向付けられている」という説は間違いであり，女の子も男の子も女である母と身体的にも情緒的にも深い絆を初期に結ぶが，強制的異性愛の装置が「女の女へ惹きつける深い情動的衝動」を変更させ，性的嗜好を男に向かわせる。貞操帯や幼児結婚は身体的強制装置であり，異性愛ロマンスと結婚の美化は意識の統制であるとい

う。「女への情動の世界」に生きている女性も，経済的理由や子どもが欲しいために，さらには社会的追放を免れるために，結婚してきた。強制的異性愛の社会のもとでは，顕在化したレスビアンは肉体的拷問，投獄，外科手術，社会的追放などの迫害を受けてきた。それゆえに女性の同性愛者は，男性の同性愛者よりも隠れた人口をもつという（善積，1993b）。

　近年のセクシュアリティ解放運動によって，同性愛を犯罪視したり，異常・病理とみなして治療・矯正しようとする立場は批判される。同性愛であることは，個人的嗜好の問題であり，ライフスタイルの一つとして認められるべきであると主張されている。欧米諸国では，これまで同性愛であることを隠していた人もカミングアウトし，ゲイ・レズビアンの同棲カップルも増える。同性愛者に対する差別行為が糾弾され，同性愛者としての人権が尊重されるようになり，アメリカでは，ドメスティック・パートナーの登録をした同棲中のカップルに対して，法的権利が部分的に認められている（第11章）。スウェーデンでもホモセクシュアル同棲法で異性間を対象にした同棲法のルールが同性間にも適用され，パートナーシップ法で婚姻法のルールがパートナーシップ登録した同性カップルにほぼ適用される（第12章）。

　ドメスティック・パートナーの登録やパートナーシップ法での登録は，法的には婚姻登録（＝法律婚）と明確に違っている。しかしこれらの登録をしたカップルの多くは，自分たちの関係を「結婚」として位置づけている。なぜ婚姻登録は男女でなければならないのか，セクシュアリティの選択性の観点から，異性愛を強要する現在の結婚制度のあり方が問い直されている。

（7）多様なライフスタイルの存在を前提とした制度の重要性

　日本では，性別役割分業に基づく法律婚家族を優遇し，他のライフスタイルを差別することで結婚制度を維持する政策がとられている。しかしながら，結婚で得られるメリットが減少し，結婚よりもシングルでいることを選ぶ人たちが増え，未婚化・晩婚化の現象が進行している。一方，欧米諸国では，性解放やセクシュアリティの選択性が主張されだし，男女間や同性間の同棲カップル

が増え，婚姻率が低下し，婚外子出生率が上昇している。それにともない，同棲法やパートナーシップ法などが制定され，さらにスウェーデンでは，結婚に基づかなくても父子関係を確定できる制度や養育責任を追及する制度が創設されている。

　このように欧米諸国では，〈皆婚社会〉の崩壊という結婚制度の量的なゆらぎだけでなく，結婚制度の存在意義の低下という質的なゆらぎが見られる。しかしながら，結婚制度のゆらぎが直ちに結婚制度の崩壊に結びつくものではない。多様なライフスタイルの存在を前提とした制度を整えることによって，社会秩序が維持され，むしろ結婚制度の機能が補完されている面がある。

　つまり，異性間や同性間の同棲カップルを法的に保護することは，法律婚の絶対的優位性を相対化させ，法的に婚姻登録する意義を低下させ，結婚制度を質量両面からゆさぶるものである。しかし逆に，同棲法やパートナーシップ法などの制定は，夫婦以外の親密な性結合関係を法律の枠内に組み込み，それらの関係から生じるトラブルを回避させ，社会秩序を安定したものにしている。また，法律婚を越えた父子関係の確定制度や養育責任の追及制度は，結婚制度の本質的機能を代替するものであり，一面では結婚の存在基盤を崩すことにつながるが，反面，結婚制度の枠外の親子関係を法律や制度の中に包摂する役割を果たしている。

　他の多様なライフスタイルを排除して，法律婚カップルのみを正当視して法的に保護する政策は，個人のライフスタイルの決定権を侵すものと批判され，時代の流れにそぐわなくなる。法律婚以外の親密なパートナー関係を社会的にも法的にも承認し，多様なライフスタイルの存在を前提として，親子関係を確定し子どもの養育を支援していく制度を創設していくことが重要となっている。

2　本書の全体のスケッチ

　本書のねらいは，結婚制度のゆらぎの中で，夫婦関係のみならず法律婚以外の親密な性結合形態も射程に入れて，パートナー関係の変容を捉えることにあ

る。本書は3部からなり，12本の論文を収録している。以下，各章の内容を簡単に紹介しておこう。

（1）第Ⅰ部 ライフスタイルの多様化と結婚

　第Ⅰ部では，日本での未婚・晩婚・シングル化現象や非法律婚カップルや同性愛者のライフスタイルの実態から，結婚の現在的意味を問いかけている。まず第1章と第2章では，日本の未婚・晩婚・シングル化現象を扱う。

　第1章の「未婚化・晩婚化・シングル化の背景」（大橋照枝）では，未婚・晩婚・シングル化現象は女性の高学歴化による経済的自立により生み出されたものであり，それは，自立志向の強いシングル女性による日本の結婚システム（女性の家事・育児・介護の労働が無償で搾取される）や家族のあり方（「企業戦士」と「母子家庭」に分断される）への拒絶反応であると分析する。男女が自由にパートナーシップを組めるためには，家事・育児・介護の負担を女性だけでなく男性も社会も担っていくことが重要であると説く。

　一方，第2章の「結婚の現在的意味」（山田昌弘）では，「生活水準」と「親密性」の二つの要素から現在の結婚の意味を捉え，未婚化・晩婚化は，結婚に対する意識の変化から生じたものでなく，結婚することで生活水準や親密性の水準が低下するような状況が広がったからだとする。親元で豊かな生活を送るシングルが増え，結婚しなくてもセックスを含めて自由に交際できるようになり，結婚前の生活水準や親密性の水準が高くなる。結婚難が生じるのは，経済の低成長のもとで専業主婦の存在が贅沢になっているにもかかわらず「経済的責任を負うのは夫」という意識は変化せず，また，結婚後の異性との親密な関係に対する規制が厳しいことによる。「身体化した性役割分業」に変化がない限り，現在の結婚状況は変わらないとする。

　このように二つの論文では，未婚化・晩婚化現象の説明のロジックは違っている。それは，分析の焦点が同じシングルでも，大橋論文では経済的自立志向の強いシングル女性にあるのに対し，山田論文では専業主婦志向や性別役割分業意識の強いシングル男女に置かれているからである。

次の第3章と第4章では，法律婚の枠を越えた親密なパートナー関係を扱っている。第3章の「非法律婚のライフスタイル」（善積京子）では，日本の「非法律婚カップル調査」に基づき，彼らが自分たちのライフスタイルをどのように認識しているのか，なぜこのライフスタイルを選択しているのか，そのライフスタイルの利点はどこにあるか，彼らの家族観はどのようなものであるのか，また，彼らの生活実態（家事・育児の分担，家計組織，パートナーとの情緒的絆とセックス）は法律婚カップルとどのように違っているのかについて明らかにしている。さらに，非法律婚というライフスタイルの現代的意味について検討している。非法律婚カップルは法律婚カップルに比べて，男女平等意識や個人主義志向が強く，性別役割分業の流動化や家計組織での個人化がより見られる。婚姻届を出さない関係は，世間では無責任で不真面目と受け取られがちである。非法律婚では法的拘束力がなく，パートナー関係の維持にとって情緒的結びつきが重要な位置を占めているゆえに，実は，個としての生き方を尊重しつつふたりの関係を豊かなものにするための努力が払われていることを明らかにしている。

　第4章の「同性愛者のライフスタイル」（杉浦郁子・矢島正見）では，「同性愛者のライフヒストリー調査」をもとに，同性愛者にとっての「結婚」の意味や多様な性と生のあり方について報告している。まずはじめに，人々の肉体的性別，セクシュアル・アイデンティティ，セクシュアル・オリエンテーションは流動的・可変的・多層的なものであり，実体として〈同性カップル〉や「同性愛者」を扱うことの困難性が述べられる。〈異性カップル〉や「異性愛者」を論ずる際にはこうしたことが問題にされないのは，「強制的異性愛社会」の中では，異性愛こそが唯一の「正しい」「自然」なセクシュアル・オリエンテーションだとされ，異性愛が自明視されているからにほかならない。鋭い指摘だ。同性愛者の中には，異性愛者と同様に「本当の結婚には恋愛と性行為がともなっているはずだ」とする理想化された結婚イメージや，「〈カップル〉こそがすばらしい性愛関係である」というカップル中心主義の考えをもっている人もいるが，そうでない人もいる。本章は，同性愛者の語り口から，性と生の多様

なあり方を示唆するとともに，異性愛を強要する社会のあり方をあぶり出し，「異性愛が当たり前」となっている異性愛者に自分のセクシュアル・オリエンテーションを相対化する契機を与えてくれる。

（2）第Ⅱ部　夫婦関係の現代的諸相

　第Ⅱ部では，日本における夫婦関係の実態を性別役割分業，私事化・個別化，家計，セックス，離婚のあり様から捉えている。

　現代日本における夫婦関係を規定する最も重要な要因の一つとして，性別役割分業体制があるが，従来の家族社会学では，夫婦の役割分担を全体社会との関連で分析する視点は弱かった。第5章の「性別役割分業からみた夫婦関係」（松田智子）では，日本での夫婦の家庭内役割分担で，料理・洗濯・掃除といったフィジカルな家事・育児の側面だけでなく，「食料品のチェック」「家族の健康への気配り」といった管理や配慮といったメンタルな側面でも，妻が大きな責任を抱えている現状を描きだし，日本で家庭内役割分担が強固に維持・再生産されるメカニズムを「社会化理論」「経済的合理性理論」「権力論」という三つのアプローチから考察する。家庭内役割分担が，女性の家事育児役割を愛情と結びつけるジェンダー規範だけでなく，労働市場における男女格差や国の社会保障政策といかに密接に関連しているかを明らかにしている。こうした性別役割分業は，妻にとってストレスであるだけでなく，夫にとっても抑圧的であり，夫婦関係にさまざまな歪みをもたらしているという指摘は重要である。

　現代家族の特徴として，家族の個別化と私事化がある。第6章の「私事化・個別化の中での夫婦関係」（礒田朋子）では，家族の個別化・私事化の視点から夫婦関係を考察する。礒田は，私事化と個別化を概念的に区別し，私事化を「公的世界に対する私的世界の相対的比重増加」，個別化を「個人や集団の欲求充足を図る社会参加活動の単位が選択的により小さいものへ移行する」単位下降と捉えているが，現在は家族の中で個人が「私」を主張する「個人単位の私事化の段階」を迎えていると言う。これまで「夫婦は一心同体」と考えられてきたが，それは往々にして「夫唱婦随」的な一体感であった。家族は，夫に

序章　結婚制度のゆらぎと新しいパートナー関係

とって「私」を解放する場であっても，家事・育児を担う妻にとってそうではなかった。それゆえ近年，特に妻の側から「夫婦であっても私は私」という主張が出てくる。調査結果の報告で注目すべきは，私事化の進行で家族が個別化することが，必ずしも家族崩壊を意味しないことである。「私は私」の追求＝自分の個別性確保によって共同性が損なわれないように，統合の努力がされている場合には家族はバラバラにならない。こうした努力は夫よりも妻が多くしている。家族統合の努力は妻に期待されてきた役割であるという指摘も興味深い。妻がこうした家族統合の役割を返上しだすと，家族崩壊や夫婦関係の破綻へと直接的につながっていくのだろう。

　個別化する家族の一つの現象として「家計」から「個計」への変化が見られるが，第7章の「家計の中の夫婦関係」（木村清美）では，「家計の共同原則」を見直し，家族内の貨幣を通して夫婦関係に迫る。木村は，家族成員の所得は必ずしも家族全体のために使われていない現実を突きつけ，家族が愛情に基づく「第一次的な福祉志向の集団」という思い込みでそれが隠蔽されてきたと鋭く分析する。さらに，日本では「財布の紐を握る」妻の家庭内の地位は高いと解釈されてきたが，妻による貨幣管理は妻の権力に結びつかないメカニズムを明らかにしている。自分のために使う貨幣は，どのような「貨幣配分タイプ」でも夫より妻の方が少ないが，妻がすべての貨幣を管理するタイプで特に少ない。夫の所得が高いほど，夫が自分の所得を管理する。所得水準が低く自由裁量できる貨幣が少ない状況では，妻の貨幣管理の役割は「重荷」でしかない。妻は，家族の貨幣を「握る」ことで，かえって自発的に自分のための支出を抑制している。妻も生活費を稼ぐことが前提であるが，「妻が家族の貨幣管理を手放すこと」が支出の平等化につながるという。こうした知見は，「財布の紐を握る」ことで権力を得ていると思っている妻には，衝撃的な発見だろう。

　巷では性情報が氾濫しているが，日本ではまだまだ夫婦間のセックスを語ることはタブー視され，それに関する情報を一般調査から得ることは困難である。そこで，妻からの情報という偏りがあるが，第8章の「セクシュアリティからみた夫婦問題」（加藤伊都子）では，フェミニスト・カウンセリングの事例から，

夫婦間のセックスについて考察している。日本の夫婦のセクシュアリティの貧困については，しばしば指摘されていることである。夫婦関係の葛藤で悩んでカウンセリングに訪れる妻でも，セックスそのものを問題にすることは少ない。日本では，夫婦が情緒的つながりやセックスが乏しい状況でも，従来の夫や妻の役割を果たしている限り，結婚生活が維持されている場合が少なくない。むしろ，夫がセックスに淡泊であることで，かろうじて離婚せずに踏みとどまっている妻さえいる。この論文で興味深いのは，夫婦の「パワーゲームの舞台になったセックス」の事例分析である。夫婦間のセックスがしばしば妻に対する夫の権力の表現になっている。妻は夫への密かな侮蔑・不感症・セックスレスで失地回復を図ろうとするが，性別役割分業を土台にした「結婚というシステム」「夫婦という関係」の中にいる限り，女性は従属的地位から逃れられないという指摘は重たい。

　近年，抑圧的な結婚生活に見切りをつけ離婚に踏み切る女性が増えている。第9章の「夫婦関係の終結のあり方」（榊原富士子）では，日本の離婚の特徴や動向とその背景を概観し，離婚をめぐる問題点を論じている。女性の経済的地位は向上しているが，「離婚しても飢え死にすることはまずない」というレベルにすぎず，母子家庭の経済状態は苦しい。それでも離婚が増えるのは，結婚で愛情・信頼といった情緒面を重視し，「よりよい人生を生きようとする意欲」の現れと解される。離婚事件で最大の問題は未成年子と親との関係であるという。日本では，養育や面接交流などの離婚後の親子関係を「子どもの人権」「性的に中立な子どもの最善の利益基準」から考える視点は弱い。離婚調停や裁判では，妻や夫としての「感情の決算」に主力が注がれ，子どものことは二の次になりがちである。また，親権の争いの裁判では，母性神話に基づく「母親尊重の基準」が採用され，自分の手で子育てしたい父親の願いは断たれる。一方，こうした母性神話によって，子どもを置いて出ていった母親は非難される。離婚の際の母性神話を克服し，子どもの人権尊重の立場から，離婚後も「冷静な大人として協力しあう父母」になれるように支援体制を整えることが重要な課題になっている。弁護士として離婚の調停や裁判の実務にたずさわっ

ている体験から発せられた言葉には説得力がある。

(3) 第Ⅲ部　変動する社会と結婚

　第Ⅲ部では，中国・アメリカ・スウェーデンの3国を取り上げ，それぞれの国での結婚・家族の位置づけとパートナー関係を紹介する。こうした作業を通して，日本の結婚やパートナー関係の状況を相対的に捉える試みをしている。

　言うまでもなく，結婚や夫婦関係のあり方の変化は，社会全体の変動と密接に関連している。そのことを如実に物語っているのが，第10章の「中国における夫婦のパートナー関係」（徐　安琪）の論文である。中国社会は社会主義革命で劇的な変化を遂げ，男女平等に基づく婚姻法や憲法が公布される。都市では，男尊女卑的・夫唱婦随的関係は見られなくなり，共働きで夫も家事を分担する対等な夫婦関係が主流となる。その背景として，民族・階級解放運動の部分として展開された女性解放運動と，女性の「継続的就労モデル」の優越性があげられる。しかし人口の大部分を占めている農村では，女性の経済的独立性の確保が困難で，社会保障制度の不備で老親扶養は息子に依存し，夫唱婦随的風習が残り，女性の家族内の地位は低い。都市でも，女性に対して職業役割よりも家庭役割が期待され，結婚・出産後の女性の「継続的就労」は，女性の主体的選択というより生計維持のためである。女性は，社会領域では脇役にすぎず，その心理的代償として，家庭的役割で主役を演じることに悦びを見いだす妻も少なくない。注目すべきことは，このように革命後の中国でもジェンダー意識や規範が維持され，それは近年の市場経済体制の導入により強まっている点である。計画経済体制のもとで女性に提供されてきた就労保障は後退し，「一時帰休」を強いられ家庭にいる妻もいるが，「専業主婦」としての生活を夢見る女性さえも出ている。

　一方，多くの欧米諸国では，かつて「専業主婦」の存在が一般的であったが，性別役割分業を否定する第二波フェミニズムの影響を受け，既婚女性の就業率は上昇した。また，婚姻率は低下し，離婚や同棲が増加し，同性愛の存在が可視的になるなど，ライフスタイルの多様化が進行している。しかしながら，そ

れらに対する社会的評価や制度的対応の仕方には国によって違いが見られる。

　第11章の「アメリカにおける結婚とパートナー関係」（岩井八郎・岩井紀子）では，自由競争を土台にした資本主義国家のアメリカを取り上げ，性別役割分業に基づく核家族やライフスタイルの多様化の評価をめぐって保守派とリベラル派が真っ向から対立している様相が報告されている。1960年代以降の結婚やパートナー関係の変化の背景要因として，「既婚女性の雇用労働化」とともに「自己達成感を求める個人主義」に焦点をあてた分析は鋭い。結婚から経済的必要性や規範的拘束力がなくなり，結婚生活の評価の基準は「自己達成感」という変わりやすい主観に委ねられ，結婚は不安定なものになる。そのために，結婚前に離婚の条件を定める婚前契約や一生別れない意思を表示する誓約結婚が考え出され，マリッジ・カウンセリングも盛んであり，「自己達成感の追求」と「結婚の安定化」の狭間で苦悩する人々の姿が描かれている。今日のアメリカの結婚，さらに同棲や同性間のパートナー関係が提起する問題や論争の紹介も興味深い。

　第12章の「スウェーデンにおける結婚とパートナー関係」（高橋美恵子）は，男女平等化の進んだ福祉国家として有名であるスウェーデンからの報告である。多様なライフスタイルに対する評価が分かれているアメリカと違ってスウェーデンでは，「ライフスタイルの中立性」の理念が打ち立てられ，婚姻法のほかに同棲法，ホモセクシュアル同棲法，パートナーシップ法が制定され，異性間の婚姻や同棲だけでなく，同性カップルの関係も法制度的に承認されている。「今日のスウェーデンにおいて"逸脱家族"という概念は存在しない」という。法律婚家族を社会的単位として優遇し，多様なライフスタイルを制度的に差別している日本とは，雲泥の差である。しかしスウェーデンでも，「子育ては男女の両親が行う」という意識が強く，同性カップルが一般の人々に広く受け入れられている状況ではない。また，婚姻法でも夫婦それぞれの経済的自立と夫婦共同の家事・育児の義務が唱われ，性別役割分業否定に基づく男女平等政策や家族政策が進められ，男女平等理念は浸透し，家事や子どもの世話をする男性は増えてはいるが，それでも，女性がより多くの家事・育児を担っている。

法律や社会政策を変えても，すぐには人々の意識や行動は劇的には変わらない。意識変革にはかなりの時間を要することが示唆されている。

3 新しいパートナー関係に向けて

　アメリカやスウェーデンに比べて日本では，性別役割分業体制が維持され，ライフスタイルの社会的許容度も低く，異性や同性間の同棲カップルは少なく，婚外子出生率もきわめて低く，もっぱら晩婚化・非婚化の現象が進行している。日本では，働く妻が過半数を越え，「男は仕事，女は家庭」という〈典型的性別役割分業体制〉から「出産後は家庭に，子育て後はパートに，老親介護が必要になれば家庭に」という〈修正的性別役割分業体制〉へシフトしているが，現在でも，夫の労働力の再生産活動を行う妻の存在を暗黙の前提にして，日本の企業社会が成立している。社会保障制度や税制度においても性別役割分業に基づく法律婚家族は優遇され，多様な生き方が認められていない。本書で明らかにされているように，こうした性別役割分業体制はさまざまな弊害を生みだし，今日の結婚のあり方や相補的で拘束的な夫婦関係が批判されている。結婚生活にメリットよりもデメリットを感じる人が増え，結婚しない人が増えている。しかしながら，結婚そのものを否定している人は少なく，多くの人は信頼し合えるパートナーと生活を共にしたいと願っている。

　どのようにすれば，新しい親密なパートナー関係を構築することができるのであろうか。そのためには，どのように社会の仕組みを変えていけばよいのだろうか。それについては，本書の各章で示唆に富む記述がされている。それを編者なりにまとめてみると，以下のようになる。

（1）「愛の生活共同体」幻想をはぎ取り，個人単位の社会へ
　第一に，相補・拘束的でない対等な新しいパートナー関係を築くには，「一心同体」の夫婦観や「愛の共同体」の家族観を問い直し，それらがいかに夫婦間や家族内の不平等を隠蔽してきたかを理解することである。さらに，夫婦が

経済的のみならず身体的,精神的に互いに自立し,パートナーそれぞれが家族の意思決定に対して平等な影響力をもつような新しいパートナー関係を築くためには,性別役割分業を基盤に置いた国の諸政策を転換し,社会の基本単位を〈法律婚カップル〉でなく〈個人〉に変えていく必要がある(第5章)。

家庭は「安らぎの場」「愛情の場」と言われてきたが,男性にとってはそうであっても,家庭で「愛」と「慰め」を供給することを期待される女性には「仕事の場」である。妻の家事遂行は家族への「愛情の証」と捉えられてきた。特に妻の側から私事化の要求が強く出されているのも,このためである(第6章)。ギティンス(Gittins, D.)は,家族は,決して平等主義に基づいた制度でなく,ジェンダー,年齢,階級に基づく権力関係であるにもかかわらず,これまでの社会学や人類学は,家族を一つの単位とみなし,家族内の個人はほぼ同じような資源と人生の機会を共有する同じような状況の中にいると仮定してきたと批判している(ギティンス,1990)。世帯内の貨幣配分を研究したパール(Pahl, J.)も,これまで貨幣は世帯内部で平等に分配されるという想定で世帯を一つの経済的単位に扱ってきた誤りを指摘している(第7章)。家族を一つの単位とみなし,家庭内はブラック・ボックスとして扱う態度は学問レベルにとどまらず,一般社会でも見られる。たとえば,夫が家庭で妻や子に暴力を振るっても,隣人ばかりか病院や警察でさえ「民事不介入」「家庭内の問題」として放置してきた。こうした家庭内の人権侵害は,「愛の生活共同体」という近代家族イデオロギーによって巧みに隠されてきたのである。家族共同体のベールをはぎ取り,家族内の平等性や民主性を確立していくことが大切である。それには,社会の基本単位を〈家族〉でなく〈個人〉に置き,女性や子どもや高齢者が家族を通して扶養されるのでなく,直接的に社会から生存が保障されるようにしなければならない。

(2) 法律婚や夫婦関係の特権化の廃止

第二に,多様なライフスタイルやパートナー関係の存在を認め,法律婚や夫婦関係の特権化をなくしていくことである。近代家族イデオロギーは,情緒的

機能と子どもの社会化の機能は法律婚家族によってのみ達成することが正当であるとしてきた。それゆえに，法律婚家族に高い地位を与え，「愛情に満ちた家族」という理想像を作り上げ，その理想の家族像を人々に押しつけ，それ以外の生き方を逸脱視してきた。シングルや非法律婚カップルさらにシングルマザーは，結婚制度の外側にいる危険な存在とみなされ差別され，また，一夫一婦制度に基づく異性愛が唯一正当なセクシュアリティとされ，同性愛は逸脱や病理の対象にされてきた（第3章，第4章）。

だが近年は，離婚も珍しくなく，母子・父子世帯や単身世帯が増加し，非法律婚の異性カップルや同性カップルの共同生活が存在し，ライフスタイルの多様化が進行している。ギデンズ（Giddens, A.）は，「情熱恋愛」を「永遠で唯一無二」な特質とみなす抑圧的なロマンティック・ラブにかわり，「対等な条件のもとでの感情のやり取り」を想定する「ひとつに融け合う愛情」を提唱している。異性愛はいくつかあるセクシュアリティの一形態にすぎない。「ひとつに融け合う愛情」は，異性愛固有のものでなく，家族以外の関係でも可能である。離婚の増加や同性愛の隆盛は親密な関係性の変容の証と捉えている（ギデンズ，1995）。人々が法律婚の枠を越えたさまざまな形の親密な関係を認め，法律婚以外のライフスタイルに対する法的・制度的差別を廃止していく必要がある。

（3）不安定なパートナー関係を支える支援ネットワーク

拘束的でない新しいパートナー関係では，法的・経済的絆によって関係の永続性を確保できない。「互いに相手との結びつきを続けたいと思う十分な満足感を互いの関係が生み出していると見なす限りにおいて」（ギデンズ，1995：90ページ），関係が続いていくだけである。日本の非法律婚カップルのように，親密なコミュニケーションを通して情緒的絆を強めていく努力をする以外に方法はない（第3章）。新しいパートナー関係では，結婚や同棲後も恋愛による自己探求は肯定され，関係性の評価も「自己達成感」や「満足感」という変わりやすい主観に委ねられる。その結果，パートナー関係が破綻する確率も高くな

る。つまり，パートナー関係は，固定したものでなく，破局の可能性をいつもはらんでいる。関係を一方的に解消された当事者は，耐え難い苦しみを味わうかもしれない。パートナー関係の解消時のトラブルや苦痛を可能な限り回避・緩和するために，社会的支援の体制が重要である。

　アメリカでは，同性愛者の多くが，パートナーや友人からなるサポート・ネットワーク（お互いに頼りあうことができる多少とも安定した関係）作りに積極的で，その中で，友人はしばしばパートナー以上に頼りになる存在となっているという（第11章）。不安定なパートナー関係の背後に，友人などのより安定した豊かな支援ネットワークをもっていることが貴重な財産となる。

（4）親密なパートナー関係と親子関係の切り離し

　婚姻関係やパートナー関係が不安定になると，いかに子どもの養育環境を整えていくかが大きな問題となる。結婚制度の枠組みを越えて，子どもを養育していく体制を社会的に創り出していくことが重要である。日本では，離婚の際に子どもの養育をめぐって父母が争うケースが増えているが，離婚を契機に子どもへの養育責任を放棄する父親も少なくない。一方，子どもが父親に会うのを望まない母親もいる。パートナー関係は解消されても，子どもにとって「母」「父」である。パートナー関係の解消の際には，「子どもの最善の利益」を優先して考えなければならない。児童虐待やドメスティックバイオレンスなどの問題がなく，これまでの親子関係を大切にしたいと当事者が思っている場合には，制度によって親子関係を断ってはならないだろう。離婚や別居後，子どもが同居しない親とも交流できるように，配慮する必要がある。親の婚姻関係の有無に関係なく，パートナーとの離別後の共同監護権，面接交流権，養育費支払い制度などを整えていくことが重要な課題としてある（第9章）。

引用・参考文献

Boswell, John, 1980, *Christianity, Social Tolerance and Homosexuality*, The University of Chicago.（大越愛子・下田立行訳，1990『キリスト教と同性愛——1～

14世紀西欧のゲイ・ピープル』国文社。)

Bourdieu, P., 1980, *Le Sens Pratique*, Éditions de Minuit. (今村仁司・港道隆訳, 1988-1990『実践感覚』1・2, みすず書房。)

Ford, C. S. & Beach, F. B., 1951, *Patterns of Sexual Behavior*, Harper & Row. (安田一郎訳, 1968『性行動の世界〈下〉』至誠堂。)

Giddens, Anthony, 1992, *The Transformation of Intimacy: Sexuality, Love, and Eroticism in Modern Societies*, Polity Press. (松尾精文・松川昭子, 1995『親密性の変容――近代社会におけるセクシュアリティ, 愛情, エロティシズム』而立書房。)

Gittins, Diana, 1985, *The Family in Question Changing Household & Familiar Ideologies*, Macmillan Publishers. (金井淑子・石川玲子訳, 1990『家族をめぐる疑問』新曜社。)

姫岡勤, 1976「婚姻の概念と類型」大橋薫・増田光吉編『改訂　家族社会学』川嶋書店, 59-83ページ。

伊田広行, 1998『シングル単位の社会論』世界思想社。

Malinowski, Bronislow, 1960, "Parenthood, the Basis of Social Structure", Coser R. L. (ed.), *The Family: Its Structure and Functions*, St Martin's Press.

Millet, Kate, 1970, *Sexual Politics*, Doubleday & Company. (藤枝澪子他訳, 1973『性の政治学』ドメス出版。)

Stephens, William N., 1963, *The Family in Cross-Cultural Perspective*, Holt, Rinehart and Winston, Inc. (山根常男・野々山久也訳, 1971『家族と結婚』誠信書房。)

Pahl, Jan, 1989, *Money and Marriage*, Macmillan. (室住真麻子・木村清美・御船美智子訳, 1994『マネー＆マリッジ』ミネルヴァ書房。)

Rich, Adrienne, 1989, *Blood, Bread and Poetry: Selected Press 1979-1985*, W. W. Norton & Company. (大島かおり訳, 1989『血, パン, 詩。』晶文社。)

善積京子, 1993a『婚外子の社会学』世界思想社。

――, 1993b「セクシュアリティの選択」『立命館大学人文科学研究所紀要：フェミニズムと生活文化』No. 58, 立命館大学人文科学研究所, 85-108ページ。

――, 1997『〈近代家族〉を超える――非法律婚カップルの声』青木書店。

――, 1999「変わりゆく結婚と家族」玉水俊哲・矢澤修次郎編『社会学のよろこび――生活のなかから考える』八千代出版, 65-92ページ。

第Ⅰ部

ライフスタイルの多様化と結婚

第1章
未婚化・晩婚化・シングル化の背景

大橋　照枝

1　成熟社会が促した個化とシングル化

（1）パーソナル化・個化は時代の必然

　今日の未婚化・晩婚化・シングル化の加速は，社会の文化が進み，消費社会が成熟してきたこととも関連がある。

　多くの社会学者，心理学者は，社会の文化が進み，「未成熟な段階」から「成熟した段階」へシフトするとともに，人間の発達のパターンは，より個に収斂し，パーソナルになっていくことを示している（表1-1参照）。

　マズローは，"生理的要求"から"自己実現"へシフトするとし，グレーブスは"攻撃的かつアニミスティック"から"パーソナリスティックで動機づけられた"方向へ，エリクソンは，"基本的信頼"から"アイデンティティ（自己同一性）"へ，ポーターは"安全"から"自己実現"へ，クルックホーンは"生理学的"から"個化"へ，ショストロムは"未成熟"から"自己実現"へ，リースマンは"内部志向"から"自律"へ，それぞれシフトすると人間発達をパターン化している。

　第二次大戦後の日本の消費社会は，ほぼ10年刻みで，次のように進展し，今日の成熟期を迎えている。

　1945～49年「民主化改革期」
　1950年代　　「消費革命期」
　1960年代　　「高度大衆消費社会期」

第Ⅰ部　ライフスタイルの多様化と結婚

表1-1　人間発達の主要なタイプ分け

研 究 者 名	未 成 熟 な 段 階	成 熟 し た 段 階
マ ズ ロ ー	生理的要求	自 己 実 現
グ レ ー ブ ス	攻撃的かつアニミスティック	パーソナリスティックで動機づけられた
エ リ ク ソ ン	基本的信頼	アイデンティティ（自己同一性）
ポ ー タ ー	安　　全	自 己 実 現
クルックホーン	生 理 学 的	個　　化
ショストロム	未 成 熟	自 己 実 現
リ ー ス マ ン	内部志向	自　　律

出典：Arnold Mitchell, 1984, "The Nine American Lifestyles," A Warner Communications Company の Table 1 (p. 30) より作成。

　1970年代　「生活革命期」
　1980年代　「脱・大衆消費社会期」
　1990年代　「ホロン型消費社会期」（大橋，1986）

　そして，日本の消費社会は70年代の2度のオイルショック期に，市場は供給過剰となり，需要と供給のパワーバランスが逆転，供給側の企業の論理でなく，需要側の消費者／生活者／市民の論理で市場が動く時代に入っている。筆者がＮＨＫ放送世論調査所の日本人の意識調査のデータベース（1973年，78年，83年）を用いて，87年にコーホート分析をした結果でも，70年代以降に人格形成をした1958年以降生まれの世代で，"ホロン的〈新〉世代"と呼べる，パーソナル化，個化の進んだ世代を抽出している（大橋，1988）（ちなみにホロン＝Holon とは，イギリスの科学評論家アーサー・ケストラーの造語で，全体を表わすギリシャ語の Holos と個を表わす接尾語の On を合体させたもの。個を確立しつつ全体ともバランスよく調和できる存在をいう）。

　また，日本の消費社会が70年代以降，成熟し，生活者の消費マインドがきわめて成熟していることは，総理府が毎年実施している「国民生活」に関する世論調査でも，"モノ"よりも"心の満足"を重視するようになったのが1979年からであり，生活の力点が"住"から"レジャー・余暇"へ移ったのが1983年，"将来のために貯蓄する"より"毎日の生活を楽しむ"の方へシフトしたのが，1986年であることでも裏付けられる。

このように，消費社会の成熟とともに個志向が高まることが実証でき，個志向の強まりとともに，シングル化のマインドも高まるとすれば，シングル化は後戻りすることも，止めることもできない。日本社会の歴史的必然という見方もできる。

（2）変わる女性の結婚観——"適齢期"は死語に

とくに日本社会では，高学歴化し，労働力として高い付加価値をつけた女性にとって，結婚の経済的，社会的メリットは，きわめて乏しいものになっている。

かつてのように女性が経済的に自立できず，永久就職としての結婚を選ぶ以外にない時代，それはまた家父長制社会の残滓が支配していた時代で，女性は産む性としても求められた。女性が最も出産に適した年齢を"適齢期"と呼んで，その時期に結婚しないと，オールドミス，ハイミスになると駆り立てた。それは日本の高度成長期（1950～60年代）まで幅をきかせ，男性が企業戦士として死ぬほど働くために，出産，育児，家事，介護という再生産労働を一切無償で引き受けてくれる専業主婦を必要とした時代でもあった。

しかし今や女性の労働力人口の約8割が雇用されて働き，経済的自立が可能となり，また，全就業人口の8割が雇用人口となると，家父長制の影も薄れ，適齢期，オールドミス，ハイミスはすっかり死語となってしまった。

総理府の「女性の暮らしと仕事に関する世論調査」(1991年)で，女性の晩婚化の原因として"仕事を持つ女性が増えて，女性自らの経済力が向上した"(73.2％)〈経済的要因〉がトップで，ついで"独身生活のほうが自由である"(40.4％)〈社会的要因〉(〈　〉内筆者)といった現状になっている。

当然のことながら，総理府の「女性に関する世論調査」の女性の結婚観の変遷でも，"なんといっても女性の幸福は結婚にあるのだから結婚した方がよい"を支持する女性の比率は1972年の40％から，90年の14％へ激減している。

国立社会保障・人口問題研究所の「第10回出生動向基本調査」(1992年)の資料によると，全国の18歳以上50歳未満の未婚女性の結婚の意思についての調査

でも,"いずれ結婚するつもり"の比率は,1982年の94.2%から87年の92.9%,そして92年の90.2%へ,着実に減少していることも見逃せない。

こういった女性の結婚観に関する変遷の帰結として,毎回の国勢調査で,未婚率が上昇し,1995年の調査では,とくに25〜29歳の未婚率は48.0%,30〜34歳の未婚率は19.7%に達し,この10年間に20代後半で1.7倍,30代前半では2倍に上昇している。

そして,この未婚化・晩婚化・シングル化の帰結として,日本の合計特殊出生率が年々低下し,1998年には1.38となり,人口を維持するのに必要な2.08を大きく下回るに至っている。

2 未婚化・晩婚化・シングル化・少子化の経済的原因

(1) 女性の労働力を搾取する結婚というシステム

このような女性の未婚化・晩婚化・シングル化,そしてその帰結としての少子化を加速させている背景要因を,まず経済的側面から見ていこう。

日本社会の現況では,結婚というシステムは,女性を経済的に搾取するように働き,前にもふれたように,高学歴化し,教育に投資をしてきた女性に不利に働くということがいえる。

まず第一に,女性の高学歴化は著しく,短大を含むと,女性の大学進学率は,1989年に36.8%となり,同年の男性の進学率 (35.08%) を1.0ポイント上回って以来,年々上昇し,98年には女性の大学進学率は49.4%となった。同年の男性の大学進学率は47.1%で,2.3ポイント女性の進学率は男性を上回っている。

このように高学歴化した女性がいったん結婚をすると,日本の男性は先進国で最も家事,育児,介護への参加率が低く,1991年の総務庁の「社会生活基本調査」でも,夫の家事時間は,妻無職の場合に12分,妻有職の場合は11分と,妻の有職・無職にかかわらず,きわめて短いものとなっている。

したがって,高学歴化し,市場労働で男性の7〜9割の賃金を得る能力を持った女性が市場労働以外に年中無休で無償の家事労働などを強いられること

第Ⅱ章　未婚化・晩婚化・シングル化の背景

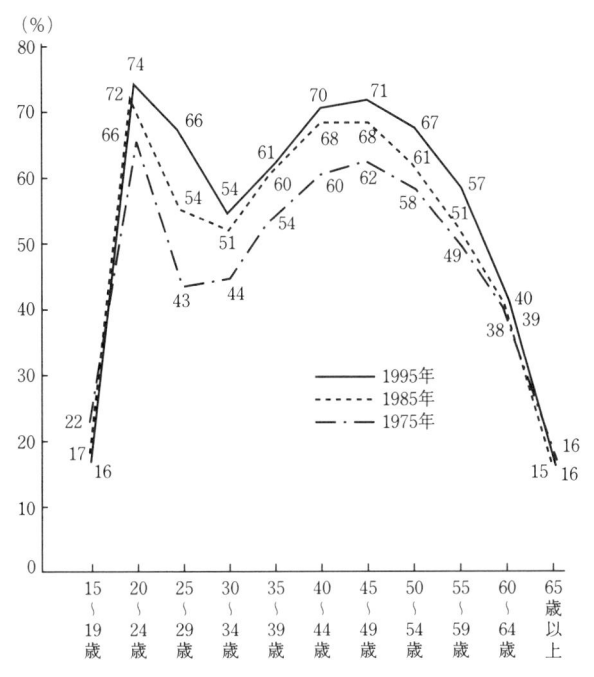

図1-1　女性の年齢階級別労働力率の推移

```
(%)
80
         74
      72
70          66                70  71
    66                      68  68   67
60             61        60      62     61
              60                        58
50      54  54                              57
              51                           51
40      43  44                              49
                                              40
30                                          38 39
20  22
    17                                      16
10  16                                      15 16

    15  20  25  30  35  40  45  50  55  60  65
    ～  ～  ～  ～  ～  ～  ～  ～  ～  ～  歳
    19  24  29  34  39  44  49  54  59  64  以
    歳  歳  歳  歳  歳  歳  歳  歳  歳  歳  上

        ―――― 1995年
        -------- 1985年
        ―・―・― 1975年
```

出典：総務庁統計局，1995「労働力調査」。

は，きわめて不合理といえる。

（2）女性の失う「機会費用」が大きいことを示す「M字型曲線」

　第二に，日本社会では，前述のように，家事，育児，介護の負担が女性にかかるために，結婚し，2人目の子どもを出産する30代前半で，女性の負担はピークに達し，労働市場からのリタイアを余儀なくされる。したがって，いまだに日本女性の労働力率曲線は，20代前半と40代後半を二つをピークとし，30代前半で谷になるM字型（Mカーブ）を描く（図1-1参照）。

　このM字型曲線は，諸外国のように，出産・育児期にリタイアせず，そのまま労働を続ける（この場合，労働力曲線は上に凸のドーム型となる）という別

第Ⅰ部　ライフスタイルの多様化と結婚

図1-2　年齢階級別所定内給与額の男女格差
（男性の賃金＝100とした場合の女性の賃金のグラフ）

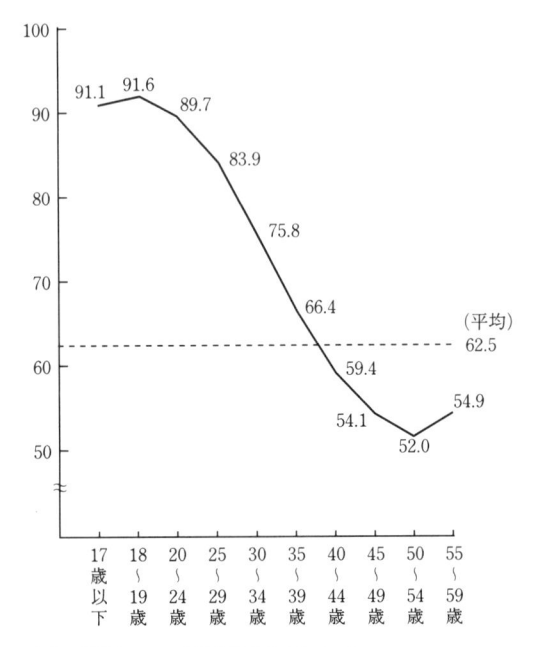

```
100 ┤
    │ 91.1  91.6
 90 ┤        ＼89.7
    │           ＼83.9
 80 ┤              ＼
    │                75.8
 70 ┤                   ＼
    │                    66.4
    │- - - - - - - - - - - - - - - - -（平均）
    │                                  62.5
 60 ┤                       59.4
    │                          54.1
    │                              52.0  54.9
 50 ┤
     17  18  20  25  30  35  40  45  50  55
     歳  ～  ～  ～  ～  ～  ～  ～  ～  ～
     以  19  24  29  34  39  44  49  54  59
     下  歳  歳  歳  歳  歳  歳  歳  歳  歳
```

出典：労働省，1995「賃金構造基本統計調査」。

の選択をしていれば，得られた賃金（これを「機会費用」と呼ぶ）を，リタイアする選択をすることで失うということを明確に表わしている。

日本の労働市場では，女性が男性と同一学歴，同年入社，同一勤続年数であっても，昇進，昇級にまだ差別があるために，男性と同一労働・同一賃金とまでは至らないものの，男性の70～90％の賃金を確保でき，経済的自立は可能である。ところが，結婚し出産・育児期に退職すれば，子育て後の再就職は中高年不熟練単純労働者として時給854円（労働省「賃金構造基本統計調査」(1995)）のパートタイマーで労働市場に再参入することになり，結婚・出産・育児で失う「機会費用」はきわめて大きいものとなる。（パートタイマーで再参入する場合は，平均的の収入の短大卒女性のケースで，ずっと働き続けた女性より生涯賃金で1億8500万円少なくなり，フルタイマーで再就職した場合でも，ずっと

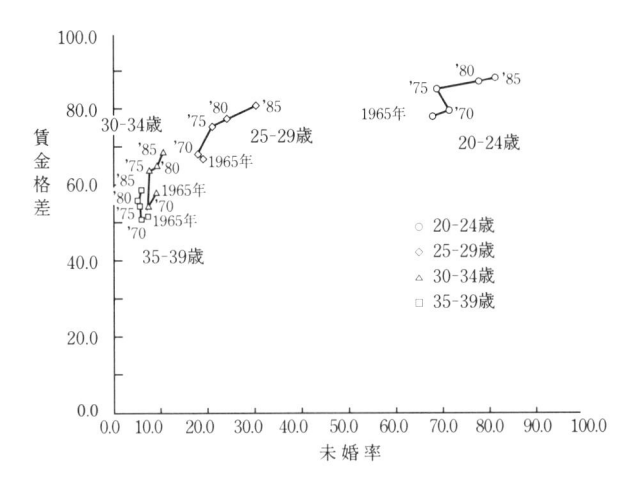

第 1 章　未婚化・晩婚化・シングル化の背景

図 1-3　未婚率と男女賃金格差の変遷

出典：大橋照枝，1993『未婚化の社会学』日本放送出版協会，24ページ。

働き続けた女性より6300万円少なくなる〈97年版『国民生活白書』経済企画庁編〉）。

　第三に，したがって，女性の賃金は図1-2のように，男性の賃金を100とすれば，男性なら管理職となる40代から50代で賃金が高くなるが，女性はパートタイマーとして働いている率が高いため，男女賃金格差は最大となる。そして，雇用されて働く女性の30％は，超低賃金のパートタイマーのため，女性の平均賃金は男性のそれの62.5％（1995年）と，先進国中最も大きな男女賃金格差となっている。これはまさに，日本の結婚というシステムが，女性を経済的に搾取しているといえる。

　第四に，したがって，男性と同一学歴同年入社同一勤続年数で働く高学歴女性ほど，結婚で失う機会費用が大きいことを認識しているためか，未婚率は高まる。図1-3は，男女賃金格差が小さい女性ほど未婚率が高いことを示している（大橋，1993）。

　このように見ると，未婚率の上昇は，結婚というシステムで経済的に搾取されることを逃れようとする，女性の当然の経済行動といってよいであろう。

（3）夫に扶養される専業主婦を前提にした日本の社会システム

このように，日本の結婚というシステムが，女性を経済的に搾取する仕組みになっているのはなぜであろうか。

その理由は，日本の社会システムは，スウェーデンをはじめとする北欧のように，女性は外で働いて経済的に自立することを前提につくられておらず，"女性は夫に扶養される"ことを前提にしている。そのため，専業主婦がパートタイマーとして就労すると，年収103万円以下であれば，夫の所得税および住民税で，配偶者控除を受ける措置がとられる。

また専業主婦が全く年金の保険料を納めなくても，夫の死後，100％遺族年金がもらえる。

これは一見女性を保護しているかに見える。ところが，パートの年収103万円で女性が経済的に自立できるわけでもないのに，パートの主婦を年収103万円以上働かないように動機づけ，夫の死後の遺族年金をあてに，24時間勤務，年中無休・無償の家事・育児・介護労働に終生従事させられることになるのだ。

いわば，女性を経済的に自立させないようにして，無償の家事・育児・介護を一手ににないあわせ，日本社会の家事・育児・介護に対する社会的コストを限りなくゼロにする仕組みになっている。その一方で，夫たる男性は，企業戦士としてモーレツに滅私奉公させられる。こうして日本の生産性を高め，経済大国に成り上がることができた。

しかし，後の未婚化・晩婚化・シングル化の社会的背景でも述べるように，こうして日本社会の経済効率を最も高めたはずの「男は仕事」「女は家庭」という性別役割分業が，実は日本の男性をも女性をも不幸にしているのである。

そしてその不幸を予知できる多くの女性たちを未婚化・晩婚化・シングル化へと駆り立てることにもなっているのだ。

（4）「パート減税」「遺族年金」が成り立たなくなる日本の21世紀

ところで，このように女性を経済的に自立させないで，パート減税や遺族年金を保障するということは，女性の自立を妨げるだけではなくて，国の財政基

盤にとってもマイナスである。

　今，日本では15歳以上の女性の50.0％が労働力化しているが，30.3％は専業主婦である。また働く女性の76.3％を占める雇用労働者の29.0％が超低賃金のパートタイマーだ。

　例えばスウェーデンでは，16歳以上の女性の83％が労働力化しており，専業主婦は5％以下しかいない。パート減税のようなものはなく，夫も妻も，それぞれ自分の収入に応じて税金を納める「夫婦分離課税」である。専業主婦の比率もきわめて低いため，専業主婦への遺族年金も廃止していく方向にある。

　日本の少子化は止まるところを知らず，2015年頃には，日本の人口の4人に1人が65歳以上になるといわれている。15〜64歳の生産年齢人口の比率が減少し，それによる税収減で国家財政がままならなくなり，現在の経済水準，生活水準を維持することも難しくなる。

　そうなると，パート減税や遺族年金に回す余裕もなくなろう。何よりも，労働力人口の減少で，今まで労働力化していなかった女性や高齢者，および外国人の労働参加が必要になる。一説によると，2025年にも日本が現在の生活水準を維持するには，労働参加率が89.0％に達する必要があるという（フェルドマン，1996）（ここでの労働参加率とは「雇用者数」÷「生産年齢人口」を意味している）。

　とにかく日本は労働力率が，1995年時点で，女性50.0％，男性77.6％であるから，少なくとも女性はあと39ポイント，男性は11.4ポイントも現在の労働力率に上積みし働かねば，現在の生活水準が維持できないことになる。

　現在の専業主婦が全員働いたとしても，労働力が不足することは明らかなのである。その場合，パート減税や遺族年金を支払う財政的余裕もなくなるので，女性もフルタイマーとして働いて，税金，年金の保険料を100％納め，そうして財政のパイを大きくし，後に述べる介護や養育を必要とする高齢者や子どもの保育に回していく必要がある。

　というのは，今日，高齢者介護や子どもの養育に，女性が無償で大きな負担を強いられていることが，結婚を敬遠させている理由の一つにもなっているか

らである。

3 女性が働く意味と，家事・育児・介護の社会化

(1) "子の養育は男女および社会全体の責任"
とうたった国連の女性差別撤廃条約

　ここでも女性が働くことの意味と，子どもの養育や高齢社会での高齢者介護が，女性が外で働くことと両立できる仕組みがつくれることにふれておく必要がある。

　女性が労働力化することは，女性の経済的自立や自己実現のためにも必要である。尾高邦雄は労働の意味を，次の三つとした。つまり，「個性の発揮」「連帯の実現」「生計の維持」である（尾高，1970）。いいかえると「自己実現」「社会的役割を果たす」「経済的自立」となる。

　また，勤労権は日本国憲法第27条で，勤労の権利と義務がうたわれているように，国民固有の権利である。したがって，父親や夫が，娘や妻が働くことを禁止しようとすることは憲法違反となる。

　また女性が外に出て働くことと，子どもの養育との両立には，男性および社会全体でサポートすべきことであって，子育ては女性だけに負わされる義務ではない。

　すでに1979年に国連総会で採択され，81年に発効している，国連の「女子に対するあらゆる形態の差別の撤廃に関する条約（女性差別撤廃条約）」において，"家庭及び子の養育における両親の役割に留意し，また出産における女子の役割は差別の根拠となるべきではなく，子の養育には男女及び社会全体が共に責任を負うことが必要であることを認識し"（傍点筆者）（山下，1996），とうたわれている。

　この女性差別撤廃条約に日本は，1980年に署名し，先進国では一番遅く85年に批准した。

　ところが，日本の現実は，子どもの養育は，ほとんど女性の役割とされ，例

えば，東京都豊島区が，予算削減のためと称して保育所の数を減らす方針を出したとき，その反対運動をしていたのは，子どもの手を引いた母親ばかりで，夫，父親たる男性の影すらも見当たらなかった。少子化対策のためにも，保育所の削減といった政策は，予算削減の最後の最後にとられるべきことであるということに，男性中心の行政官は全く理解力を欠いている。

それにも増して，夫，父親の子育てへの責任が，全くといってよいほど放棄されていることを批判する視点も，日本では乏しい。

こういう現実が，働いて経済的に自立している日本の独身女性たちをして，結婚を忌避させる遠因ともなっている。

（2）高齢者の「24時間在宅介護・看護」の社会化

次に，高齢者の介護の問題がある。日本では高齢者介護の9割は，嫁，妻，娘といった女性の手でになわれている。ところが21世紀には労働力人口の激減により，女性の労働参加率のアップが不可避となっている。高齢者介護は公的，および民間のヘルパー，看護婦（士），介護婦（士），ケースワーカー，医師などによる地域医療の体制が組まれる必要がある。

今日の高齢者介護の方向は，24時間在宅介護・看護に向かっている。高齢者を病院に入れ，本人が望むか望まないかにかかわりなく一方的に末期医療を集中的にほどこすよりは，在宅介護の方が，本人のストレスも少なく，生活の質も確保されるということがわかったためである。

となると，24時間在宅で誰が看護・介護するかだが，これは介護保険法の施行による公的介護と，民間の医療サービスを組み合わせることにより，地域の医師，看護婦（士），介護婦（士），ヘルパー，ケースワーカーによるチームワークとネットワークでカバーできることがすでに実験され始めている（副島ほか，1996）。

そうするとこれまでのように家族介護で，嫁，妻，娘といった立場の女性たちが身心ともに疲れ果てるといった状況から解放され，自分の職業を持ち，外に出て働き，自己実現と経済的自立を遂げ，精神的にも生き生きとした状態で，

自宅で高齢者と向き合えば、家族の絆もいい形で結ばれることが期待されよう。

現状では、結婚して職業を継続している女性が、舅、姑が高齢化すると、その介護には、介護休暇だけで対処できず、職を辞さねばならないということが少なくない。

女性の労働参加を促進するためにも、またそれを保障するためにも、前述の子どもの養育と高齢者介護に対しては、国や民間でサポートする体制が構築されねばならないし、その道筋は見えているといえる。高学歴化し経済的自立を遂げている女性が、介護等で望まない負担を強いられるとして結婚を忌避しているなら、それを軽減して、別の選択の道も開く必要があろう。

4　世界一高い子どもの養育および教育コスト

（1）乏しい企業、自治体、政府の経済的支援

つぎに、日本の独身女性に、結婚の経済的負担を懸念させる側面として、子どもの養育と教育にかかるコストの大きさがある。

ＡＩＵ保険会社の1991年の調査では、0〜22歳までの子どもの養育と教育にかかる費用は、国公立の文科系に進学した場合で2404万円、私立医系では6094万円となる。この中には、母親の家事、育児の労働コストは含まれていない。ちなみに1997年5月15日に、経済企画庁が発表した、専業主婦の家事、育児などの無償労働は、年間で236万円と算出されている。これは炊事や掃除、洗濯、育児、介護などの時間をそれぞれの専門職の賃金に換算して出されているが、外でフルタイマーで、男性と対等に働く高学歴女性の時間給を家事、育児の時間給に換算すればもっとコスト高になるはずだ。

いずれにしても、経済効率最優先の国である日本は、教育費、養育費が高コスト構造になっているだけではなく、国や自治体、企業の支援が乏しいため、家計にかかる負担は重く、少子化を加速するとともに、出産・育児や子どもの養育、教育の負担を回避するために、女性を未婚化・晩婚化・シングル化へシフトさせていることも明らかだ。

（2）手厚いスウェーデンの子育て支援

　一方，スウェーデンでは，景気後退で削減傾向にあるとはいっても，子どもの養育，教育への公的サポートは日本の比ではない。育児休業期間は75％の賃金保障がされ，児童手当は子どもが16歳になるまで，両親の収入にかかわらず支給される。また国公立の高校・大学へ進学すれば，授業料は無料である。

　片や日本は，育児休業の賃金給付は1999年現在25％。児童手当は，両親の年収制限があり（先進国で年収制限のあるのは日本だけ），第1子，第2子は，月間5000円，第3子から月間1万円という雀の涙で3歳で打ち切りである。国公立の高校・大学も授業料を支払わねばならない。子どもを生み育てることの経済的重圧を考え，出産・育児を敬遠したくなるのは自然の成りゆきといえる。

　止まるところを知らないような日本の少子化に対して，1994年12月16日に「今後の子育て支援のための施策の基本的方向について」という，いわゆる「エンゼルプラン」と称するものが，文部・厚生・労働・建設4大臣の合意で策定された。

　策定のねらいとしては，社会全体の子育てに対する気運を醸成し，企業，職場，地域社会などの子育て支援の取り組みを，今後10年間，文部省・厚生省・労働省・建設省を事業官庁として推進する，となっている。

　しかし具体的数値目標等に乏しかったエンゼルプランに対し，1999年12月に「新エンゼルプラン」（重点的に推進すべき少子化対策の具体的計画）が大蔵，文部，厚生，労働，建設，自治6大臣合意で決定。2000年度中に育児休業給付を40％に引き上げることなどが，ようやく盛り込まれた。

　また1999年1月に発足した少子化社会対策議員連盟（加盟248人，中山太郎会長）が作成した「少子化社会対策基本法案」が1999年末の臨時国会に提出された。産めよ増やせよ調で，結婚，妊娠，出産に関する個人の自己決定権がきちんと盛り込まれていないとの批判も多い（日本経済新聞1999年12月24日夕刊）。

（3）少子化対策も企業の社会的責任で

　また，日本の企業は，少子化の帰結が，労働力不足や，消費市場が冷え込む

といった形で，ツケが必ず回ってくるということに思い至っていない。

　企業の社会的責任や，フィランソロピー（慈善事業）をいうなら，まず，労働力の供給を受けている側の責任として，育児休業の有給化率の大幅アップなどに取り組むべきであろう。目先の損得に追われがちな日本企業は，長期的視野で考えることが不得手で，少子化問題の深刻さをきちんと受けとめていない。

　国も，かろうじてかけ声だけはかけているものの，問題解決のための着実な手を打ちあぐね，問題先送り的で無責任な対応になりがちだ。

　スウェーデンの合計特殊出生率は，1960年代の2.5から，80年代の1.7へ，そして90年の2.1から95年の1.7へとゆらいでいるが，日本のように，一貫して低下し，1.38に至っているのとは，相当事情が違っている。

　スウェーデンでは，1980年代の出生率低下時に，"子どもを生み育てることで，両親が経済的に不利益を被ってはならない"との政策が打ち出され，前述のように育児休業中の給料の保障（当時は90％）や，子どもの数によっては家計収入の4分の1～3分の1にもなるという手厚い児童手当などの施策が打ち出された。

　1990年には，それが奏効し，また，スウェーデンの人気女性タレントが結婚し出産するなど，若い女性の間にちょっとしたベビーブームが巻き起こったという。95年の1.7は景気後退で，育児休業の給与保障が75％になったこともあるが，90年頃に，若い女性が前倒しで出産したために，その余波で，出生率が低下したとも考えられる。

　このようなスウェーデンの合計特殊出生率の乱高下を"ローラーコースターのように上下する"と表現している研究者もいる（Hoem & Hoem, 1996）。

5　進む「結婚の経済学」の議論

(1) "子どもを産むことを金の儲かる職業とせよ"
　　　と訴えたバートランド・ラッセル

　スウェーデンの例を見ても，両親が子育てで経済的不利益を被ってはならな

いとする経済的支援が，少子化防止に最も利いていることがわかる。そして，その経済的支援の乏しい日本で，未婚化・晩婚化・シングル化，そして少子化が加速していることも事実だ。

　フランスの科学・冒険小説家のジュール・ヴェルヌは，1863年に『二十世紀のパリ』（日本語訳，1995）という小説の中で「文化は絶え果て，金がすべての世の中」と書いた。農耕社会と異なり，高度な産業社会，商品経済の社会では，お金を持たないと，存在すらできない。今日の女性が経済的メリット，デメリットに敏感になることは非難できないといえよう。

　すでに1929年に，バートランド・ラッセルは『結婚と道徳』（ラッセル，1955）という著書の中で，次のように述べている。

> 「子供を生むことが金のもうかる職業だと思えるくらいに報酬を与えない限りは，将来高度の文明は維持できなくなる公算が大きい。もしそうなったとすれば大部分の女性がこの職業につく必要はなくなる。それは職業中の一つだからだ。確かだと思える唯一の点は，女性解放論の今日的発展で，有史以来の男性の女性への勝利を表わす家父長制家族を破壊する上に甚大な影響を与えるであろう」。

　バートランド・ラッセルのこの主張こそ，まさに日本女性の今の実態を正確にいい表わしているといえるが，当時の欧米でも，この主張は早すぎたのか，非難を浴びて，ラッセルはニューヨーク市立大学教授就任の約束を取り消されるほど過激であったらしい。しかしその後，1950年にラッセルはノーベル文学賞を授与され，名誉を十分回復している。

（2）"結婚は「互換性」と「相互補足性」が増す"としたゲリー・ベッカー

　アメリカの経済学では，1992年のノーベル経済学賞受賞者のゲリー・ベッカーをはじめ，その影響を受けた多くの女性経済学者が，結婚状況（結婚しているかいないか，離婚や再婚をしているかどうか）を経済的得失にもとづいて分析している。

　ゲリー・ベッカーは，男女とも独身でいるよりも結婚する利点として，収入，

人的資本，賃金レートの相対的拡大をあげた。独身を通すことと比較して，結婚が男女双方にもたらす利点は，家庭内で夫婦の時間とモノを投入することによって「互換性」(Compatibility) と「相互補足性」(Complementarity) が増すメリットが生じ，それによって男女双方にとり幸福が増すことにあるとしている (Becker, 1973)。

また，アメリカの女性経済学者の中には，女性への教育投資が，家庭内で，どのように生産性のアップに寄与するかを計量的に分析する研究をしている人もいる (Benham, 1975)。

(3) 結婚のメリットの大きい男女の組み合わせ

また，女性経済学者の一人，フレデリカ・ピックフォード・サントスは，結婚のメリットの大きい男女の組み合わせとして，次のような不等式を描いた (Santos, 1975, 図1-4参照)。

これは，男性が市場労働での生産性が高く，つまり女性より賃金が高く，女性が家庭での再生産労働の効率がよいという伝統的な男女役割分業のパターンで，この場合は結婚によるメリットが大きいというわけである。

ところが，今日では，女性の方が高学歴化しており市場労働で高収入を得られるポテンシャルも高い。そういう高収入の女性の場合，彼女より市場労働での収入は低く，家事労働での生産性の高い男性，つまり，図1-4の不等号が逆になる組み合わせにならないと，結婚の効率性が生まれない。

ところが，現実に女性より収入は低いが家事の効率の高い男性を見つけるのは難しい。したがって，結婚するメリットのある伴侶を見つけにくい高収入キャリア女性は，シングル化することが多い。

また，この不等式の左右が等しくなる場合はないのであろうか。つまり，女性の側も男性の側も，市場労働の賃金がイコールで，家事労働の効率も等しいというケースである。つまり男性も女性も仕事も家事も平等にこなせるというケースである。しかし，日本では，たとえ外で平等に働き，平等の賃金を得ていても，男性が女性と折半で家事を行うというケースは皆無に近い。したがっ

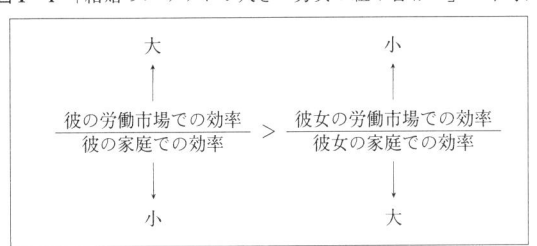

図1-4 「結婚のメリットの大きい男女の組み合わせ」の不等式

$$\frac{\text{彼の労働市場での効率(大)}}{\text{彼の家庭での効率(小)}} > \frac{\text{彼女の労働市場での効率(小)}}{\text{彼女の家庭での効率(大)}}$$

出典：Santos, 1975 より。

て，たとえ外で対等に働き平等の収入を得ていても，家庭での家事・育児・介護は，女性の肩にかかってくるので，女性にとって結婚のメリットはない。したがってシングル化が進む。

6 結婚を忌避させる社会的要因
―― 薄れる「家族」の存在感 ――

(1)「企業戦士」と「母子家庭」に分断される日本の家族

つぎに，日本女性の未婚化・晩婚化・シングル化を促進している社会的要因の考察に移りたい。日本では，家族がかつて持っていた機能が，社会化，商品化されて，シェルターとしての家族の機能も薄れていく傾向にある。家族の人数も減少し，1995年の国勢調査では，1世帯の人数が全国で2.82人，東京で2.34人になっている。

また，小家族になったにもかかわらず，夫，妻，子どもが，互いに向き合っておらず，前節でゲリー・ベッカーが提唱していたような「互換性」や「相互補足性」のメリットが発揮しにくい状況になっている。

オランダの経営学者ギアート・ホーフステッドがある多国籍企業の世界40カ国の従業員の意識調査をした結果，男性化指標の高い国と男性化指標の低い国という軸が抽出された。表1-2のように，男性化指標の高い国では，"金銭と物質中心主義""業績達成と成長の重視""仕事優先""業績達成の優先""独立の重視""決断力""成功者に対する共鳴""卓越化：最高をめざせ""大きいこ

第Ⅰ部　ライフスタイルの多様化と結婚

表1-2　男性化の社会規範（男性化度の強すぎる日本）

男性化指標の低い国	男性化指標の高い国
人間中心主義	金銭と物質中心主義
生活の質と環境の重視	業績達成と成長の重視
生活優先	仕事優先
奉仕の優先	業績達成の優先
相互依存の重視	独立の重視
直観	決断力
不運な者に対する共鳴	成功者に対する共鳴
平等化：他にぬきん出るな	卓越化：最高をめざせ
小さいこと，ゆっくりしたことは美しい	大きいこと，早いことは美しい
男性は自己主張的である必要がなくて，養育的役割を担うことができる	男性は自己主張的にふるまい，女性は養育的にふるまねばならない
社会における両性の役割には差異があってはならない	社会における両性の役割には，明白な差異がなければならない
性役割の差は，権力の差異であってはならない	男性はあらゆる状況において，支配者でなければならない
ユニセックス（両性の無差別）と両性具有を理想とする	マチスモ（これ見よがしの男らしさ）を理想とする

出典：G. ホーフステッド，萬成博・安藤文四郎監訳，1984『経営文化の国際比較』産業能率大学出版部。

と，早いことは美しい""男性は自己主張的にふるまい，女性は養育的にふるまねばならない"などと，日本のイメージでいえばモーレツ型，滅私奉公型，企業戦士型，過労死型の因子が抽出された。

一方，男性化指標の低い国では，"人間中心主義""生活の質と環境の重視""生活優先""奉仕の優先""相互依存の重視""直観""不運な者に対する共鳴""平等化：他にぬきん出るな""小さいこと，ゆっくりしたことは美しい""男性は自己主張的である必要がなくて，養育的役割を担うことができる"などといった，人間や環境を大切にし，弱者にやさしく，男女役割固定観念を否定する男女共生型の価値観を持つ因子が抽出された。

そして，男性化指標の強さを1〜100までの数値に置き換えて40カ国を並べてみると，表1-3のように日本の男性化度が40カ国中最も高いと出た。このデータは1980年代初期のものであるが，バブル崩壊後，日本経済は構造的変革期を迎え，リストラの嵐が吹きあれる中で，企業人は，ますます企業戦士化し，

第 1 章 未婚化・晩婚化・シングル化の背景

表1-3 各国の男性化指標の値

国　名	男性化指標 実測値	男性化指標 女性の比率をコントロールした場合	国　名	男性化指標 実測値	男性化指標 女性の比率をコントロールした場合
日　　　　本	95	87	ブラジル	49	44
オーストリア	79	75	シンガポール	48	52
ヴェネズエラ	73	70	イスラエル	47	41
イタリア	70	72	トルコ	45	53
スイス	70	67	台　　湾	45	38
メキシコ	69	64	イラン	43	52
アイルランド	68	74	フランス	43	41
イギリス	66	66	スペイン	42	35
西ドイツ	66	59	ペルー	42	32
フィリピン	64	58	タイ	34	45
コロンビア	64	56	ポルトガル	31	32
南アフリカ共和国	63	60	チリ	28	26
アメリカ	62	―a)	フィンランド	26	51
オーストラリア	61	59	デンマーク	16	22
ニュージーランド	58	55	オランダ	14	―b)
ギリシア	57	73	ノルウェー	8	10
香　　港	57	61	スウェーデン	5	6
アルゼンチン	56	50	39カ国の平均（ヘルメス社）	51	51
インド	56	47			
ベルギー	54	53			
カナダ	52	53	ユーゴスラビア（同一業種）	21	42
パキスタン	50	40			

a) 職種別データは，男性だけから得られた。
b) このデータについては，性別をたずねなかった。
注：第2因子の因子得点にもとづく値は，40カ国，14項目の仕事目標から成るデータ・マトリックスを因子分析にかけて見い出された。仕事目標の得点は，七つの職種から成る層別標本に対する前後2回の調査から計算されたものである。実測値，および各国の標本中に占める女性の比率をコントロールした後の値を示してある。
出典：表1-2に同じ。

モーレツに滅私奉公しないと生き残れなくなり，男性化度は，高まりこそすれ，低くなっているとは思われない。

このように，夫，父親の「企業戦士」化と，妻，母親，子どもの「母子家庭」化が進行し，家庭の機能や家族の間の互換性や相互補足性は発揮されにくい状況にあるといえる。

第Ⅰ部　ライフスタイルの多様化と結婚

（2）貧しい親子のコミュニケーション

「企業戦士」と「母子家庭」の家族の実態では，互いに幸福を求めあう家族像は描きにくい。独身女性にとって，家族を結婚という代償を払ってまで求めるものかどうか，躊躇してしまうところであろう。

以下は，財団法人日本女子社会教育会発行の『図説変わる家族と子ども』（1997）に紹介された家族のデータである。

まず，日本の労働時間は，年間1996時間で，ドイツ（1542時間）より454時間も長い（労働省労働基準局賃金時間部労働時間課「推計」1994年）。家族がコミュニケーションをする時間の絶対量が足りないといえる。1999年施行の男女雇用機会均等法の改訂で，募集・採用，配置・昇進の差別が，禁止規定になる一方で，深夜業などの女子保護規定が撤廃されることで，男女とも，長時間労働の歯止めのなくなる日本では，家族のコミュニケーションが稀薄になることが危ぶまれる。

長時間労働の当然の帰結として，日本の父親が子どもと一緒に過ごす時間が諸外国と比べて短く，一週間に父親が子どもと過ごす時間は日本が3.32時間。タイは6.00時間，アメリカ4.88時間，イギリス4.75時間となっている。

一方，日本の母親が子どもと一緒に過ごす時間は，一週間に7.44時間と長く，タイ（8.06時間）アメリカ（7.57時間），イギリス（7.52時間）に並ぶ長さで，まさに「母子家庭」を物語っている（日本女子社会教育会「家庭教育に関する国際比較調査」1994年）。

親子で一緒にする行動の日米比較では，図1-5のように，アメリカよりどの行動も少なく，とくに，家事を親子で一緒にする率がアメリカで57％あるのに対し，日本は16％とアメリカの3.6分の1となっている（総務庁青少年対策本部「子供と家族に関する国際比較調査」1994年）。家事は，家庭生活を運営するための土台であり，親子が力を合わせて行うことは，家庭づくりの基礎となるものだが，ここでも家族の協働が乏しく，家族が互いに向き合っていないことがうかがえる。

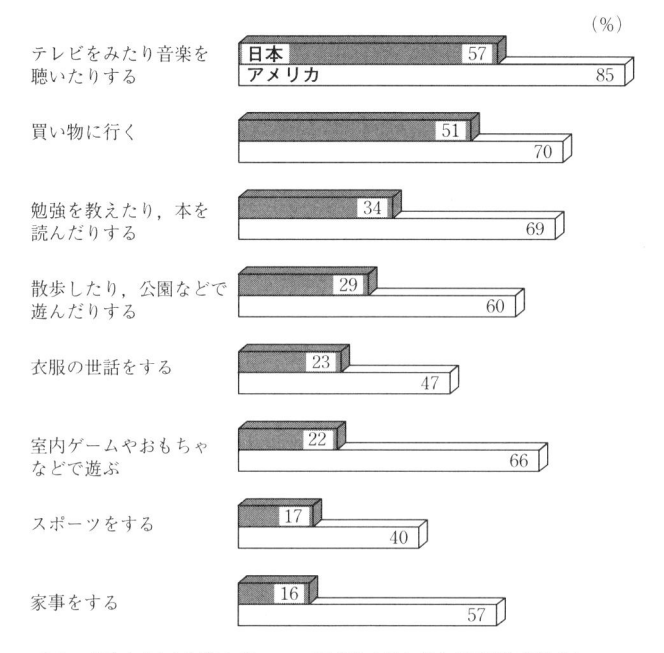

第 1 章　未婚化・晩婚化・シングル化の背景

図1-5　親子で一緒にする行動の日米比較（複数回答）

(%)

行動	日本	アメリカ
テレビをみたり音楽を聴いたりする	57	85
買い物に行く	51	70
勉強を教えたり，本を読んだりする	34	69
散歩したり，公園などで遊んだりする	29	60
衣服の世話をする	23	47
室内ゲームやおもちゃなどで遊ぶ	22	66
スポーツをする	17	40
家事をする	16	57

出典：総務庁青少年対策本部，1994「子供と家族に関する国際比較調査」。

（3）夫婦，親子が愛情と尊敬で向き合っていない日本の家族

つぎに，ショッキングといえる数値は，悩みや心配事の相談相手としての父親の影の薄さである。悩みや心配事の相談相手として父親をあげる率は小学生では22％，中学生ではなんと4％，高校生に至っては3％でしかない。母親をあげる率は，それぞれ56％，20％，11％あるが，父親の家庭における存在感は，中高生の子どもにとってほとんどないに等しい（NHK放送文化研究所「第3回小学生の生活と文化調査」1994年，および「第3回中学生・高校生の生活と意識調査」1992年）。

また，「子育ての意味」についての日米比較では，アメリカが圧倒的に"子育ては楽しい"とする率が，トップで68％であるのに対し，日本のそれは，アメリカの3分の1以下の21％でしかない。日本のトップは"自分が成長する"

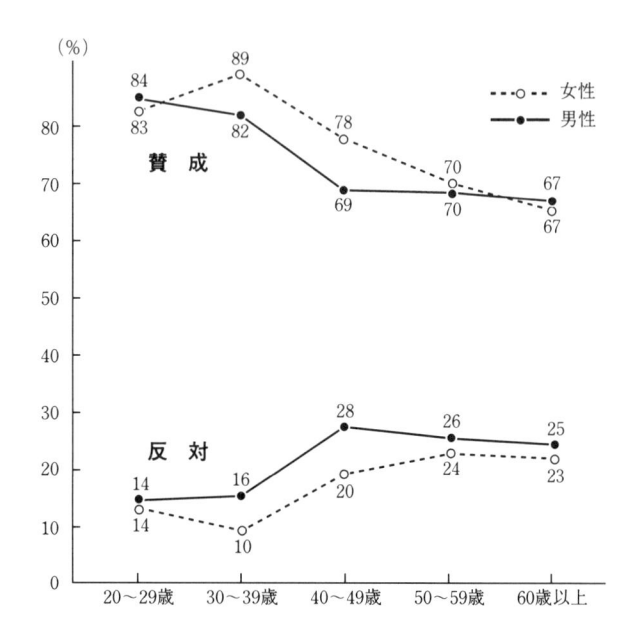

第Ⅰ部　ライフスタイルの多様化と結婚

図 1-6　男性が家事や子育てに参加するために会社中心のライフスタイルを変えることの是非

出典：総理府広報室，1993「男性のライフスタイルに関する世論調査」。

で69％である（総務庁青少年対策本部「子供と家族に関する国際比較調査」1994年）。どうやら日本人は，子育てはお金がかかる苦労のタネだが，社会人としての義務感，使命感から子育てをしているといった傾向にあるようだ。こういう受けとめ方にも，結婚はできない，したくないという選択へ導く要因がうかがえる。

しかし，図 1-6 のように"男性が家事や子育てに参加するために会社中心のライフスタイルを変えること"について，"賛成"が男女とも"反対"を上回っている。"賛成"で女性の方が男性よりやや多く，"反対"は男性のとくに40代で多い。働きバチ，モーレツ，滅私奉公の企業戦士の男性も，会社中心の生き方をしているのは，必ずしも本人の本心ではなく，企業社会を生きていくための方便でもあることがうかがえる。

日本の企業社会を人間的なあり方に変えていかねばならないという潜在的な

気づきは，企業戦士としての男性の中にも存在していることも事実だ。

いずれにしても，現在の日本の男性たちは，夫として父親として，妻や子どもたちから，敬意と愛情を持って遇されているとはいいがたい。夫失格，父親失格が少なからず存在している。夫族の援助交際や，あるいは妻族の逆援助交際も，家族が愛情と尊敬で結ばれていないところから生じていることは確かであろう。

7 日本の政治と社会の変革の必要性

（1）変わる女性と変わらない日本の企業風土

フェミニストの祖とされるイギリスのメアリ・ウルストンクラーフトは，1792年，今から207年前に『女性の権利の擁護』（ウルストンクラーフト〔日本語訳〕，1980）を著し，ルソーをはじめとする男性の側からの女性のあり方への主張に，鋭いメスを入れ，男性の身勝手さと，それを受け身で受け入れざるをえない弱い性としての女性の実態を指摘した。

そして，ウルストンクラーフトは

「女性は，夫が生きているからといって自分の生計を夫の恵みに頼ってはならないし，夫の死後にも，夫の財産に支えられているようではいけない」と主張した。

女性の経済的・精神的自立が，男女平等型社会の大前提だともう200年以上も前に明言した最初のフェミニストであった。

日本の今日の未婚女性たちは，49.4％（1998年）が大学に進学し，高学歴を身につけることで自己に投資し，労働力としての価値を高め，20～24歳の女性の74％が労働力化し，労働市場に参入し，経済的自立を遂げている。

しかし日本の企業風土，企業文化は，前出の表1-2，表1-3のホーフステッドの調査のように，男性文化型で，集団主義に従い，モーレツに滅私奉公する社閉症，社畜型の企業戦士を求めている。女性を平等に扱うなら，女性保護を撤廃し，労働時間は青天井にしてしまうことを求めるのが日本の企業のや

り方である。男性の労働時間にも歯止めをかけて短縮していくといった気風は見られない。

また、結婚して家族を持っても、前述のように「企業戦士」と「母子家庭」に分断され、互いに愛情と尊敬で結ばれる家庭を構築していくことができにくい。

そこで、女性にとって生きる道は、まずホロン型に個を確立し、技術や知識を磨くことに自己投資をし、職業を持って、経済的および社会的自立をはかることである。そうして自立した男女が、職場で協働でき、また、シングルのまま生きていっても、法律婚、事実婚など多様なパートナーシップを組んでも、人間として自己のアイデンティティをトータルに生きられる社会システムを構築していく以外にない。

それには、政治や社会が変わるのを待っているのではなく、男性を巻き込み、その協力を得ながら女性自らが政治や社会を変えていく以外にない。そのお手本は、北欧社会にあり、北欧の女性たちは20世紀初頭から、積極的に政治や社会に参画して変革していった。

（2）北欧の男女平等・高福祉社会構築への女性の役割

北欧の男女平等や高福祉社会の実現には、1世紀に及ぶ、女性の政治と社会の変革のための努力が生み出したといっても過言ではない。

再び表1-3を見よう。男性化度が世界の40カ国中最も高い日本と、一方で、男性化度が最も低いのがスウェーデンであり、ついで、ノルウェー、オランダ、デンマーク、フィンランドである。オランダをのぞくと、全部北欧諸国である。

ここで北欧と日本が、社会の価値観が正反対であることがわかる。例えばスウェーデンでは土日のホテルの料金が安くなり、朝食などは無料になる。それは家族が利用するという理由である。ところが日本の新幹線は家族の一番利用する夏休み、冬休み時期は、繁忙期と称して、逆に高くなる。経済効率最優先の日本と人間優先の北欧との違いを如実に示している。

北欧諸国のとくにフィンランド、スウェーデン、ノルウェーの議会では、議

員の4割が女性で、ノルウェーでは前首相は、女性（ブルントラント女史）であった。大臣の4割が女性（ノルウェーのブルントラント内閣では半数が女性の大臣）で、スウェーデンなどでは、外務大臣、大蔵大臣が女性であることも珍しくない。

しかし、北欧の女性たちは、本来女性の人口は5割であるのだから、政治も社会も男女フィフティ・フィフティであるべきだという。4割に止まっているのは、民主主義が未完成である証拠と、『未完の民主主義』(Haavio-Mannila et al. eds., 1985) という本を書いている。

日本の衆議院では女性議員が4.8％で、この比率は、世界123位という実態と北欧との格差はあまりにも甚しいが、北欧の女性たちの政治参加と社会変革のあとを少したどってみよう。

（3）議会へ進出した北欧女性たちは、積極的に政策提言

まず北欧女性たちの政治参加を促した要因は次の四つである。
① 日本より25年から40年早く女性が選挙権を確立。最も早いのがフィンランドの1906年。ついでノルウェー1913年、アイスランド、デンマーク1915年、スウェーデン1921年となっている。
② 北欧諸国の選挙制度は、パターンは異なるもののすべて比例代表制。比例代表制は女性が強力ないわゆるカネ、コネ、カオがなくても、政党内での日常活動をきちんとし、候補者名簿の上位にランクさせてもらえば、当選しやすい。
③ 北欧諸国は社会民主主義の影響力が他の西欧諸国より強く、社会民主党が第一党ないし有力政党である国が多い。社会民主党は男女平等を標榜し、候補者名簿も男女交互に並べる国もある。
④ 北欧諸国の女性は女性議員の増加を他のどの西欧諸国よりも強力に推進した。

こうして議会に進出した女性議員たちは、社会問題、教育／教会／文化、消費者／行政といった、女性や生活に身近な「再生産」の分野の委員会に籍を置

いた。北欧5カ国では，それらの委員会の女性比率は今日でも30〜65％を占めている。

そして「再生産」の分野（社会政策〈家庭，健康，飲酒，住宅供給および社会保障〉，教育，文化，環境，消費者政策）の政策を提案し，議会で積極的に発言し，主張していった。

ついで「生産」の分野（通信，建築，労働，財政政策，エネルギー，地域政策）の政策を提案し，主張した。さらに「制度の維持」の分野（犯罪政策，外交政策，国防，行政・政治制度）の問題に取り組んでいった。

スウェーデンでは，1972年から78年にかけて，国会に提出された女性の問題に関する動議のタイプは「解放」「改革」「現状維持」の三つに分類できた。

それぞれのタイプの内容は次のようになっていた。

「解放」＝妊娠中絶，労働時間の短縮，幼稚園への全児童のアクセス，父親休暇，に関するもので，女性問題に関する動議の25％を占めた。

「改革」＝女性のパートタイム雇用の問題，母親のためのよりよい健康条件，母子の健康に関するもので，同，64％を占めた。

「現状維持」＝女性の従属的な地位の維持，主婦の年金，妊娠中絶の制限で，同，11％を占めた。

そして，表1-4のように，この3タイプの動議を女性が提案した比率は，「解放」が26％，「改革」が68％，「現状維持」は6％。女性がまず「改革」の問題，そして「解放」の問題に関心を持ち，積極的に政策提案をしていったことがうかがえる。

このように北欧議会では，女性の選挙権獲得と同時に，女性議員を女性の手で議会に送り込み，そして女性議員が男女平等や福祉に関する政策を提言し，推進し，究極的に今日の老若男女対等参画型と呼べる社会システムを構築していった。

（4）女性の社会参加を前提にした社会システムを構築した北欧

このように北欧諸国の女性の政治および社会進出を活発にしたのは，前述の

表 1-4 1972年から1977〜78年にかけてスウェーデン国会において提出された女性の問題に関する動議のタイプ，提議者の性別による

動議のタイプ	提議者				T	%
	M	%	W	%		
解　　　放	19	24	21	26	40	25
改　　　革	48	61	55	68	103	64
現 状 維 持	12	15	5	6	17	11
合　　計	79	100	81	100	160	100

M＝男性，W＝女性，T＝合計。
出典：Högberg, 1981.
　　　Haavio-Mannila et al. eds., 1985 より。

ように，女性が日本より25〜40年早く選挙権を獲得したためであることは明らかであるが，しかし，日本も女性が選挙権を獲得して53年にもなるのに，衆議院の女性議員比率が4.8％ということは，どこに問題があるのであろうか。

その根本的な違いは，北欧社会が，今世紀初めの女性が選挙権を獲得した当初から，女性は社会の労働力として期待されており，とくに女性議員は，"女性が外に出て働く存在である"ことを前提にした政策を打ち出していったことである。

したがって女性が外に出て働くための，家事，育児，介護などを男性および社会で分かちあうシステムが早期に確立していったことである。

一方日本は頑迷なほど，"女性は夫に扶養される存在"を前提にした社会システムを固守する社会であったことと，女性の側もそれを切り崩すための大きな力を結集できないままできたことだ。

とくに，情報を発信するマスメディアの現場の女性比率が低く，1993年のユネスコの調査では，新聞社で6.8％，テレビ局9.0％で世界30カ国中最下位である。

また，女性の性を商品化した情報は氾濫するがままになっている。

（5）まとめ──住み良い社会づくりにシングルズ・パワーを

今日の女性の未婚化・晩婚化・シングル化現象は，くり返すまでもなく，女

性の高学歴化による経済的自立が生み出したものであるが、同時に暗黙裏に、日本の結婚というシステム（女性が無償の家事、育児、介護労働者として労働力を搾取される）や「企業戦士」と「母子家庭」として分断された家族のあり方への拒絶反応でもある。

　男性が、女性と良いパートナーシップが組めるよう、家事、育児、介護へ参加することである。その大前提としての日本の労働時間の短縮、そして日本企業の従業員を「企業戦士」から解放し「企業内市民」として自立させること、が実現されれば、法律婚、事実婚といった自由な形で男女のカップル形成の道は開かれよう。

　同時に職業を持ち自立する率の高まった今日、多くのシングル女性が望んでいることは、結婚した場合の「夫婦別姓」である。「夫婦別姓」の選択を盛り込んだ民法改正案が、早期に成立することが望まれるが、"女性は夫に扶養される"ことを通念としている頑迷固陋な中高年齢層の政治家たちがそれを阻んでいるようだ。

　シングル女性たちが、単にモラトリアムとして、独身でいるだけではなく、その知的、感覚的パワーを結集して、北欧諸国の女性が達成していった、政治参加のプロセスを通じて、"女性が外に出て働くことを前提にし"、"老若男女対等参画型社会"の構築に、シングルズパワーを発揮していくことも必要だ。そして、自ら住み良い社会に変革しつつ自らの生き方を切り開いていく以外にない。そこに、日本社会のわずかな可能性も残っているといってよい。そして間もなく、女性に外に出て働いてもらわないと日本がやっていけない21世紀がやってくるのだ。

引用・参考文献

　Becker, Gary S., 1973, "A Theory of Marriage Part I," *Journal of Political Economy*, July-August, Chicago University.

　——, 1974, "A Theory of Marriage Part II," *Journal of Political Economy*, March-April, Chicago University.

　Benham, Lee., 1975, "Nonmarket Returns to Women's Investment in Education,"

Lloyd, Cynthia B. ed., *Sex, Discrimination, and the Division of Labor*, Columbia University Press.

Haavio-Mannila, Elina et al. eds., 1985, *Unfinished Democracy, Women in the Nordic Politics*, Pergamon Press.

Hoem, Britta & Jan M. Hoem, 1996, "Sweden's family policies and roller-coaster fertility".『人口問題研究』第52巻第3号，国立社会保障・人口問題研究所。

熊谷明美・堀妙子・野沢美世子・佐藤七重・土肥敦子，1996『介護者不在の要介護老人へのネットワークによる在宅支援』第27回日本看護学会集録，社団法人日本看護協会。

メアリ・ウルストンクラーフト，白井堯子訳，1980『女性の権利の擁護』未来社。

村嶋幸代編，1996『始めよう！24時間訪問看護・介護』医学書院。

尾高邦雄，1970『職業の倫理』中央公論社。

大橋照枝，1986『消費社会のネクスト・フロンティア』日本能率協会。

——，1988『世代差ビジネス論』東洋経済新報社。

——，1993『未婚化の社会学』日本放送出版協会。

Paris au XXe siècle par Jules Verne, Préface et etablissement du texte: Piero Gondolo della Riva (Hachette/le cherche midi éditeur, 1994).（榊原晃三訳，1995『二十世紀のパリ』綜合社。）

Russell, Bertrand, 1929, *Marriage & Morals*, George Allen & Unwin Ltd.（江上照彦訳，1955『結婚と道徳』現代教養文庫，社会思想研究会出版部。）

ロバート・A・フェルドマン，1996『日本の衰弱』東洋経済新報社。

Santos, Fredricka Pickford, 1975, "The Economics of Marital Status," Lloyd, Cynthia B. ed., *Sex, Discrimination, and the Division of Labor*, Columbia University Press.

副島美智子・倉重久美子・吉田典子・中島京子，1996『医療・保健・福祉の連携における地域医療カンファレンスの評価』第27回日本看護学会集録，社団法人日本看護協会。

山下泰子，1996『女性差別撤廃条約の研究』尚学社。

第2章
結婚の現在的意味

山田　昌弘

1　お金とセックスをめぐって

（1）結婚問題のタブー

　現代日本の結婚の状況を考える際，「お金」と「セックス」の問題を抜きにして論じることはできない。

　従来の人口学や家族社会学は，お金とセックスの問題を意識的にか，無意識的にか避けてきた。結婚年齢や出生率は，無味乾燥な数字の行列で示される。しかし，その結婚や出生という出来事の裏には，個人にとって最も秘密の領域に属するお金やセックスの問題が潜んでいる。結婚や出生にお金やセックスの問題が絡んでいることは，普通の人なら誰でも知っている。しかし，お金やセックスの問題をおおっぴらに論じることは，タブーにされてきた。

　例えば，「収入の少ない男性は結婚しにくい」という統計的事実がある。そして，これは，旧・人口問題研究所などの調査データで容易に確かめられる（表2-1参照）。しかし，これについて言及したクオリティー・ペーパーは（私の論文を除いて）ほとんどない。また，「男性にセクシュアリティを喚起させない女性が結婚しにくい」という公に触れることは憚られるが，誰でも知っている事実がある。私は，これらの傾向が「よい」と言っているわけではない。公にしにくい理由もわかっている。しかし，だからと言って，このような傾向の存在を学問的に無視してよいということにはならない。

　繰り返すが，結婚に関する社会的問題には，お金やセックスという要素が絡

第 2 章　結婚の現在的意味

表 2-1　男女・年齢別，年収別未婚率
(%)

年　　収	全体	20〜24歳	25〜29歳	30〜34歳	35〜39歳	40〜44歳	45〜49歳
男							
な　　し	88.2	98.1	95.0	58.3	33.3	52.9	33.3
100万円未満	83.9	97.1	88.1	61.1	43.8	44.4	21.1
100〜 200万円未満	68.0	90.9	78.9	51.2	30.0	34.3	28.2
200〜 300万円未満	61.2	90.6	76.5	54.0	36.0	26.0	13.7
300〜 400万円未満	45.0	84.4	68.2	33.2	24.7	17.6	11.8
400〜 500万円未満	30.5	80.0	68.2	33.0	15.2	13.2	6.6
500〜 600万円未満	17.3	83.3	40.0	30.7	13.1	8.3	5.3
600〜 700万円未満	12.4	―	42.9	26.9	12.4	9.0	6.4
700〜1000万円未満	4.9	100.0	23.1	12.5	6.6	4.1	2.2
1000〜1500万円未満	4.6	100.0	60.0	16.7	2.8	1.4	1.6
1500万円以上	1.4	―	100.0	―	―	―	―
女							
な　　し	8.0	59.0	6.6	3.6	1.7	1.3	2.0
100万円未満	17.7	83.5	25.3	7.4	2.5	3.6	2.2
100〜 200万円未満	44.9	94.4	29.5	25.5	15.8	8.2	3.3
200〜 300万円未満	54.8	93.5	73.4	44.1	23.3	6.1	8.8
300〜 400万円未満	49.7	96.1	75.5	39.3	21.1	16.3	10.0
400〜 500万円未満	35.2	87.5	68.0	37.5	32.6	9.1	9.6
500〜 600万円未満	22.2	―	53.8	38.5	21.4	7.3	16.1
600〜 700万円未満	10.1	―	50.0	50.0	15.0	2.6	8.0
700〜1000万円未満	14.1	―	100.0	33.3	25.0	4.8	7.1
1000〜1500万円未満	19.0	―	―	―	―	―	28.6
1500万円以上	16.7	―	―	―	―	―	33.3

出典：人口問題研究所（当時），1995「第2回人口問題に関する意識調査」。

んでいる。この二つの要素に言及しないで，現在の結婚状況を論じても，無意味とは言わないまでも，リアリティーに欠ける。夫婦別姓とか，シングル・ライフを選ぶとか，別居結婚とか，真のパートナーシップなど新しいライフスタイルを選ぶことができるのは，とりあえずお金やセックスに満ち足りていると言って悪ければ，お金やセックスについて悩まなくてもよい人々に限られるのである。

　人間は，パンやセックスのみによって生きているわけではない。しかし，「衣食足りて礼節を知る」という言葉もある。現代日本社会は，豊かな社会と言われているが，人間の基本的な「欲望」の重要性は決して減じているわけで

はない。いや，豊かな社会になればなるほど，一度味わった現在の豊かさを失いたくないという動機づけが強まるとも言える。

（2）生活水準と親密性（セクシュアリティ＋インティマシー）

今まで，お金とセックスという日常語で表象してきたが，社会学的に分析するために，「生活水準」と「親密性」という概念をたてておく。

お金の問題は，要は「生活水準」の問題である。ここでは，単なる消費支出や資産で測られる経済的な生活水準だけでなく，家事や育児の手間といったシャドウ・ワークの量や，おしゃれな街に住んでいる，気軽に観劇に行けるなど文化的生活水準も含むものとする。お金があってもそれを有効に使えない（効用や差異に転化できない）ケースも考慮しなければならない。

セックスの問題は，男女によってその意味が大きく異なってくる。近代社会では，発達的に男性にセックス欲求が強く出る構造になっている[1]（Chodorow, 1989：p. 33）。ここでは，男女込みにして分析するために，好きな人と親密な関わりをもつことによって達成される欲求として「親密性」という概念を用いることにする。多くの男性にとっては，セックスを楽しめる関係としてより意識されるだろうし，多くの女性にとっては，好きな人とコミュニケーションができるという意味合いが強まるだろう（Giddens, 1992）。

この二つの要素は，私が近代家族の二つの基本的性格として設定した「自助原理」「愛情原理」に対応している。近代家族は，生活水準を共有するものとして，プラス，親密な領域として規範的に要請されている。この原則には，裏の意味があって，自助原理は，「家族でない人を助けなくてもかまわない」ということであり，愛情原理は「家族でない人と（セックスなどを行って）親密になりすぎてはいけない」という規範がついてくるのである（山田, 1994）。

（3）結婚の近代的意味

このような近代家族の制度下での「結婚」の意味を考察してみよう。すると，結婚は，近代家族を創出（もしくは再編）するイベントであるから，個人に

とって前出の二つの要素（生活水準，親密性）に大きな変動をもたらすものとして把握できる。

つまり，結婚前（一人暮らし，親元であれ）ある一定の生活水準だったものが，結婚後（二人で暮らすにしろ，どちらかの親と一緒に暮らすにしろ）別の生活水準に移行する一つのイベントとして捉えることができる。

また，親密性（セクシュアリティ＋インティマシー）の面でも，結婚は，二人にとって大変動をもたらす一つのイベントとなっている。これは，公に二人でセックスできるというプラスの変動だけではない。「会いたいときにいつでも会えるのが結婚だが，会いたくないときに会わなければならないのも結婚だ」という状況も考慮に入れる必要がある。つまり，結婚によって愛情やセックスが強制だと感じるようになるケースもあるのだ。また，結婚をきっかけに異性の友人とつきあいにくくなるという状況が今でも残っている。すると，結婚相手と親密になれる代わりに，他の多くの異性との親密な関係を失う出来事として結婚を捉えることができる。

個人行動の合理性を仮定するならば，結婚後の生活水準や親密性の期待水準が，結婚前に比べ高くなると予想されると，結婚行動を起こすであろうし，低くなると予測すれば結婚行動を起こさないであろう。ただ，結婚は商品購入と違って相手も選択するわけだから，双方にとって期待以上でなければ結婚は起こらない点は注意しなければならない。また，短期的には生活水準や親密性水準が低下しても，長期的には高くなる見通しがあれば結婚に踏み切るという点も考慮に入れる必要はある（今は未婚で満足だけれども，老後一人では寂しいということを考慮すると結婚に踏み切る確率が増える）。

このような合理的個人の仮定は，結婚の経済学として，ゲリー・ベッカーや八代尚宏氏，本書第1章の大橋照枝氏らが展開している議論である。その意味で，私の議論は「結婚の経済学」の議論と構造的には同一である。しかし，現代日本の結婚状況を考える場合，決定的と考える変数が異なっている。八代氏や大橋氏は，自己実現機会や機会費用などの周辺的な変数を強調するのに対し，私は，経済的な生活水準と親密性（セクシュアリティ＋インティマシー）の充

足という普通の人にとって基本的な欲求を重視する。

この解釈の相違は，実は，豊かな社会の評価とビジョンに関わる大きな問題を含んでいる。八代氏や大橋氏は，経済的に豊かな社会では，人々は経済的豊かさ以上の何かを求めるはずだという仮定に立っている。それに対して私は，経済的に豊かな社会だからこそ，今ある豊かさを失いたくないという動機づけが何よりもまして強まるという仮定に立っている。この差は，現代日本社会が発展しているのか，停滞しているのかという評価の差であるとも言える。

（4）現代日本の結婚難の原因

ここで，現代日本で生じている結婚難の原因のロジックを結論を先取りして述べておこう。

私が強調したいのは，結婚に関する期待の内容（人々の意識）が変動したのではなく，結婚をめぐる環境が変化して結婚難が生じているという点である。

具体的には，1970年代後半から始まる経済の低成長化が家族をとりまく生活水準の経済環境を変化させ，同じく70年代から顕著になるセックスの自由化を伴う恋愛様式の変化が親密性をとりまく社会環境を変化させた。この二つの環境変化により，結婚難がもたらされたというのが，私の展開しているロジックである。

この二つの環境変化は，時間的に多少前後があるものの，先進諸国共通の変化である。その意味で，現代日本の結婚難は，グローバルな社会変動の一過程で生じた現象として把握することができる。それでも，アメリカやヨーロッパ諸国と異なって，日本のみに結婚難が生じているのは，環境変化に対応して結婚に関する意識が変化していないからである。まとめると，次のようになる。

結婚に関する意識が変化したから未婚化，晩婚化が生じたのではない。

① 経済環境が変化（低成長化）したがゆえに未婚化が生じた。
　　理由　結婚によって生活水準が低下するような状況になった。
　　　　　結婚前の生活水準が高くなっている（親元で豊かな生活を送るシングルが増えた）ことに由来する。

② 恋愛環境が変化したのに，結婚に関する意識が変化しないために未婚化が生じた。

理由　結婚によって親密性の水準が低下するような状況が広がった。
　　　結婚前の親密性の水準が高くなっている（結婚しなくてもセックスできる，自由に男女がつきあえる等）ことに由来する。

2　結婚意識の不変化が結婚難をもたらす

(1) 現代日本の結婚状況

　現代日本で，未婚化，晩婚化が生じているという現実は，研究者のみならず，一般の人にも周知の事実となりつつある。ここで未婚率の推移と，平均初婚年齢の推移グラフを掲げておく（図2-1，図2-2参照）。

　このグラフをみると，1975年頃までは，初婚年齢，未婚率ともに安定しているのに対し，75年頃から，初婚年齢，未婚率の上昇が男女ともに始まっていることがわかる。そして，この傾向は，20年間ほぼ一定の割合で上昇を続けている。

　このことを考えると，巷でよく言われる，適齢期男女の性比のアンバランス説，特に過剰な男性説は成立しない。ここ20年，男女ともになだらかに晩婚化，未婚化が進んでいるからである。また，結婚したがらない男女が増えた説も疑わしい。人口問題研究所の調査でも，未婚者の結婚希望は，ほぼ9割を維持している。特に，30代女性の結婚希望率はここ10年で著しく上昇している。1992年の調査では，結婚願望がやや衰えたとの解釈もあるが，それは結婚難の結果であって，原因ではないと考えられる。要は，結婚できないと諦めた層が増え始めたと考えられる。少なくとも，晩婚化が始まった70年代には，結婚願望が下がっているというデータはない。

(2) 結婚に対する意識は変化したか

　未婚化，晩婚化を説明する従来の説の多くが，結婚に対する意識の変化，特

第Ⅰ部　ライフスタイルの多様化と結婚

図2-1　年齢別未婚率・生涯未婚率の推移

未婚率の状況(%)

	男	女
20～24歳	92.6	86.4
25～29	66.9	48.0
30～34	37.3	19.7
35～39	22.6	10.0
40～44	16.4	6.7
45～49	11.2	5.6
50～54	6.7	4.5
生涯未婚率	8.9	5.1

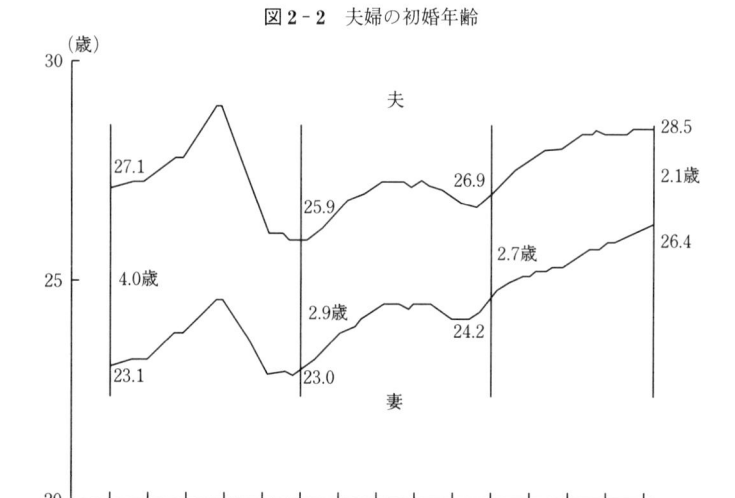

図2-2　夫婦の初婚年齢

注：(1)　1947年から67年までは結婚式をあげたときの年齢，1968年以降は結婚式をあげたとき，または同居を始めたときの年齢である。
　　(2)　1991年までの夫または妻の平均結婚年齢は算出平均値に0.46歳を加えた。1992年に調査票改正のため夫または妻の平均婚姻年齢算出の計算式を改めた。
資料：厚生省大臣官房統計情報部，1995「人口動態統計」。

に，女性の意識の変化をその要因に挙げている。

確かに，この20年の間に，女性の平等欲求が強まり，「男は仕事，女は家庭」という性別役割分業に賛成する人は少なくなってきている。高学歴女性が増え，不十分ながらも1985年には男女雇用機会均等法もでき，働く女性に対する偏見も減り，女性の社会進出意欲が強まっていることも事実である。そして，ここから女性の意識変化，とりわけ性別役割分業意識の変化が，結婚難の要因であるという説が生まれる。

ここで，私が強調したいのは，性別役割分業意識の変化よりも，環境の変化の方が早すぎること，もしくは，環境が変化しているのにもかかわらず，男女の結婚に対する意識が大きくは変化していないことが結婚難の主要原因だということである。

女性の意識変化が晩婚化をもたらしたという説には，「仕事をしたいけれど家事を分担する男性が少ない」という理由で結婚しない女性というのがよくもち出される。また，「結婚によって男性に従属する」「結婚によって自由がなくなる」と考える女性が増えたとするロジックもとられる。この裏には，家事を分担しようとしない男性，結婚して妻にいばりたがる男性，妻に外出の自由を与えない男性の存在が結婚難の原因であると考えるのである。これを「遅れている男性」仮説と呼ぼう。

このような男性が存在することは確かであるが，それが結婚難の原因であろうか。データをとることが容易な家事分担意識に限って論じてみよう。国立社会保障・人口問題研究所の未婚者調査の中で，女性に対して期待するライフコースをみてみよう（表2-2参照）。

このデータは，未婚者のデータである。もし，「遅れている男性」仮説が正しいならば，専業主婦を望む男性が結婚できなくて，仕事を続けたいと主張する女性が結婚しにくいということになる。しかし，データをみる限り，そうはなっていない。35歳未満に限ると，専業主婦を望む男性と女性の構成比は，ほぼ等しいのである。ここ10年（1987～97年）の間で，専業主婦がいるライフスタイル希望が衰えているのは，むしろ男性の方なのだ。確かに，仕事との両立

第Ⅰ部　ライフスタイルの多様化と結婚

表2-2　年齢別，理想・期待するライフコース

未婚女子・理想のライフコース

年　齢	総　数 (標本数)	非婚就業 コース	DINKS コース	両　立 コース	再就職 コース	専業主婦 コース	その他・ 不　詳
18～19歳	100% (606)	5.1%	4.5	28.7	34.8	18.5	8.4
20～24歳	100 (1,754)	4.0	3.7	27.4	34.4	21.7	8.8
25～29歳	100 (908)	4.8	4.0	25.7	35.0	21.3	9.3
30～34歳	100 (344)	3.8	9.0	27.9	30.5	16.6	12.2
35～39歳	100 (149)	10.1	12.1	22.8	22.1	20.1	12.8
40～44歳	100 (105)	15.2	14.3	19.0	18.1	17.1	16.2
45～49歳	100 (88)	15.9	12.5	18.2	14.8	14.8	23.9
総数(18～34歳)	100 (3,954)	5.1	5.1	26.6	33.0	20.3	9.8

未婚男子・期待のライフコース

年　齢	総　数 (標本数)	非婚就業 コース	DINKS コース	両　立 コース	再就職 コース	専業主婦 コース	その他・ 不　詳
18～19歳	100% (621)	1.3%	1.9	14.3	43.6	20.3	18.5
20～24歳	100 (1,683)	0.9	1.8	16.8	43.6	21.7	15.2
25～29歳	100 (1,149)	0.9	1.2	17.9	43.5	21.0	15.5
30～34歳	100 (529)	1.5	0.6	18.5	42.2	17.6	19.7
35～39歳	100 (287)	1.0	0.7	17.1	43.9	19.9	17.4
40～44歳	100 (227)	1.8	2.6	15.9	34.4	18.9	26.4
45～49歳	100 (175)	3.4	2.3	12.0	30.9	17.7	33.7
総数(18～34歳)	100 (4,671)	1.2	1.5	16.7	42.5	20.5	17.6

出典：第11回出生動向基本調査（国立社会保障・人口問題研究所）。

を望む女性は約26.6％，女性に両立を望む男性は16.7％と開きがある。さりとて，この数字は，世代的に安定している。このデータをみる限り，女性にとっては，結婚して仕事を続けたいかどうかは，結婚のしやすさとはほとんど関係がない。男性にとっては，専業主婦を求める男性の方が，共働きを求める男性よりも結婚しやすいという解釈も可能なのだ。

（3）性別役割分業意識流動化の虚実

　確かに，1975年以降，男女の役割分担の流動化が進んだ。しかし，結婚に対する男女の期待は，大きく変わっていないと考えられる。その一例として，家庭における男女の役割分業意識を詳しく分析してみよう。

総理府などの多くの調査でも，近年「男は仕事，女は家庭」という固定的な性別役割分業意識に否定的な人が増えてきたことは事実である。だからといって，反対する人がすべて「男性も女性も平等に仕事と家事・育児を担いたいと思っている」ということではない。

　私が加わった25～39歳の東京の女性を対象にした調査で，舩橋恵子氏が25～29歳の世代で，「夫は仕事・育児両方，女は育児専念」が理想のライフスタイルと回答する人が一定割合いることに注目している。つまり，「育児は大変だから夫に手伝ってほしいけれど，仕事はしたくない」ということである。また，私が加わったインタビュー調査でも，「楽で，時間の調節がきいて，きれいなプライドのもてる仕事ならしたいけれど，そんな仕事なんてないとみんなに言われる」と言う一専業主婦の回答があった。つまり，性別役割分業意識に否定的だといっても，「経済的責任（自分と家族の経済的生活水準を引き上げる責任）」を積極的に担おうとする女性は少ないということだ。

　男性も同様である。多くの男性は，総理府の調査にあるように「女性が仕事につくのは構わないが，家事・育児はきちんとやってからだ」と思っている。厚生省のインタビュー調査でも，「自分の仕事に差し支えない限り家事や育児を手伝いたい」という意見が多くみられた。ということは，仕事に差し支えるならば家事・育児をしないということである。男性は，女性と対照的に「家事・育児責任（家庭責任と呼んでおく）」を積極的に担いたいとは思っていないということだ。

（4）結婚相手への期待

　以上のことから男女が結婚相手に求めるものは，最近大きくは変わっていないと考えてよい。女性が求めているのは「経済的責任」を担ってくれる男性であり，男性が求めているのは「家庭責任」を担ってくれる女性である。

　もちろん，女性は，男性に家事・育児を手伝ってもらいたいと思っているが，それはあくまで付加的な希望である。夫が家事・育児を手伝う代わりに，生活費を全部稼げと言われたら困る妻が多いだろう。

女性の職場進出が叫ばれているが，現在でも，積極的に経済的責任を担わなくてはと思っている女性は依然少ない。仕事と育児を両立させてまで苦労して仕事をしたいと思っている女性は多くない。大多数の高卒，短大卒（そして，かなりの大卒）の未婚の女性の夢は，経済力があって浮気をしない夫と結婚して幸せな家庭を築くことであって，仕事にアイデンティティを置く女性は依然少数派である。

　同じように多くの男性の働く目的は，家庭責任を回避しながら幸せな家庭を築くことであって，やはり仕事に積極的にのめり込もうとしている男性は少ない。総理府の調査などでも，近年，家庭に生き甲斐を感じる男性が一貫して増大しているが，それは，「家庭責任を担いたい」という男性が増えているわけではない。

（5）経済的責任と家庭責任の非対称性

　ここで問題になるのは，家族のためにお金を稼ぐ「経済的責任」と家事・育児をこなす「家庭責任」の非対称性である。経済的責任は労働市場（自営業なら経済市場）で評価される。つまり，仕事をする人には「お金を稼ぐ」ことにランクがつけられている。収入の高い人と低い人がいることは周知の事実である。しかし，家庭責任に関しては，家事のうまい人，下手な人という差は多少あるものの，訓練すれば誰がやっても人並みにはこなせる。そのうえ，家事・育児の水準は，それに投入される資金に多くの場合依存する。よい材料を使い料理学校に通えば，おいしい料理が食べられる。ということは，家事・育児の水準も，家族の「経済力（収入の多寡）」に関わってくる。

　　生活水準＝消費水準＋家事・育児水準　（双方の変数が経済力に比例する）

　この条件の中で，経済的責任は男性（夫）が担い，家庭責任は女性（妻）が担うという期待をもちこむと，生活水準は，男性の経済力に依存することになる。すると，私が『結婚の社会学』などで展開した次の命題が成立する（山田，

1996：42ページ）。

> 男性にとって結婚はイベント／誰と結婚しようが生活水準は変わらない
> 女性にとっては結婚は「生まれ変わり」／結婚相手によって生活水準が変わる

　お金の水準，経済的水準のみを考慮すれば，男性にとっては「結婚」自体（するかしないか）が問題であるのに対し，女性にとっては「結婚相手」（誰と結婚するか）が問題になる。もちろん，現代アメリカや北西ヨーロッパなど，女性の収入が生活水準を維持するために不可欠になっている状況では，男性にとっても「結婚相手（の経済力）」が問題になることは言うまでもない。女性の方も自分の収入で自分の生活水準が決まるということであれば，経済的な条件を男性に求めない選択も可能である。確かに，日本でもその方向に，多少は動きつつある。

　しかし，現実に，結婚・出産等で退職する女性が多く，男女の賃金格差が大きいという現状では，夫婦の生活水準を決定する最大要因は，（資産等のプラスはあるにしろ）夫の収入であるという現実は否定できない。結婚後，短期的には共働きをして収入が合算されても，出産後もキャリアを積んで働く女性は依然少数派である。日本のような，終身雇用・年功序列制が浸透していると，一度退職すると，再就職の条件が非常に不利となる。長期的には，夫婦の生活水準は夫の生涯経済力に依存するという事実は厳然と存在している。[10]

（6）結婚相手選びの男女差

　結婚に際して，女性は男性に経済的責任を求め，男性は女性に家庭責任を求めるという傾向を前提とすると，配偶者選択は大きな制約を受ける。

　男性は，自分で経済的責任を担うつもりであるから，経済力からみた生活水準は結婚によって大きく変化しない。それゆえ，相手の経済力は，「家庭責任」を引き受けてくれるかどうかという観点，及び，心理的変数に変換される。男

性は，女性が自分に比べて学歴（学校歴を含む）や収入などが高い場合は，結婚相手として敬遠する傾向がある。ただ，「家庭責任」のみを考慮すれば，女性が仕事を断念もしくはセーブして「家庭責任」を引き受けることが期待される場合は，結婚前の女性の経済力が高くても問題にはならない。ただ，男性は自分の行動をコントロールされたくないという心理的理由で，配偶者の経済力が自分より低い人を選ぶという傾向は残る。

　男性に比べ，女性は，配偶者選択においては，配偶者の経済力が決定的な要因となる。つまり，よりよく生まれ変わらせてくれる男性を配偶者として求めるということである。よりよいといった場合，二つの基準が存在する。自分自身と自分の父親である。結婚後の（長期的）経済的責任を男性に依存するという条件で，生活水準を上昇させようとすれば，自分より経済力がある男性というだけでは不十分である。男性も，女性もせめて結婚前以上の生活をしたいと考える以上に，自分の両親以上の生活水準を確保したいと考える。すると，女性の結婚相手の比較対象として，「父親」が浮かび上がってくる。もちろん，現在の収入が父親より多いということを望むわけではなく，長期的な経済力が父親と同等以上を見込めるかどうかが，生活水準上昇の決め手となる。長期的経済力は，だいたい学歴や企業規模，職種に比例するから，女性は，学歴や，企業規模，職種などが父親と同等以上の男性を選ぼうとする。

　この男女の配偶者選択基準の差異は，次の三つの要素によって支えられている。

　①　合理的選択（経済的打算）――生活水準を下降させないことを目的変数として，現在の男女の経済状況という条件で解けば，女性は，自分と自分の父親よりも（潜在的）経済力が高い男性でなければ結婚しないという解が出てくる。これは，合理的選択に基づいた決定である。

　②　社会的規範――①の合理的選択の結果は，社会的規範によっても補強される。「玉の輿」や「シンデレラ・ガール」という言葉があるように，女性が結婚によって生まれ変わる，つまり，経済力が（父親より）高い男性と結婚して生活水準を上昇させることは，肯定的に語られる。逆に，女性の方が男性よ

り学歴や職業，収入などが上だった場合，必ず，「どうして」という問いがついてまわる。夫のみが経済的責任を負って当然という意識は，裁判所の判例によっても確かめられることは，福島瑞穂氏の『裁判の女性学』（有斐閣，1997）に詳しい。

③　恋愛感情——しかし，問題となるのは合理的選択や社会的規範だけではない。「好き，嫌い」という恋愛感情の性差が，この傾向を補強するのである。恋愛結婚が一般的になった今，合理的選択や社会的規範だけでは結婚しない。相手の「性的魅力」が重要な要素になる。この性的魅力という変数が，男女によって相当異なっていることが重要である。

男性の魅力として語られるのは，力強さ，リーダーシップ，気前の良さ，知識の豊富さ，経験などである。そしてこの魅力は，社会で成功する能力と高い相関を示す。つまり，職業的地位が高かったり，収入がある男性は，男性としての魅力をもっている確率が高い（全てではない）。一方，女性の魅力は，かわいらしさ，料理ができる，素直，子ども好きなどに象徴されるように，男性にとって従順で，かつ，家庭責任が好きと判定される要素が重要になる。

性的魅力の性差に支えられ結果的に男女の役割分業が成立してしまう現象を，私は身体化した性役割分業と名づけた（山田，1996：56ページ）。たとえ，自分で経済的責任を担っていきたいと考えているキャリア女性でも，自分と同等以上のキャリアがある男性を好きになってしまい，職業的地位があまり高くない男性にはそもそも「性的魅力」を感じないケースが多いのである。それゆえ，合理的には，家事を手伝ってくれて仕事時間が短い男性を配偶者にすることが職業を続ける上で有利と考えても，そのような男性は「物足りない」として結婚対象からはずれてしまうケースが今まで多かったのである。

この魅力の性差は，好き嫌いのレベルで体に染みついてしまっているものであるがゆえに，意志や合理的思考で変更することは難しい。そして，この傾向は，経済・社会的なロジックだけでなく，発達心理学的にも論理づけられている。対象関係理論をまとめたナンシー・チョドロウ（Chodorow, N. J.）によると，近代社会では，母親が主に育児に当たる。大人になる過程で男女とも「自

立」を求める。男の子にとっては，母親が異性であるがゆえに，母親のコントロールを逃れて自分の性的パートナーを求めるときに，自分でコントロール可能な女性を求めるようになる。一方，女の子は，母親のコントロールの下から自分を連れ去ってくれる父をモデルに，理想的恋愛相手を構成する。そのため，より強いパワーをもっている人に惹かれるという傾向が形成される (Chodorow, 1978)。

　もちろん，性的に成熟する過程でマス・メディアが提示する「素敵な男性」「魅力的な女性」像が影響することは言うまでもない。私が加わった小中学生対象にした中野区の調査 (1992年) でも，男の子は，「顔がかわいくて，料理が得意で，自分に合わせてくれる」女の子を恋人にしたがっており，女の子は「スポーツが得意で勉強ができて，自分をリードしてくれる」男の子を恋人にしたいと思っているという調査結果が出ている。

3　経済の環境変化と結婚難

(1) 高度成長期の結婚

　結婚に関する意識，特に配偶者選択に関する意識が変化しないにもかかわらず，近年日本で未婚化，晩婚化が生じているのは，戦後50年の経済環境の変化にある。

　1955年頃から始まる日本経済の高度成長期には，結婚に関する指標は極めて安定していた。平均初婚年齢は男女とも低いまま安定し，未婚率も低く，また，離婚率，婚外子出生率，同棲率なども低いまま安定していた。出生率も人口置き換え水準を少々上回る水準 (合計特殊出生率2.2前後) で推移した。つまり，結婚に関して未曾有の安定期が出現したのである。

　社会全体が経済的に豊かになりつつあるという現実が，結婚を安定させたのである。これは，落合恵美子氏がいう家族の戦後体制 (サラリーマン—専業主婦体制) とも関わっている (落合, 1994)。

　成長が伴った経済の構造転換 (農業中心から工業中心経済への転換) が，結

婚によって「生活水準」の上昇を引き起こす環境を作り出したのである。当時は，外でのきつい農作業をしなくてよい専業主婦に生まれ変わることが，多くの女性の夢，あこがれであった。また，専業主婦を妻にして小ぎれいなマイホームで生活することは，男性の夢であった。そして，高度成長期には，女性にとって「父親」より学歴が高く，経済力のつきそうな夫が容易にみつかり，男性にとって，豊かな家庭生活を支える家事労働力としての妻が容易にみつかったのである。男性も女性も，両親以上の生活水準が確保できた。

　そして，未婚時代の生活水準の低さが，結婚にとって有利に働いた。集団就職などに代表されるように，農村から都市への未婚者の大規模な移動が，都会の豊かでない独り暮らし未婚者を大量に供給した。さらに，都市出身の未婚者の多くも，戦災等も影響し，親世代があまり豊かでなく相対的に狭い住宅に暮らしていたと考えられる。

　すると，高度成長期には，誰と結婚しても，結婚による生活水準の変動は，プラスの方向に作用していた。これが，この時期に早婚，皆婚傾向が生じた理由なのである。この時期に，平均教育期間が大幅に延びたのにもかかわらず，初婚年齢が横這いだったのは，注目に値する。つまり，この時期に結婚した人は，未婚で就業中の時期が短かったことを意味する。それは，未婚者の生活水準が低かったこと，及び，結婚に伴う様々な特典（社宅や公団住宅などでの優遇，配偶者手当，税控除などの優遇）によった。また，女性の給料が，男性に比べ相当低いことが結婚を有利な取引にしていた。

　しかし，そこで，家庭内の男性，女性に一種の特権（既得権）が発生してしまったことは否めない。男性は，結婚すれば家事・育児をしなくてもよいという特権を身につけ，女性は，自分でお金を稼がなくてもよい生活ができるという特権を身につけたのだ。この高度成長期に発生した男女別の特権が既得権化し，それを手放そうとせず，息子・娘に受け継がせようとしたために，現在の晩婚化・未婚化傾向が生じているのだ。

（2）低成長期の結婚難

　1973年のオイルショック後の低成長経済が，結婚をめぐる環境を一変させてしまった。結婚をめぐるあらゆる指標は，1975年を境に反転する。同棲率，婚外子出生率は微増で留まっているが，離婚率は上昇，そして，平均初婚年齢，未婚率が上昇し，出生率が落ち込むのも1975年前後からである。これは，結婚をめぐる経済・社会環境がこの時期から変化し始めていることを意味している。

　1975年前後からの家族の変化を「意識の変化」，特に，女性の社会進出をはじめとした個人の意識変化に求める論者が多いが，私はそうではなく，経済環境の変化に対応して，家族の在り方（制度，意識）は変わっていないという見解をとる。1970年代には，多くの先進国で経済・社会環境の大変動が生じ，その結果，伝統的家族の危機に見舞われた。アメリカでは離婚が増大し，西ヨーロッパ諸国では，同棲，婚外子の増大が顕著である。それに対し，日本では，未婚化・少子化が生じている(13)（山田，1996）。

　日本で，なぜ未婚化が生じたかというと，一つは保護的・規制的経済社会制度にその原因がある。野口悠紀雄氏により「1940年体制」また「総力戦体制」「経済の戦後体制」と呼ばれるような，保護的・規制的経済社会制度が，年功序列，終身雇用の労働環境を用意し，農業や零細自営業を保護し続けたため，「平等で豊かな中高年層」を作り出したことが一つの原因である(14)。

　そして，もう一つの日本特有の条件として，親の子どもへの保護的態度が挙げられる。近代家族の基本的特徴として，子どもを大切に育てることが挙げられる。それは，子どもに無償の投資（世話＋お金）をすることが善とされることによって，社会全体にとって労働力の拡大再生産が「意図せざる結果」として図られることを通して，社会が経済的に成長するというメカニズムが働いた（山田，1994）。

　この子どもを大切に育て，子どもの成長や出世に期待するというのは，近代社会に共通する特徴である。その中でも，日本の直系家族的伝統（これは日本文化固有という意味ではない）が，親の子どもへの保護的態度を増幅したことは否めない。

図2-3　日本における結婚のロジックの見取り図

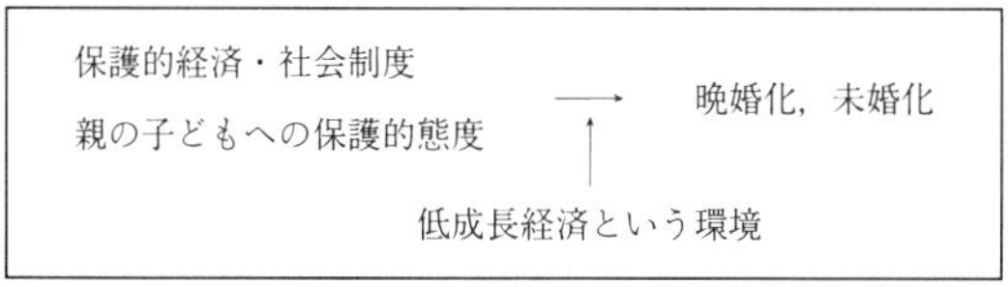

```
保護的経済・社会制度
親の子どもへの保護的態度　　　→　　晩婚化，未婚化
　　　　　　　　　↑
　　　　低成長経済という環境
```

　図2-3に示すようにこの保護的な経済・社会制度と保護的な親の態度，つまり，過剰なパターナリズムが，豊かなヤングアダルトを作り出したことが，日本の未婚化の根本的な原因なのである。

（3）豊かなヤングアダルト

　親世代の生活水準が豊かでなかった頃（高度成長期）には，親は，子どもに十分な援助をしようと思っても，できる親は少数だった。しかし，高度成長後の豊かな社会が，親が子どもに十分な援助を行うことを可能にした。中流意識が浸透し，都会で不動産を取得し，年功序列の賃金体系で豊かになった親が，子どもへの保護的態度を強めた。

　英米では，学生は奨学金やアルバイトで高等教育の費用を調達するのが通常である。しかし，日本では，豊かになった親がほとんど費用を負担している。また，就職しても多くの若者が親元に留まる。特に，女性は，学校卒業後結婚まで離家する割合が徐々に少なくなっている。[15]

　その結果として，親元にいるヤングアダルトの生活水準が極めて高くなっている。総理府の調査をみても，20代のゆとり度や階層意識の高さは際立っている。[16]

　1975年以降，結婚して親元を離れると，生活水準が低下する方向に徐々に向かっているのである。これが，晩婚化及び未婚化の真の原因なのである（図2-4）。

　未婚女性からみれば，よりよく生まれ変わらせてくれる男性の減少となって経験される。自分の父親と同等以上の生涯経済力をもつと思われる適齢期男性が徐々に少なくなっている。女性は，ある程度の生活条件を保証してくれる男

第Ⅰ部　ライフスタイルの多様化と結婚

図2-4　結婚難の構造

```
高度成長期
　　結婚後の生活水準の理想＜未婚男性の経済力→結婚容易
現在（低成長期・年功序列）
　　結婚後の生活水準の理想＞未婚男性の経済力→結婚難
```

性がなかなか現れないために晩婚化する。男性は，高い水準の生活が保証できるまで，結婚を遅らせようとする。つまり，男性は，結婚後の生活水準に対して「責任」を感じるがゆえに，結婚が遅れる。これは，裏返せば，男性は女性に家庭責任を求め，女性は家庭責任を自分でかぶる代償として，経済力を男性に求めていると解釈できる。

　男性は，お金がたまるなり，収入が多くなりさえすれば，結婚できると思っている。女性は，経済力のある人に出会いさえすれば結婚できると思っている。これで，双方が結婚できない理由は，現在の経済条件が，若い男性に思ったようにはお金がたまらない構造になっているからである（具体的には，低成長下での年功序列の維持にあると考えられる）。

　これは，今でも，男性は専業主婦を求める傾向が強く，女性は専業主婦になりたがるという傾向が強いゆえに生じる現象である。男女双方とも，専業主婦が贅沢な存在になりつつあることを認識していないのだ。

（4）結婚できない階層の性差

　以上の結果を考慮すると，結婚難が特定の層に集中する。女性で結婚難に陥るのは，学歴・収入が高くて資産がある父親がいる女性である。そういう女性自身も高学歴，高収入である可能性が高いことは明らかである。特に，親と一緒に住む女性の未婚率が高まっていることは，データ的にも裏づけられている。自宅で高い生活水準を謳歌する女性は，決して職業志向ではない。いや，むしろ夫はある程度（父親以上）の経済力をもっていて当然と考えるからこそ，結婚ができないのだ。

　一方，男性で結婚できない層は，経済力がない（学歴が十分でない，収入が

低い）層に集中する。官庁統計では絶対に触れないが，特に，過疎地の農村の跡継ぎ，小企業労働者，零細自営業の跡継ぎの結婚難が深刻になっていることは，報道からも明らかである。

　未婚者の経済，職業，学歴階層が男女で異なっていることが，ここで展開された仮説が妥当であることの一つの証拠となると思われる。

　そして，国際結婚の増大も，この文脈で理解できる。日本男性は，フィリピン，タイ，ペルーなど第三世界の女性との国際結婚が増大している。つまり，よりよく生まれ変わらせることができる相手なのである。一方，日本女性は，アメリカやイギリスなど欧米の男性との結婚が増えている。これは，よりよく生まれ変われる相手を選んでいるとも考えられる。この国際結婚の相手国の性差をみても，日本における結婚意識がそれほど変化していないことがうかがわれる。

（5）日本の結婚の将来

　男女が余っているからといって，余っている同士が結婚するとは限らない。結婚したいという希望があっても，誰でもよいというわけではない。結婚とは，相互が選び合って初めて成立する。

　嫌いな人と結婚したいとは思わない。その際にネックになっている「身体化した性役割分業」の変化がない限り，現在の結婚の状況は変わらないだろう。つまり，男性の経済力を期待しない女性が増え，経済力がなくてもかわいい男性を好きになり，女性に家事を期待しない男性が増え，自分より能力のある女性を好きになるようになれば，結婚の状況は変わるだろう。楽観的見解ながら，共働きが「あたりまえ」となれば，女性が「どうせ自分で稼ぐなら，収入は低くても家事を手伝う男性がよい」と思い，男性が，どうせ共働きするなら，収入の高い女性がよいと思う状況ができることが前提である。

4 恋愛意識の変化と結婚難

(1) 結婚による親密関係の変動

最後に，親密性の問題に簡単に触れておこう。

1節で述べたように，結婚というイベントは，親密関係の大変動をもたらす。そのロジックは，生活水準の変動と相似形をなしている。1970年代以降の，結婚前恋愛関係の大変動が，「結婚」に不利な状況をもたらしたのである。

(2) 高度成長期の結婚・恋愛

戦前は，結婚と恋愛の分離の時代と呼ぶことができよう。結婚は生活や家のためであり，「親密性」という変数は，結婚に当たって，あまり考慮されなかった。上流階層の男性は，結婚外で自由に恋愛し，親密性を充足させ，一般庶民は，夫婦の親密性という概念から疎外されていたと考えられる。

しかし，戦後から1970年代にかけて，結婚と恋愛の結合の時代が訪れて，様相が一変する。そこで生じたのは，「恋愛結婚イデオロギー」[17]の普及である。それは，①男女の親密性を一つの価値として受け入れた上で，②「結婚に結びつかない恋愛感情は偽物，恋愛したら結婚したくなるはずという意識」からなっていた。

つまり，結婚によらなければ，男女の親密関係が正当化されなかったのである。結婚を考えない恋愛関係はおろか，親しい異性の友人関係も抑制されたために，結婚というイベントは，親密性，セクシュアリティの観点からみても有利な取引となる。特に，婚前交渉に対して否定的な意識が強かったゆえに，好きな人とセックスしたかったら結婚するしかなかった。そして，結婚後も，同性の友人とは従来同様のつきあいが可能だったから，結婚によって失う親密関係は少なかったと考えられる。

図 2-5 結婚による親密性の変化の時代差

	結婚前の親密性	結婚後の親密性
高度成長期	低い ＜	
	↓（上昇）	一　定
現　　代	高い ＞	

（3）1970年以降の男女交際の機会の増大

　1970年以降，結婚前の男女交際に関する環境が一変した。その結果，結婚前の男女の親密関係の密度が上昇する一方，結婚後の親密にある相手が相対的に縮小した（図2-5）。

　恋愛と結婚が分離し，恋愛が結婚の前提でないという意識が普及し始める。すると，結婚というイベントは，親密性を増大させるチャンスどころか，親密性を失うきっかけと認識される。

　よく，結婚の不利な点として「自由を失う」という回答が挙げられるが，これは，結婚前の男女交際が自由にできるようになったことと，結婚後配偶者以外の異性とつきあう自由，及び，配偶者と別れる自由がかなり制限されることが影響している。親や社会の立場（社会秩序）に立つと，若者の婚前の自由な交際は大目にみても，婚後の自由な交際に関しては今でも規制が厳しい点も見逃せない。[18]

　結婚前の男女交際は，自由化され，ギデンズ（Giddens, A.）のいう「自由な親密性」（Giddens, 1992）が展開可能なのに対し，結婚後の夫婦関係の質が，あまり変化していない。[19]日本では，1980年頃から，「家庭内離婚」などの言説が目立ち，夫婦の親密性への不安が増大したと考えられる。

　現代日本の結婚難という現象は，結婚前の状況（経済環境，親密意識）が大変動したのに対し，「夫の経済力が夫婦の生活水準を決定する」という意識が変化していないことと，結婚後の異性との親密関係の規制が厳しいことによっている。

　この二つの意識が変化しない限り，結婚難の解消は難しいだろう。

第Ⅰ部 ライフスタイルの多様化と結婚

注

(1) チョドロウは, フロイト理論をフェミニズムの視点で読み直し, セクシュアリティの発達論を理論づけた。母親が同性か異性かによって, 性的発達が異なり, 男性は男らしさを確認するために, 性的興奮が必要となるメカニズムが形成されると論じた (Chodorow, 1978 ; 1989 ; 1994参照)。

(2) 八代 (1993), 大橋 (1993) など。また, ブルデューは, 社会学的立場から, 戦略の一環として結婚を考察している (Bourdiew, 1987)。経済学者が「個人の効用」に還元するのに対し, ブルデューは, (親も含めた) 家族の効用を設定する。ここでは, とりあえず, 結婚する個人の効用のみ考慮する。

(3) 「専業主婦志向」と「子どものためにイデオロギー」がネックになっていると考えられる。山田 (1999a) 参照。

(4) 河野 (1995) は, 戦前と近年の男女比が大きく変わらないことを指摘している。年長男性が, 若い女性と結婚してしまうから, 若い女性は常に相対的に不足してきた。

(5) 金子隆一, 厚生省人口問題研究所, 1992a, 所収。

(6) 総理府の1995年の調査によると, 「男は仕事, 女は家庭」に同感する人は, 10年間で43％から29％に減っている。

(7) 母親意識研究会報告書, 目黒依子, 矢澤路子編『少子化時代のジェンダーと母親意識』(2000, 新曜社) 参照。

(8) 少子化の社会・心理要因の研究会報告書の山田部分参照。

(9) 総理府の1993年の調査によると, 「女性は仕事をもつのはよいが, 家事・育児はきちんとするべきである」という意識に賛成する人は, 男性87.7％, 女性83.9％にのぼる。

(10) 『国民生活白書』平成9年版では, 女性の職場進出を阻む慣行として, 終身雇用・年功序列という日本的雇用慣行が挙げられている。

(11) 東京都中野区 (1993) の山田執筆部分参照。

(12) 落合氏の指摘にもあるように,「サラリーマン—専業主婦体制」が戦後日本の経済制度, 特に年功序列と終身雇用という「日本的雇用システム」の成立—普及と表裏一体関係にある。

(13) 宮本・岩上・山田 (1997) は, 日本の「ポスト青年期」と名づけている。そのポイントは, 若い人の平均的給料では専業主婦を保ちながら中流の生活が不可能になったことへの対応である。山田 (1997) 参照。

(14) 保護的な経済制度, 特に「サラリーマン—専業主婦体制」を支える日本的雇用慣行は, 野口悠紀雄氏などが,「1940年体制」(野口, 1996),「総力戦体制」(山之内

他，1995）と呼ぶように，戦中期に形成されたものという説が有力になりつつある。
⒂　国立社会保障・人口問題研究所の鈴木透氏の計算による。
⒃　私は，パラサイト（寄生）・シングルと呼んだ（『日本経済新聞』1997年2月8日付夕刊）山田（1999a, b）参照。
⒄　山田（1989）参照。宮台真司氏は「純潔教育普及の時代」と名づけている（宮台，1994）。
⒅　私は，つくば妻子殺害事件の評論において，婚前と婚後の親密生活のギャップが，この事件の背景にあると論じた（山田，1999a）。
⒆　ギデンズは，性別役割分業を前提とした近代の家族システムが，純粋で自由な親密関係の障害となっていることを論じた。しかし，現代日本において，婚前の男女関係が純粋で自由なものとなっているかどうかという点は，疑問がある。あくまで，「可能性」「期待」として触れておく。

引用・参考文献

Bourdiew, Pierre, 1987, "Choses Dites". （石崎晴己訳，1991『構造と実践』藤原書店。）
Chodorow, Nancy J., 1978, *"The Reproduction of Mothering"*, California University Press.（大塚光子・大内管子訳，1981『母親業の再生産』新曜社。）
———, 1989, *"Feminism and Psychoanalytic Theory"*, Yale University Press.
———, 1994, *"Femininities Masculinities Sexualities"*, Kentucky University Press.
Giddens, Anthony, 1992, *Transformation of Intimacy*, Stanford University Press.（松尾精文・松川昭子訳，1995『親密性の変容』而立書房。）
家計経済研究所，1994『「脱青年期」の出現と親子関係——経済・行動・情緒・規範のゆくえ』家計経済研究所。
経済企画庁編，1992『国民生活白書——少子化の到来，その影響と対応』平成4年版，大蔵省印刷局。
———編，1995『国民生活白書——戦後50年の自分史——，多様で豊かな生き方を求めて——』平成7年版，大蔵省印刷局。
国際女性学会シングル研究班，1987『独身女性の生活と仕事——その生活実態・意識と企業の対応姿勢』。
河野稠果，1995「配偶関係と出生力」『現代日本の人口問題』日本統計協会。
厚生大臣官房統計情報部，1995『平成7年　人口動態統計の年間推計』。
厚生省人口問題研究所，1992a『第1回全国家庭動向調査——現代日本の家族に関する意識と実態』。

第Ⅰ部　ライフスタイルの多様化と結婚

――, 1992b『日本人の結婚と出産――第10回出生動向基本調査』。
――, 1992c『第10回出生動向基本調査Ⅱ　独身青年層の結婚観と子供観』。
――, 1994『第3回世帯動態調査結果の概要』。
――, 1995『人口統計資料集　特集　世帯統計』。
宮台真司, 1994『制服少女たちの選択』講談社。
宮本みち子・岩上真珠・山田昌弘, 1997『未婚化社会の親子関係』有斐閣。
日本統計協会編, 1995『現代日本の人口問題――統計データによる分析と解説』日本統計協会。
野口悠紀雄, 1996『1940年体制』東洋経済。
落合恵美子, 1994『21世紀家族へ』有斐閣。
大橋照枝, 1993『未婚化の社会学』日本放送出版協会。
総理府広報室編, 1992『月刊世論調査　女性の暮らしと仕事』平成4年7月号, 大蔵省印刷局。
――, 1993『月刊世論調査　男女平等』平成5年5月号, 大蔵省印刷局。
――, 1994『月刊世論調査　男性のライフスタイル, 生涯学習とボランティア』平成6年5月号, 大蔵省印刷局。
――, 1995a『月刊世論調査　国民生活』平成7年10月号, 大蔵省印刷局。
――, 1995b『月刊世論調査　少年非行問題, 男女共同参画』平成7年12月号, 大蔵省印刷局。
東京都中野区, 1993『小・中学生の生活と意識に関する調査――性別役割分業をめぐって』。
東京都生活文化局, 1995『シングル女性の生活と意識に関する調査』。
山田昌弘, 1989「『恋愛』社会学序説――恋愛の社会学的分析の可能性」『年報社会学論集』No. 2, 95-106ページ, 関東社会学会。
――, 1994『近代家族のゆくえ――家族と愛情のパラドックス』新曜社。
――, 1996『結婚の社会学』丸善ライブラリー。
――, 1997「未婚化・晩婚化傾向の分析――ポスト青年期の誕生」『都市問題』1997年12月号, 31-42ページ。
――, 1999a『家族のリストラクチュアリング』新曜社。
――, 1999b『パラサイト・シングルの時代』筑摩書房。
山之内靖, Koschmann J. Victor, 成田龍一編, 1995『総力戦と現代化』柏書房。
八代尚宏, 1993『結婚の経済学』二見書房。

第3章
非法律婚のライフスタイル

善積　京子

　先進諸外国では，1960年代後半から，法的に結婚しない非法律婚カップルが増加し，婚姻率は低下し，婚外出生率も上昇する。同棲（非法律婚）はすでに文化の一部になり，同棲についての研究が盛んに行われている。

　一方日本では，近年，非法律婚の生き方を主体的に選択する人たちが出現しているが，社会規範のレベルでは許容されず，非法律婚カップルの研究もきわめて少ない。

　本章では，家族ライフスタイル研究会による非法律婚カップルを対象にしたアンケート調査とインタビューの結果をもとに，日本の非法律婚カップルの実態を紹介した後，非法律婚のライフスタイルの現代的意味を検討しよう。

　なお，この「非法律婚カップル調査」は，対象者を住民基本台帳などから無作為に抽出したものでなく，サンプルに偏りがある。日本の非法律婚カップルの全体的特徴を捉えたものではないことを最初にお断りしておく。

1　非法律婚カップルの人たちの意識

（1）自分たちのライフスタイルへの認識

　「婚姻届を出していない男女の共同生活」をどのように表現するかは難題である。自分たちの関係を「事実婚」として結婚の枠に入れられたくないと思っているカップルが，筆者の周囲にも多くいる。家族ライフスタイル研究会では，婚姻届を出さないライフスタイルを主体的に選んでいる対象者に焦点をあてた調査なので，アンケート票のタイトルを「非婚カップル調査」とした。

ところが、婚姻届を出していない人たちの間でも、自分たちのライフスタイルへの認識はさまざまである。アンケート票の最後に設けた自由回答欄に、「自分たちは"非婚カップル"ではない」から、「自分たちは"非婚カップル"なのだ」という意見まで、賛否両論、多くの回答者から「非婚」をめぐって意見が寄せられた。筆者は、「非婚」という言葉が決して中立的な用語でないことを思い知った。それ以来、婚姻届を出していない男女のカップルを包括する概念として、より中立的な「非法律婚カップル」という用語を使っている。

 さて回答者の反応の仕方であるが、自分たちのライフスタイルへの彼らの認識には、大きく分けると、〈事実婚〉〈非婚協棲〉〈コミューター〉という三つの立場がある。まずは、〈事実婚〉の立場の人たちの反応を紹介しよう。

 「私たちは、自分たちを『非婚のカップル』と思っていません。全く普通の夫婦です。子どももいます。ただ、戸籍法の問題点、その他に疑問があって、それにのっからないだけの話です」「『非婚』という表現をあえてしているのでしょうか。それならば僕たちは違うと言わざるを得ません。結婚しているのですから。親族・友人の祝福もうけ、人前式も挙げました。……『事実婚』なり法律外婚なり、普通に言えばいいのに。『非婚』という意図がさっぱり分かりません。共同生活しているというより、夫婦生活をしているのですから。……僕らは別姓でも、戸籍が別でも、立派に結婚して夫婦と親をやっている」。

 このように〈事実婚〉の立場の人たちは、自分たちの生き方を「事実婚」という結婚形態をとっているだけであり、自分たちの関係は夫婦なのだという認識をもっている。その根拠として、法律婚の場合のように、①自分たちの関係は永続的なものである、②夫婦や親としての役割をきっちりと果たしている、③結婚式を挙げ、社会的にも結婚と認められていることをあげている。

 次は〈非婚協棲〉の立場の人たちの反応である。

 「『事実婚』という呼び名でくくられると違和感がある。『事実上、結婚と同じ』なのでなく、『結婚ではない』のである」「非婚であるにもかかわらず、事実婚ということで、暗黙のうちに妻・母・主婦という役割分担を社会から押しつけられているようで、窮屈に思う」「『事実婚』という呼称は好きではない。

『婚』には変わらないじゃないの～？と思っています。届を出そうが出すまいが，本人たちが『婚』と思っているのは一緒じゃないの，と思っています。『カップル』単位の不気味さ，こそばゆさが，とても気持ちが悪いです」。

　この〈非婚協棲〉の立場の人たちは，自分たちの生き方を結婚ではない，「非婚」として明確に認識し，自分たちの関係が事実婚として「結婚」の枠から捉えられることに反発を感じている。そして，婚姻届を出さない関係＝事実婚という捉え方がされ，現在結婚している男女に期待されている夫・妻や親としての役割を押しつけられることにも拒否的である。さらに〈男女を一対〉とする考え方に異議を唱え，一緒に暮らしていようとも，〈個人〉として把握されることを望んでいる。

　第三の〈コミューター〉の立場の人は，自分たちのライフスタイルを「非婚カップル」のうちの，いわゆる"通い婚"という形態であると認識している。その判断の根拠に，特定の人と継続的性関係があることをあげている。生活の拠点を別々にしているケースには，もちろん「相手が今も一方で別の女性と婚姻生活を継続している」「同居すれば，母子家庭としての社会保障が得られない」など，自らの意思に反して強いられている場合もあるが，「自分の生活スペース・リズムを維持したい」「いつまでもパートナーとの関係を新鮮なものに保ちたい」など，積極的に望んで選択した場合も少なくない。

（2）法律婚との関連でみたカップルの分類

　以上のように，婚姻届を出さないで共同生活をしている人の間でも，「結婚している」という認識をもっている人からその認識がない人まで，自分たちのライフスタイルに対する認識は異なる。図3－1は，筆者がカップル関係を法律婚との関連から分類したものである。

　〈カップル〉とは特定の人と継続的性関係がある場合とすると，「特定の人」が同性の場合は〈同性カップル〉であり，異性の場合は〈異性カップル〉である。〈異性カップル〉をさらに，婚姻届を出している場合と出していない場合に区別し，出している場合を〈法律婚〉とし，出していない場合を〈非法律婚

第Ⅰ部　ライフスタイルの多様化と結婚

図3-1　法律婚との関連でみたカップルの分類

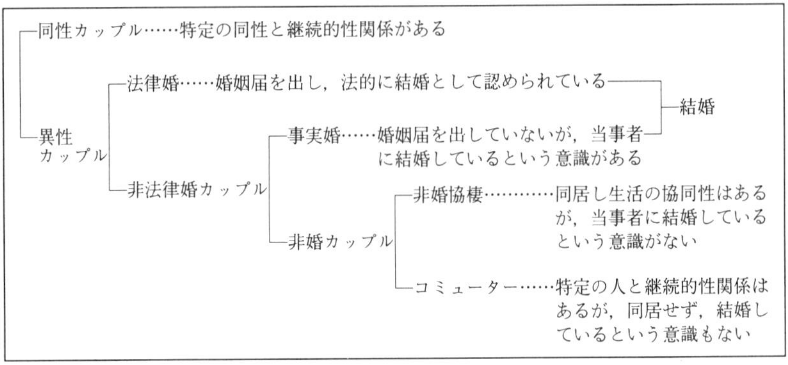

```
┌ 同性カップル……特定の同性と継続的性関係がある
│
│         ┌ 法律婚……婚姻届を出し，法的に結婚として認められている ──┐
│         │                                                                    ├ 結婚
├ 異性     ├ 事実婚……婚姻届を出していないが，当事者 ──────┘
│ カップル  │           に結婚しているという意識がある
└ 非法律婚カップル
          │         ┌ 非婚協棲…………同居し生活の協同性はある
          │         │                が，当事者に結婚している
          └ 非婚カップル              という意識がない
                    │
                    └ コミューター……特定の人と継続的性関係は
                                      あるが，同居せず，結婚し
                                      ているという意識もない
```

出典：善積，1997b：38ページ。

カップル〉とする。〈非法律婚カップル〉は，結婚の認識や同居の有無に関係なく，婚姻届を出していないが，継続的性関係のある男女を指している。さらに，〈非法律婚カップル〉を当事者に「自分たちは結婚している」という認識があるかどうかで区別し，結婚の認識がある関係を〈事実婚〉とし，それがない関係を〈非婚カップル〉とする。〈非婚カップル〉には，同居して生活の協同性がある〈非婚協棲〉と別居して生活の協同性のない〈コミューター〉がある。〈結婚〉には，婚姻届を出している〈法律婚〉と，婚姻届を出していないが当事者に結婚しているという意識がある〈事実婚〉の2形態がある。

なお，「同棲」という言葉は，日本ではしばしば（刹那的・一時的な関係を表わすような）否定的な文脈で使われているので，この分類では，「同棲」という用語を使っていない。しかし，英語圏の学術論文では，婚姻登録のない男女の共同生活を表現するのに，「コハビテーション cohabitation」（同棲）という用語が一般的に使われている。本章では，それらの文献に基づき論じる場合には，非法律婚と同じ意味で，日本語訳の「同棲」を使用している。

（3）非法律婚の選択動機と利点

　婚姻届を出さない理由では，図3-2のように，「夫婦別姓を通すため」「戸籍制度に反対」が，女性では9割近くを占め，男性でも6割以上にのぼり，こ

第3章 非法律婚のライフスタイル

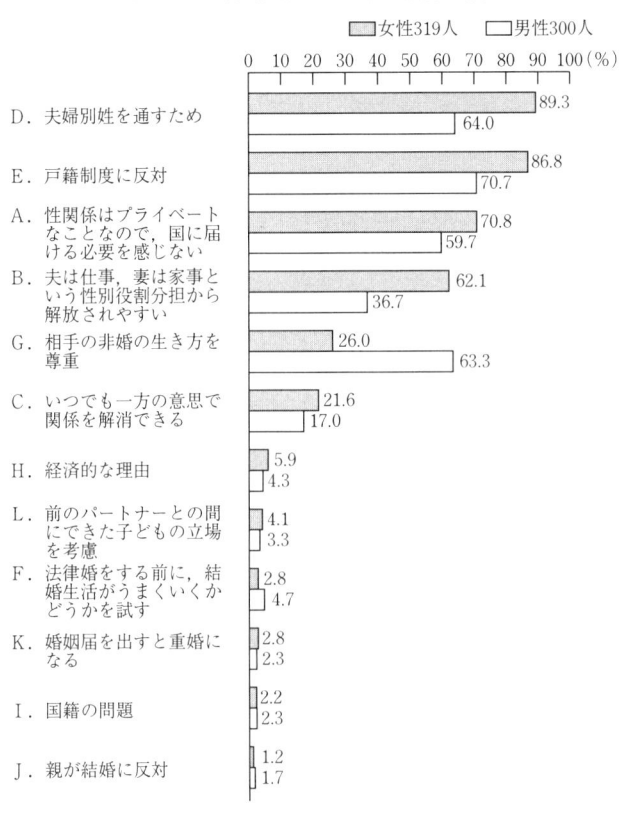

図3-2 非法律婚の選択理由（複数回数）

女性319人　男性300人

- D．夫婦別姓を通すため　89.3／64.0
- E．戸籍制度に反対　86.8／70.7
- A．性関係はプライベートなことなので，国に届ける必要を感じない　70.8／59.7
- B．夫は仕事，妻は家事という性別役割分担から解放されやすい　62.1／36.7
- G．相手の非婚の生き方を尊重　26.0／63.3
- C．いつでも一方の意思で関係を解消できる　21.6／17.0
- H．経済的な理由　5.9／4.3
- L．前のパートナーとの間にできた子どもの立場を考慮　4.1／3.3
- F．法律婚をする前に，結婚生活がうまくいくかどうかを試す　2.8／4.7
- K．婚姻届を出すと重婚になる　2.8／2.3
- I．国籍の問題　2.2／2.3
- J．親が結婚に反対　1.2／1.7

出典：善積，1997b：43ページ。

の2項目が男女とももっとも大きな選択動機になっている。次に多いのは，女性では，「性関係はプライベートなことなので，国に届ける必要を感じない」が7割，「夫は仕事，妻は家事という性別役割分担から解放されやすい」が6割である。こうした近代婚姻制度に関わる項目をあげる人が多いのは，この調査対象者が婚外子差別廃止や夫婦別姓の運動団体に属している人やその知人であることが，密接に関連しているのであろう。

　一方男性では，「相手の非婚の生き方を尊重」が63.3％と3番目に多い。これは，交際相手の女性が婚姻届を出すことを望まず，男性がその女性の生き方

を尊重するというもの。6番目に多いのは,男女とも「いつでも一方の意思で関係を解消できる」で,2割前後である。「経済的な理由」「結婚生活がうまくいくかどうかを試す」「国籍」「重婚」「前のパートナーとの間にできた子どもの立場を考慮」「親が結婚に反対」の項目を選んだ人は,男女ともに少なく1割以下であった。

　非法律婚が女性主導で選ばれる傾向にあることが,非法律婚の利点の質問でもうかがえる。たとえば,「姓を変える必要がない」(女性81.5%,男性49.3%),「ふたりの関係を大切に育てることができる」(女性61.4%,男性50.7%),「もっとも自分らしい生き方ができる」(女性60.5%,男性38.0%),「世間の『夫』や『妻』の役割期待にとらわれずにすむ」(女性54.9%,男性37.3%)など,女性は男性よりも非法律婚のライフスタイルに多くの利点を見いだし,「別に利点を感じない」の割合は,女性5.3%に対し,男性は23.3%である。

　回答者の利点についての自由記述の内容をみると,「戸籍,家制度にとらわれず,解放されている実感があり,のびのびとした対等な関係という精神的な自由がある」「事実婚だからといって,すぐさま『妻』や『夫』の役割から解放されるわけではありませんが,対等な人間として,とっても楽しい友人として夫を見られるようになった気がします」など,パートナーとの関係性について,対等な関係が維持でき,「妻」や「夫」といった役割意識から解放されやすいことや,結婚制度によって二人の関係が守られていないことで二人の間に緊張感があり,お互いを尊重し大切にしあえることが,利点としてあげられている。

　パートナーの親や親族との関係では,「家制度に縛られた人間関係ではなく,パートナーの両親や親戚でも,個人と個人としての関係をつくっていくことができる」など,相手の「家」から解放され,「嫁」的役割を期待されず,距離をもって個人として交流できることが利点として述べられている。

第3章 非法律婚のライフスタイル

(4) 非法律婚カップルの家族観

次に，非法律婚カップルの人たちがどのような家族を求めているのかをみると，結婚制度を拒否していても，肯定的家族イメージをもっている人が多い（善積，1998）。「現代社会でも，情緒的ベースになる場が人間にとって必要だと思う。それが家族だ」「家族は，子どもが安定した環境ですくすく育っていく教育の場であり，子どもにとって必要だ」のように，社会学者パーソンズ（Parsons, T.）が家族の本質的機能とした〈情緒的機能〉や〈子どもの社会化機能〉をあげ，家族の存在を肯定している人が大半だ。しかし一方，家族の存在は永続的なものと考えず，「ただ一時期，一緒にいる共同体。子どもがそこから巣立っていく場だ」「子どもが大きくなれば，家族は別になくてもいい」と捉えている人もいる。

否定的な家族イメージをもっている人もいるが，それには「私の実家は家制度的雰囲気が漂い，家父長的な抑圧や拘束を受けてきた。昔は家族に対してマイナスイメージしかなかった」「僕は小さい時から親の姿を見ていて，すごく拘束されるイメージが家族にあり，家族という言葉に抵抗感があった」のように，その人が育った定位家族での体験が色濃く影響している。しかしその家族イメージは，固定的なものではない。パートナーとの同居で変わり，家族を否定的側面と肯定的側面の両面から捉えるようになった人もいる。「家族は，功罪両面あると思う。束縛的な面とエネルギーの源泉の面と。家族は人間関係の根本であると思う。どうせ家族と切れないのならば，良い面として家族を捉えられたらいいなぁと思う」「現在の私の家族イメージは，プラスでもマイナスでもない，ニュートラルだ。家族のあり方によって，家族の存在はマイナスにもなるし，プラスにもなる。要は，家族の中身の問題だ」。

では，非法律婚カップルは，どのような「家族の中身」をめざしているのだろうか。「拘束しない家族がいい」「自己犠牲の上に立つような家族は嫌だ」「基本的に，お互いそれぞれで自分の自己実現が貫徹され，それに，一緒に住んでいて，安らぎを感じられる家族がよい」「共同生活者として，個々人が大切にされる家族がいい」のように，めざす「家族の中身」としては，第一に，

家族メンバーの生き方を束縛せず，それぞれの自己実現を保証し，第二に，安らぎを感じられる関係性，をあげる人が多い。しかし実際のところ，これらの要求の間には，対立する要素が含まれている。それを実現することは，とくに幼い子どもがいる場合，至難の業である。誰かが子どもの世話をしなければならず，お互いが自己実現を優先していては，子育てはできない。

　ところで近年，家族の客観的定義への不満の声が高まっているが，非法律婚のカップルたちは，どのような人たちを家族と認識しているのであろうか。「いろいろな家族の形態が認められるべきだ。一定の家族でなければならないとは思わない。何をもって家族と言うのか，その人が家族と思えば家族だ」「仲のいい人が一緒に住んでいるのも家族だ。ペットも家族のような気がする」「血のつながりがなくても，お互いが認めあう，生きていく一つの仲間が家族と思えばいい」「家族だから，一つの屋根に暮らさなければならないというイメージがある。離婚して父と離れて一緒に暮らしていなくても，父親なのだから，形態にこだわることはない」。

　このように多様な家族形態や主観的定義を支持する人が多いが，自分にとっての家族員の範囲をたずねたところ，実際には「パートナー／連れ合い」「子ども」「自分の親」の組み合わせがほとんどである。それに時々「ペット」が加わる。「パートナーの親」は除外されている。また，「子どもがいて家族」というイメージを内面化している人も少なくない。「子どもがいないので，自分の家族といえば，母と父と兄。パートナーは入らない。まだ家族になっていない」「彼女との関係で，『彼女が家族でしょう』と言われても，僕はそのようなイメージでは捉えていない。その辺で，子どもがいるか，いないかが家族のイメージの中で大きい。そういう意味では，家族のイメージは，昔ながらの親と子どもがいてというイメージが自分の中にしっかりあるのだろう」。

　非法律婚カップルの家族観は，「意外と"一般の人"と差はないなぁ」と感じた読者もいるだろう。家族に"安らぎと愛情"を求め，家族を"子育ての場"と見なしている点では，〈近代家族〉の家族観が色濃く反映されている。しかし，家族からの束縛を嫌い，家族生活の中でも個人を尊重し，家族を永久

的なものとして捉えず，多様な家族のあり方を認めようとしている点は，非法律婚カップルの家族観の特徴と言えるだろう（善積，1998）。

2 家庭生活の実態

（1） 家事・育児の分担

非法律婚カップル，とくに女性では男女平等志向が強い。たとえば「夫婦で意見が違った場合，夫の意見を優先した方がよい」という意見に対し，「反対」は圧倒的に多い（女性85.6％，男性69.3％）。また「性別役割分担からの解放」が非法律婚の大きな選択動機や利点になっている。では，現実の家庭生活ではどうだろうか。家事・育児の分担において男女平等は実現されているのだろうか。

実際の家庭での分担状況についての女性回答を「法律婚調査[3]」と比較すると，図3-3のように，〈家事の分担〉については，「法律婚調査[4]」では，「主として女性」が85.5％で，「同じくらい」はわずか2.0％にすぎず，圧倒的に女性が担っている。「非法律婚カップル調査」でも，女性が男性よりも多く分担しているケースが多いが，「同じくらい」が23.3％，さらに男性の方の分担が多いケースが15.6％もみられる。

〈子どもの世話〉では，法律婚では，「主として女性」が49.9％，「どちらかというと女性」が31.2％もあり，「同じくらい」は17.4％である。男性は〈子どもの世話〉の方が〈家事の分担〉より多く関わっているが，それでも女性の方が子どもの世話を圧倒的に多くしている。一方，非法律婚では，一番多いのが「どちらかというと女性」で41.4％，次が「同じくらい」で23.1％，男性の方が負担の多いケースが8.7％もある。〈子どもの世話〉でも女性の負担が多いが，法律婚よりも非法律婚の方が，男性は子育てに関わっていることがわかる。

以上のように，非法律婚カップルは法律婚カップルに比べて，男女平等志向が強く，男性は家事・育児に関わる割合が高い。非法律婚においても，女性の方がより多くの家事を分担しているケースが6割もあり，すべての非法律婚に

第Ⅰ部　ライフスタイルの多様化と結婚

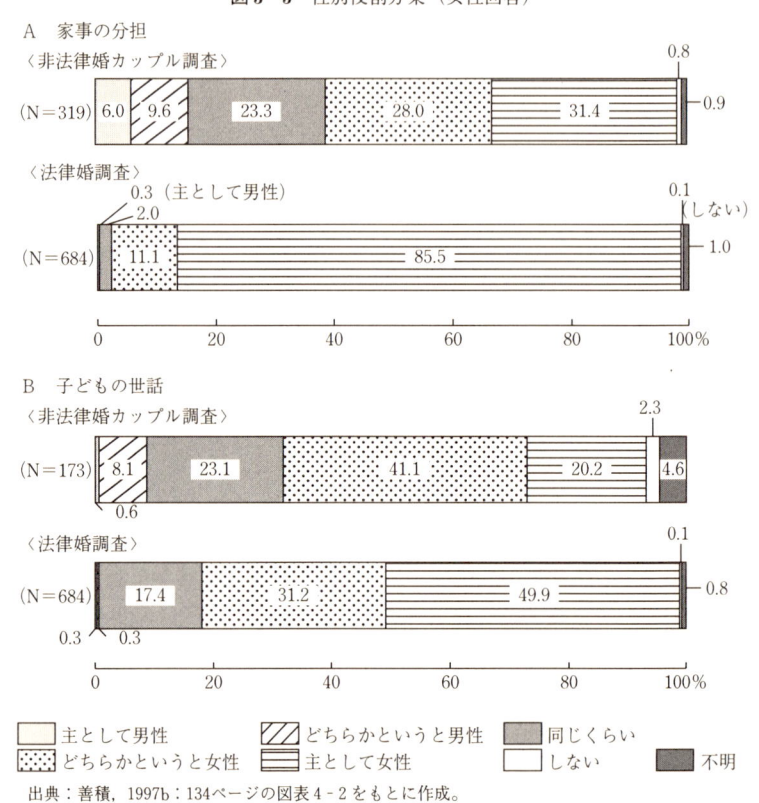

図 3-3　性別役割分業（女性回答）

A　家事の分担

〈非法律婚カップル調査〉
(N=319)　6.0 | 9.6 | 23.3 | 28.0 | 31.4 | 0.8 / 0.9

〈法律婚調査〉
0.3（主として男性）　2.0
(N=684)　11.1 | 85.5 | 0.1（しない）/ 1.0

B　子どもの世話

〈非法律婚カップル調査〉
(N=173)　8.1 | 23.1 | 41.1 | 20.2 | 4.6　2.3　0.6

〈法律婚調査〉
(N=684)　17.4 | 31.2 | 49.9 | 0.1 / 0.8　0.3　0.3

凡例：主として男性／どちらかというと男性／同じくらい／どちらかというと女性／主として女性／しない／不明

出典：善積，1997b：134ページの図表 4-2 をもとに作成。

おいて家事での男女平等が実現されているわけではないが，実生活における性別役割分業の流動化が法律婚よりもみられる。⁽⁵⁾

（2）家計組織

　家計のあり方は，カップルの関係性や個人が家庭生活にいかに関わっているかを経済的側面から示すものであるが，非法律婚家族の家計組織はどのようになっているのだろうか。

　「非法律婚カップル調査」における家計組織の分類割合をみると，表 3-1 のように，もっとも多い型は「拠出型（共同の財布に拠出した後の残りの収入は

表3-1 家計組織の法律婚との比較

家計組織の分類		非法律婚カップル			法律婚カップル (家計経済研究所調査)		
		世帯数	割合%	片働き/共働き別割合%	世帯数	割合%	片働き/共働き別割合%
片働き	女性収入型	4	1.3	18.2	2	0.2	0.4
	男性収入型	18	6.7	81.8	564	56.3	99.6
	小　計	22	8.0	100.0	566	56.5	100.0
共働き	女性片負担型	8	2.7	3.0	0	0.0	0.0
	男性片負担型	23	7.7	8.4	83	8.3	20.1
	合　算　型	50	16.7	18.3	201	20.1	48.8
	拠　出　型	112	37.5	41.0	101	10.0	24.5
	独　立　型	80	26.7	29.3	27	2.7	6.6
	小　計	273	91.3	100.0	412	41.1	100.0
無収入		0	0.0	—	7	0.7	—
不　明		4	0.7	—	17	1.7	—
合　計		299	100.0		1002	100.0	

出典：善積, 1997b：148ページ。

自分の元に置く）」，次が「独立型（共同の財布がなく自分の収入を各自で管理する）」，3番目が「合算型（二人の収入をすべて合わせる）」であり，「男性片負担型（もっぱら男性の収入で生活費を賄っている）」は少ない。

　これを法律婚夫婦を対象に行った家計経済研究所の「消費生活に関するパネル調査」の結果と比較すると（御船，1995），シングル・インカム（片働き）が，非法律婚では8.0％と非常に少ないのに対し，法律婚では「男性収入型」が過半数を占めている。共働きの場合のみの比較でも，法律婚では，「合算型」が5割近く占め，次は「拠出型」で，「独立型」は非常に少ない。

　非法律婚は，法律婚に比べて「合算型」が少なく，「拠出型」や「独立型」が多いという特徴がある。その理由として，第一に，総収入額の違いが考えられる。先行研究によって，夫妻とも被雇用者で双方が比較的高い収入を得ている場合には，拠出型や独立型が多くなる傾向が指摘されている（第7章）。法律婚では有職の女性でもパート就労が比較的多く，一方，非法律婚の女性では法律婚に比べて常勤が多く，総収入が多い。

第二に，家庭生活への個人の関わり方の違いである。同棲が珍しくないイギリスでは，法律婚よりも同棲カップルに拠出型や独立型が多いと報告されている。今回の非法律婚カップルのインタビューでも，拠出型や独立型の人からは「お互いが平等に生活費を出し合い，あとのお金はそれぞれが管理する。お互いが自分のために稼いで，自分のためにお金を使うのは当然だ」という意見が多く聞かれた。非法律婚カップルの独立志向や個人主義志向の強さが，家計組織での個別化を促すことになっているのであろう。

（3）パートナーとの情緒的絆

　非法律婚では，法的拘束力はなく，経済力をもっている女性も多く，カップル関係の維持にとって情緒的結びつきがきわめて重要な役割を演じている。「彼に対する信頼感がだんだん深まる。最初は本当に私の味方になってくれるのかという不安感があった。たとえば親との関係や，職場で私が窮地に立たされたときに，私の立場になってくれるのかという不安があった。でも今は，彼は一番の信頼できる仲間である」「信頼できる部分がどんどん増え，彼女との関係は充実している」のように，情緒的結びつきが強く，現状に満足しているカップルも多い。

　しかし一方，既成の性別役割分業体制を崩そうとすれば，その過程でストレスや感情的対立が生じやすい。「家事や育児の分担のことで，頻繁に喧嘩している」という状態のカップルも存在する。「外で自分のしたい活動ばかりしていると，家事や育児を妻にすべて押しつけ，家族の中で女性差別をすることになる」という男性の自戒の言葉のように，自分の自己実現と家族メンバーとしての役割遂行のバランスをいかにとっていくかが，日々の生活で問われる。

　パートナーと精神的に共有できる部分がなく，一体感がなくなっているにもかかわらず，共同生活は維持されているケースもある。「彼との関係では，一つのことに感動したり，心を通い合わせることが全然なくなった。今では，女同士でいるほうがよっぽど楽しい。でも，現実生活では今，彼と別れたら私の方が困る。彼は家事を分担し，子どもの世話もよくしてくれるし」。

インタビュー時にすでに別れていたケースでは，次のように語っている。「婚姻届を出していなかったから別れるのが楽だったと，最近になって思うぐらい。離婚の場合は，法的な手続きがあり，プラスアルファの負担があるだろうが，精神的には離婚と同じストレスがあった。子どもが生まれて1カ月たった時に，彼に対する愛情がないことに気がついた。それでも，ただ一緒に歩いているだけで心の通い合いのない生活が3・4年は続いた。私は『別れよ，別れよ』とずっと言っていたが，子どもを抱えて生活する勇気がなかったので，決断はのばしのばしになっていた」。

非法律婚の場合でも，パートナーへの愛情が冷めたからといって，簡単に別れられるものではない。子どもの存在も大きく，精神的苦痛やストレスをともなう。しかし非法律婚の場合は，法的拘束力はなく，自立的な人が多く，法律婚よりも別れやすいという面があるのも確かである。それゆえに，二人の関係性を維持していくには，情緒的絆がきわめて重要である。日常性に流されず，カップルの情緒的結びつきをいかに維持していくかが課題としてある。多くのカップルでは，二人の共有部分を作るなど，情緒的な関係を豊かにするための努力がされている。

（4）パートナーとのセックス

非法律婚カップルの男女対等意識の強さは，これまでの調査結果から読みとることができる。セクシュアリティの領域では，男女対等が実現されているのだろうか。

「非法律婚カップル調査」での「セックスをする時にどちら側から求めることが多いですか」という質問に対する女性回答をみると，「パートナーと同じくらい」が30.7％，「パートナーの方が多い」が29.5％，「ほとんどパートナー」が14.7％で，男性の方から求める割合が多く，女性から求めることは1割以下で圧倒的に少ない。

「その他」の項目に，女性の13.2％が○をつけている。自由記述欄に記入しているのはほとんどが女性であるが，その内容をみると，「ほとんどセックス

なし」「セックスレスの状況である」が多い。たとえば,「ここ2年間は,妊娠・出産の時期だったので,ほとんど性交なし」のように,妊娠・出産のためセックスのないカップルがいる。また,疲れや病弱などの理由からセックスしていないカップルもいる。一方,「セックスが嫌い」「一応,女性だから遠慮して……などというのでなく,本当に欲求がない」と書いている女性のように,セックスそのものへの欲求が少ない人たちもいる。

　セックスでの男女の権力関係や主導性は,単にどちら側がセックスを求めることが多いかだけでは判断できない。自分がセックスをしたくない時に,その意思を通すことができるかが重要な指標である。

　「パートナーからセックスを求められた場合,嫌な時あなたはどうしていますか」という質問に対して,女性回答者では「はっきりと拒否する」(55.2%)がとりわけ多く,次に「口実をもうけて拒否する」(10.3%),「寝たふりをする」(9.4%)など間接的拒否が多く,「しかたなく応じる」(3.4%),「拒否できない」(0.3%)は少ない。男性回答者では「嫌と思ったことはない」(31.7%)がもっとも多く,次に「はっきりと拒否する」(23.7%),「求められたことはほとんどない」(15.3%),「口実をもうけて拒否する」(1.0%)の順になっている。

　性的欲求は生活環境にかなり左右される。「セックスは嫌でないけど,眠たい時が多い」のように,疲れている時には,セックスよりも睡魔が勝つ。また,性的欲求は生活環境だけでなく年齢によっても変化する。「50歳で閉経した後,自分の体が相手を求めることが少なくなってきて,気持ちにも影響が現れ,断わることを初めて経験した」女性もいる。「性交そのものは年に数えるほどで,むしろ,体の触れ合い,話をしながら眠る」など,身体的接触のみでも十分に一体化の感覚を味わっている人たちもいる。「結婚していたらセックスがあって当然」という考え方が一般的にされ,近年,セックスレス夫婦が話題になったりしているが,統計的にこうした夫婦がどのぐらい存在するのか明らかでない。「非法律婚カップル調査」では,1割弱のカップルが現在「ほとんどセックスがない」状態である。ただし,カップルの間でセックスがなくても,パー

トナーとの情緒的つながりが薄いとは限らない。

「非法律婚カップル調査」では，男性の方が性的欲求が強く，セックスでの男女の違いが明確に出ている。こうした性差が生理的な違いから生じているのか，女性に対する抑圧的性文化からきているのか，この調査結果からは判断できない。しかしながら，非法律婚カップルでは，相手からのセックスの要求を拒否できないために，しかたなくセックスしている女性はわずかであり，セックスにおいて女性の意向が尊重されているケースが多い。その意味では，女性がセックスにおいて主導権を握っているとも言える。

3 非法律婚の現代的意味

（1）逸脱視される非法律婚

日本では非法律婚カップルが増加したといっても，それほど多くはない。厚生省人口問題研究所の18歳から35歳までの独身の男女を対象にした『独身青年層の結婚観と子供観』の調査（1992年）でも同棲経験が「ない」が9割以上を占め，「現在している」の割合は，男女ともに1.1％である。「以前はあるが，現在はしていない」の割合は，男性は3.4％，女性は2.0％にすぎない。

日本では，「婚姻届を出さなければならない」という届出婚主義の社会規範が強くあり，非法律婚の生き方は逸脱視されている。婚姻届を出さないで一緒に暮らしているカップルに，「不道徳だ」「性秩序を乱す」「親の都合で，子どもを婚外子にして，自分勝手だ」など，非難の声が浴びせられたりする。前述したように，日本でも近年，非法律婚の生き方を主体的に選択する人たちが出現しているが，非法律婚のライフスタイルは社会規範のレベルで許容されていない状態である。

日本では，乳幼児・老人・障害者などに対する福祉的機能が第一義的に家族（主に女性）に課せられ，家族は社会の重要な基礎単位として位置づけられ，家族の外形的な安定性が重視され，法律や社会保障制度においては性別役割分業に基づく法律婚家族が尊重されている。そのために，非法律婚カップルや婚

外子に対するさまざまな法的・制度的差別が存在する（善積，1992）。

　たとえば，第一に，遺産相続上の差別である。非法律婚のパートナーには，法定相続権はない。遺言によってパートナーに遺産を残すことは可能であるが，贈与税が課せられる。民法900条第4項では「嫡出でない子の相続分は，嫡出である子の相続分の2分の1」と規定されている。これに関して1993年東京高裁は，非嫡出子の遺産相続分を嫡出子の半分とする民法規定を違憲とし，1995年の最高裁判所判決では「立法政策上の選択の範囲であり違憲とまで言えない」と辛うじて合憲の判断をしたが，立法府に法改正を求めた。1996年法制審議会が答申した民法改正案には相続の同等化が織り込まれたが，今なお民法改正が実現されていない。第二に，公的書類における記載上の差別である。戸籍法で，出生届の「父母との続き柄」の欄に嫡出・非嫡出子の区別の記入が義務とされ，戸籍の父母との続柄表記も嫡出子の場合は「長男・長女・二男・二女」であるが，非嫡出子の場合は「女・男」で異なる。なお以前は，住民票の世帯主との続柄においても差別表記がされていたが，裁判闘争が起こり，1995年より「子」に統一されるようになった。第三に，税金制度における差別である。社会保障においては「婚姻の届出をしない事実上婚姻と同様の事情がある者を含む」という規定があり，扶養手当・健康保険・労働災害の遺族補償年金・遺族年金などの社会保障に関する権利は認められている。しかし税法にはこうした「配偶者」に関する規定がなく，所得税・住民税の所得控除の一つである配偶者控除・配偶者特別控除，贈与税の配偶者控除，相続税の配偶者の軽減などが適用されない（二宮，1991）。また，離婚・死別に適用されている寡婦控除が非婚の母では認められない。事実上の父（生物学的父）が子を扶養していても，認知がないと扶養控除が認められない。第四に，国籍に関する差別である。外国籍の母と日本人父の間に生まれた子の場合，国籍は外国籍とされる。子の日本国籍は，父が胎児認知した場合だけ取得可能である。近年，婚外子差別に向けての地道な運動が展開され，婚外子差別は改善されてきているものの，その歩みは鈍い。

　以上のことから日本では，非法律婚というライフスタイルは，誰もが気軽に

選択できる状況ではない。とくに経済的自立を得ていない女性の場合，非法律婚のライフスタイルを選択することでのリスクは大きい。

(2) ライフスタイルの一つとしての非法律婚

一方先進諸外国では，ライフスタイルの一つとして同棲を積極的に選択する人が多くなり，同棲はもはや逸脱文化ではなく，規範文化の一部になっている。たとえばアメリカでは，同棲カップル数は1970年は52.3万組であるが，80年には3倍の158.9万組に増え，その後も増加し続け，94年には366.1万組になっている。「同棲世帯率」(男女の共同世帯中に占める同棲世帯の割合) も確実に上昇し，70年は1.2％であるが，80年は3.1％，90年は5.1％，94年は6.3％である。80年から84年の間に結婚した人の結婚前の同棲経験率をみると，初婚者では44％，再婚者では60％もいる (善積，1997a)。ドイツ，イギリスなどの西欧諸国でも同棲が増え，もはや同棲は珍しい現象ではなくなる。同棲に対する人々の評価も許容的なものになり，同棲は社会規範のレベルで受け入れられる。しかしながらこれらの国でも，法律婚を優先・尊重するという基本的立場が依然として保持され，法律で「同棲」を規定することには否定的な態度がとられている (善積，1993b)。

一方スウェーデンでは，1960年代前半までは同棲は逸脱行動とされていたが，ライフスタイルの〈中立性〉が家族法の指針とされ，87年には同棲法が制定され，現在では，同棲は法律婚に匹敵するライフスタイルの一つとして法制度の上でも認められるまでに至っている。スウェーデンでは，性別役割分業を否定した男女平等政策・個人主義に基づく政策が打ち出され，本人の生活と家族状況が分離され，いろいろな社会保障は家族ではなく個人を単位にして提供されている。また，婚姻の有無にかかわらず，男性にも父親としての責任を追及する制度もある。このように婚姻関係を前提にしない社会制度が完備され，スウェーデンでは，人々を無理やり法律婚家族に押し込める必要性はないと考えられ，同棲は制度の一部になっている (善積，1997b)。

なおフランスでも，1999年の国民議会 (下院) において，性別に関係なく契

約を結んだ同棲カップルに対して法律婚夫婦と同等の権利の一部を認める「連帯市民協約」(PACS) 法案が賛成多数で可決された。裁判所で「カップル関係にある」と署名すると，二人とも民法上は独身者扱いから，結婚に準じた扱いを受けることになる。それによって，①相続・贈与税の控除が認められる，②3年経過後には税の共同申告ができる，③共働き公務員の場合は，一方が遠隔地に転勤させられる不都合が少なくなるなど，生活上の不安や不便が軽減される（『朝日新聞』1999年10月23日付）。

(3) 法律婚に匹敵するオルタナティヴとしての非法律婚

　以上のように，非法律婚のライフスタイルに対する位置づけ・評価は，国や社会によってかなり違いがみられ，また時代によっても変化する。先進諸外国で同棲が増加している社会的背景として，キリスト教の性・結婚観からの解放，女性解放運動による女性の自立志向の高まり，制度よりも関係性自体を重視する結婚の意味づけの変化などがあげられる。ところで，非法律婚というライフスタイルが当事者にとってどのような意味をもっているのであろうか。

　個々人の非法律婚の選択動機や意味づけは，その社会の婚姻制度のあり方，当事者の置かれた立場，婚姻歴，さらに思想によって異なるだろう。一組の非法律婚カップルの間でも，選択動機や意味づけは必ずしも同じではない。また，同一人物でも調査時点が違えば，彼らの関係性の発展段階に応じて，非法律婚の意味づけは違ってくる。ここでは，①法律婚に匹敵するオルタナティヴ，②試験婚，③法律婚に至るモラトリアム，という三つの側面から非法律婚を捉えてみよう。

　ヘンスリン（Henslin, 1980：pp. 104-105）は，アメリカでの同棲カップルを調査し，同棲の動機を「気軽なセックスのため」と一面的に捉えることはできず，同棲の動機は複雑・微妙であると指摘しつつ，現行の婚姻制度を思想的に拒否して，法的に結婚登録しない人たちを次のように説明している。

　親密な異性関係が唯一の個人的な関心であり，国家にその性関係を結婚として登録する必要はないと考え，また現代の結婚は夫と妻の関係を主人と奴隷の

関係にする前時代的遺物であるとし、イデオロギー的に婚姻制度に反対する。しかし、親密な情緒的二者関係を望んでおり、そのために同棲は魅力的な選択となっている。

日本の「非法律婚カップル調査」では、前述したように、非法律婚の動機に「夫婦別姓」「戸籍制度反対」「性関係を国家に届ける必要ない」といった制度的理由をあげる人が多かった。現行の民法では、夫婦同一の「氏」を強制している。家族を単位として登録する戸籍制度によって、さまざまな差別が生み出され、人々の行動が管理・統制されている。こうした視点から、婚姻届を出すことを思想的に拒否している人たちにとって、非法律婚のライフスタイルは、法律婚に対抗する半永続的なオルタナティヴとなっている。

しかし非法律婚のライフスタイルは、思想的理由からだけでなく、経済的・利便的理由から、法律婚に匹敵するオルタナティヴとして選択されることもある。たとえば、離婚経験した男性では、離婚後の扶養責任や財産分与という煩わしさを経験し、結婚に二の足を踏むようになる。前夫から扶養費を受けている女性では、その扶養請求権が再婚により消滅することを避けるために、同棲を選ぶ。高齢者、とくに死別や退職者では、社会保障の給付の喪失を回避するために、あるいは自分の財産を別々に確保しておきたいために同棲を選ぶ傾向にあると報告されている（Atwater, 1985 ; Buunk & Driel, 1989）。このような人たちにとって非法律婚は、法律婚に匹敵するオルタナティヴ＝選択肢となっている。

（4）試験婚としての非法律婚

「試験婚」を非法律婚の選択動機にあげる人は、日本の「非法律婚カップル調査」ではごく少数であったが、アメリカでは多い。

ワースマ（Wiersma, 1983）は、アメリカとオランダの同棲者を調査し、以下のような結論を導く。「原則として結婚に反対。結婚したくない」の割合はアメリカ1.6％、オランダ12.0％であり、結婚を完全に否定している人はごくわずかで、ほとんどがいつか結婚しようと思っている。同棲者は、婚外で子ども

を産むことやパートナー以外の性関係には許容的な態度をもっている。しかし，「自分自身が同棲しながら子どもをもつこと」を考えている割合はオランダで12%，アメリカで5%にすぎず，同棲者は非嫡出のタブーや性的排他性の真の挑戦者ではない。オランダではアメリカより同棲者のパートナー間に一体感の感覚があり，同棲者たちは子どもや法的便利さのために結婚し，オランダでの同棲は制度としての結婚の一時的放棄で，アメリカの同棲は試験婚としてある。

アメリカでは，同棲が増加した初期に，婚前の同棲の普及は離婚の増加を抑えるだろうという期待がもたれた。つまり「一緒に暮らすことで，うまくいかない関係は結婚前に終結し，良好な関係のカップルのみが結婚に進む。したがって，婚前同棲は結婚の質と安定性を高めることに寄与するだろう」と考えられた (Ridley, Peterman & Avery, 1978)。ところが多くの実証的研究で，婚前に同棲したカップルの離婚率は婚前に同棲していなかったカップルよりも高いことが指摘されている (DeMaris & Leslie, 1984 ; Watson, 1983 ; Booth & Johnson, 1988)。研究者のレベルでは，婚前に同棲した者はもともと婚姻解消リスクの高い集団なのか，それとも，婚前に同棲を体験することによって婚姻解消リスクの高い特徴を身につけていくのか，といった根本的なレベルでの論争に決着がついておらず，同棲の体験と結婚生活の不安定性との関連性はまだ解明されていない。しかし一般の人々のレベルでは，現在でも，「婚前の同棲により結婚の不適合性を試すことができる」と広く信じられている。『全米家族世帯調査 (National Survey of Families and Households)』(1987-88年) では，将来同棲したいと回答した人のうち，80%以上が「同棲は試験婚として重要」としている (Bumpass & Sweet, 1989)。

離婚の増加により，夫婦関係の危うさが一般の人々の間で認識されだす。結婚する前に，共同生活がうまくいくかどうかを試す必要性を強く感じるようになり，「試験婚」として非法律婚のライフスタイルが多くの人に選択されるようになる。

（5）法律婚に至るモラトリアムとしての非法律婚

　非法律婚のライフスタイルの意義を次のように心理的葛藤，精神的発達の側面から捉える視点がある。

　ブンクとドリール（Buunk & Driel, 1989）は，現代の若者は，〈独立への欲求〉と〈情緒的関わりへの欲求〉という二つの相反する欲求のもとでアンビバレントな状況に置かれていると言う。シングル生活の利点は，自律・独立・自由を保持できることである。一方，結婚の利点は親密性・セクシュアリティ・コンパニオンシップ・安定にある。こうした葛藤した欲求のもとで，同棲は両方の利点を合わせもっているので，未婚の若者たちには同棲は魅力的なオプションとなっていると説明する。

　同棲動機の大学生調査でも，学生たちは「同棲は自分たちのアンビバレントな感情を処理するのに必要な時間的余裕を与えてくれている」と述べている（Stinnett & Birdsong, 1978）。

　ワースマ（Wiersma, 1983 : pp. 125-128）は，現代の若者の心理状況を次のように説明する。今日では，結婚に対するロマンティックな理想の態度が失われる。結婚はもはや個人的幸福をもたらす唯一のものと考えられない。現実主義が理想主義を打ち負かす。"永遠に一緒"の公式に代わり，関係ははかないものと見なされる。ロマンティックな夢の実現としての結婚は死んだ。しかしながら，カップルの関係性の追求は死んではいない。今日の同棲は，〈自己愛〉と〈他者愛〉の二重のメッセージから理解される現象である。西欧社会は個人の自由や独立の考えを育んできたが，それにもかかわらず同じ社会は，「生活の永続的基礎として一夫一婦的異性とのペアの絆が望ましい」という考えに基づく社会化を促し，時には法律で強制してきた。自己実現や個人主義がさらに強調される時代になると，若者は幼少時代に教えられた結婚・家族の価値と自己達成の価値の間で葛藤するようになる。同棲は〈自由であること〉と同時に〈カップルの一体感〉という二つの矛盾した欲求を表現している。

　このようにして，非法律婚のライフスタイルの意義は，若者にとって子ども期から大人期への移行期の問題の解決を猶予する期間＝モラトリアムとして捉

えることもできる。先進諸国では，1970年代に同棲は増加し，「同棲は結婚制度を脅かすもの」と保守的な人々からは危険視された。しかし実際には，多くの人は結婚を遅らせているだけであり，アトウォーター（Atwater, 1985：p. 245）は，「同棲は結婚への挑戦というよりは，むしろ結婚制度をサポートし，結婚を奨励することになっている」と述べている。

　日本の「非法律婚カップル調査」でも，非法律婚の利点に「対等な関係の維持」「個の尊重」「自己実現」をあげている人は多い。日本では，現在，結婚の意思をもちながら結婚を遅らせている人が多い。将来，非法律婚に対する社会規範が許容的になれば，〈自由であること〉と〈カップルの一体感〉という相反する欲求を満たすために，非法律婚のライフスタイルが日本でも幅広く選択されていくかもしれない。

注
(1)　この調査は，筆者もメンバーである「家族ライフスタイル研究会（代表者：野々山久也・甲南大学教授）」が，文部省の科学研究費補助金の重点領域研究「高度技術社会のパースペクティブ」の中の一研究班として実施したものである。

　　　調査対象者は婚姻届を出さないで共同生活を選択している男女のカップル。調査方法は，婚外子差別廃止や夫婦別姓をすすめる運動に関わっている団体を通じて，そのメンバーや知人など，全国から対象者を募集し，応募してくれた協力者に対してアンケート調査票を郵送・回収する方法を採用した。合計16団体から，組織として協力が得られた。調査実施は1992年11月初旬から1993年2月末で，489組の調査依頼件数に対し，有効回収数は女性319票，男性300票であり，カップルとして299組で，回収率は61.1％であった。女性回答者の収入は，「400～600万円未満」24％，「300～400万円未満」18％で，「100～200万円未満」14％，「100万円以下」9％，「収入なし」6.6％で，学歴も「大学・大学院卒」が72％を占め，一般女性よりも収入が多く，学歴も高い。

　　　この研究班としての活動は，1995年3月に研究成果報告書を刊行して終了したが，筆者はアンケート回答者への個別インタビューをその後も継続して行い（30組のカップル），そこで得たデータも加えて，「非法律婚カップル調査」として，拙書『〈近代家族〉を超える——非法律婚カップルの声』（青木書店，1997年）にまとめた。本章の非法律婚カップルの実態報告の大部分は，この本に基づいている。

(2) ここでは単に一緒に住むだけでなく，協力しあって共同生活を営んでいるという意味を込めて「協棲」という文字を使っている。
(3) この「法律婚調査」は，家族ライフスタイル研究会のメンバーが中心となり，1990年5月に神戸市に住む核家族（妻の年齢25～55歳）を対象に住民基本台帳をもとにした標本抽出法・質問紙法（質問紙郵送＋留置法）で行われ，684組の夫婦（回収率76.1％）から回答を得た。詳細については，『高度情報化社会における家族のライフスタイルに関する総合研究（平成元年・2年度の文部省の科学研究費補助金研究成果報告書）』（研究代表者：野々山久也，1991年）を参照のこと。
(4) 「非法律婚カップル調査」では，家事の分担を〈炊事〉〈洗濯〉〈掃除〉〈買い物〉の4項目から質問したが，項目間に顕著な差はみられなかった。「法律婚調査」との比較を容易にするために，「非法律婚カップル調査」の家事の4項目の合計平均値を算出し，それを〈家事の分担〉の値とした。
(5) ただし，非法律婚カップルの男性の家事・育児の参加が，共働きの法律婚カップルに比較しても多いかどうか，検討の余地が残されている。
(6) 先進諸外国での同棲増加の社会的背景については，拙論「アメリカ合衆国における同棲の研究（1）」『追手門学院大学三〇周年記念論文集』217-219ページで述べているので，参考にされたい。

引用・参考文献

Atwater, Lynn, 1985, "Cohabitation: Long-Term Cohabitation Without a Legal Ceremony Is Equally Valid and Desirable," Feldman, Harold & Feldman, Margaret (eds.), *Current Controversies in Marriage and Family*, SAGE, pp. 243-251.

Booth, Alan & Johnson, David, 1988, "Premarital Cohabitation and Marital Success," *Journal of Family Issues*, Vol. 9, No. 2, pp. 255-272.

Bumpass, Larry L. & Sweet, James A., 1989, "National Estimates of Cohabitation," *Demography*, Vol. 26, No. 4, pp. 615-625.

Buunk, Bram P. & Driel, Barry van, 1989, *Variant Lifestyles and Relationshps*, SAGE.

DeMaris, Alfred & Leslie, Gerald R., 1984, "Cohabitation with the Future Spouse: Its Influence upon Marital Satisfaction and Communication," *Journal of Marriage and the Family*, Vol. 46, No. 1, pp. 77-84.

Henslin, James M., 1980, "Cohabitation: Its Context and Meaning," Henslin, James M. (ed.), *Marriage and Family in a Changing Society*, The Free Press, pp. 101-115.

第Ⅰ部　ライフスタイルの多様化と結婚

厚生省人口問題研究所，1992『第10回出生動向基本調査Ⅱ　独身青年層の結婚観と子供観』。

御船美智子，1995「家計内経済関係と夫婦間格差」『家計経済研究』第25号，57―76ページ。

二宮周平，1991『事実婚を考える――もう一つの選択』日本評論社。

Ridley, Carl A. & Peterman, D. J. & Avery, A. W., 1978, "Cohabitation : Does it make for a Better Marriag ?," *The Family Coordinator*, Vol. 27, No. 2, pp. 129-136.

Stinnett, Nick & Birdsong, Craig Wayne, 1978, *The Family and Alternate Life Styles*, Helson-Hall Inc, pp. 79-100.

Watson, Roy E. L., 1983, "Premarital Cohabitation vs. Traditional Courtship : Their Effects on Subsequent Marital Adjustment," *Family Relations*, Vol. 32, pp. 139-147.

Wiersma, Geertje. E., 1983, *Cohabitation, an Alternative to Marriage ? : A Cross-National Study*, Martinus Nijhoff Publishers.

善積京子編，1992『非婚を生きたい――婚外子の差別を問う』青木書店。

善積京子，1993a『婚外子の社会学』世界思想社。

――，1993b「非婚同棲カップルのライフスタイル」『家族社会学研究』第5号，日本家族社会学会，59-66ページ。

――，1996「アメリカ合衆国における同棲の研究（2）」『追手門学院人間学部紀要』3号，111-129ページ。

――，1997a「アメリカ合衆国における同棲の研究（1）」『追手門学院大学三〇周年記念論文集』211-225ページ。

――，1997b『〈近代家族〉を超える――非法律婚カップルの声』青木書店。

――，1998「非法律婚カップルの意識と生活」『アエラムック――家族学のみかた』No. 39，142-146ページ，朝日新聞社。

第4章
同性愛者のライフスタイル

杉浦　郁子
矢島　正見

　前章の論者である善積は,「婚姻届を出さずに共同生活を選択している男女のカップル」を対象に,彼,彼女らのライフスタイルに関する調査(「非法律婚カップル調査」)を実施し,それにもとづいた考察をおこなっている(善積,1997)。この考察の斬新な点は,「"婚姻届を出さないカップル"といっても,自分たちのライフスタイルに対する当事者の認識は同一ではない」(善積,1997：38ページ)との観察から,「婚姻届を出さないカップル」の「結婚」に対する構えの違いを基準に,〈異性カップル〉を前章図3‐1のように分類したことである。

　図に示されているとおり,善積は〈カップル〉を「特定の人との継続的性関係がある場合とする」(善積,1997：38ページ)と便宜上規定し,「特定の人」が異性の場合を〈異性カップル〉,同性の場合を〈同性カップル〉としている。「非法律婚カップル調査」は〈異性カップル〉を対象にしており,〈同性カップル〉については取り上げられていない。そこで,本章では,「非法律婚カップル調査」では扱われていない〈同性カップル〉のライフスタイルに対する意識やその実態にアプローチしたい。

　が,その前に,〈同性カップル〉を扱うさいに必要になってくる留保に触れておきたい。〈同性カップル〉について論じようとする場合,さしあたり〈同性カップル〉を定義しなければならないのだが,これが案外難しいからである。そこで,次節ではまず,〈同性カップル〉を定義することの困難さについて説明しようと思う。

　なお,次節で論じられることがら,そして2節以降でも散りばめられている

主張は,「レズビアン／ゲイ・スタディーズ」における基本的な議論が含まれている。近年,同性愛者を含めた性的マイノリティをめぐる多彩な論説が「レズビアン／ゲイ・スタディーズ」と呼ばれるようになり,一つの研究領域を成すようになっている。この章の議論は,その新しい研究領域の成果に学ぶところが大きい。

1 〈同性カップル〉を論じる前に

（1）〈同性カップル〉とはだれのことか

〈同性カップル〉をどう定義するか。かりに善積の例にならって「特定の同性との継続的性関係がある二人」を〈同性カップル〉ということにしてみよう。けれども,この定義で〈同性カップル〉を明確に指示できるとはかぎらない。「だれが同性同士か」という問題にぶつかるからである。

たとえば,「女」から「男」へのいわゆる「性転換」をおこなった「トランスセクシュアル」が「女」を愛する場合,それは「同性同士」の性愛関係になるのだろうか。身体を医学的に操作しようとまでは思わない「トランスジェンダー」にしても,同様の問題に突き当たる。「女でも男でもない性別」といわれる「インターセックス」の場合は果たしてどうなるのだろう。

よくよく考えてみると簡単に答えを出せないこのような問題にからめ取られることなく,私たちが日々暮らしていけるのは,世界のあり方に対するある「信念」を前提にして,対象についての探求を適当なところで中止しているからである。そのような信念は,私たち皆が知っているが普段は明確に認知されていないという特質をもっている。その前提的信念によって,世界は私たちの前に「自明な当たり前の世界」として立ち現れているのである。では「あの二人は同性同士か,異性同士か」という判断に悩まされることなく日常生活を過ごしていくために,私たちはどのような信念をよりどころにしているのだろうか。

それは,「性別というのは『男』と『女』の二つしかない」「戸籍上の性別

第4章　同性愛者のライフスタイル

(つまり外性器の性別) と自分で意識している性別 (ジェンダー・アイデンティティ) は一致する」「肉体的な性別やジェンダー・アイデンティティは一個人において一生変わらない」, などなどの信念である。つまるところ, 私たちは, 人の「性別」一般を, 生涯を通して明確で固定しているものだとみなしているのである。[3]

　それでは,〈同性カップル〉を「『同性愛者』間で継続的に性関係がある二人」としてみたらどうか。しかしこれでも問題にぶつかる。ジェンダー・アイデンティティと戸籍上の性別ともに「男」である二人が結びつく場合, 二人は「同性同士」とはいえるかもしれないが,「同性愛者同士」とは必ずしもいえないからである。この場合, どちらかが「異性愛者」である可能性が否定できない。「同性と性行為をした」「同性に対して性的に欲情した」「同性と長期間交際した」などの経験が, 必ずしも「同性愛者」としてのアイデンティティ形成に結びつくとはかぎらないのである。[4]

　人は,「自分が同性愛者であるかないか」というセクシュアル・アイデンティティをはっきり特定できるとはかぎらない。また, セクシュアル・アイデンティティは一個人のなかで時間とともに変化するかもしれない。同じように,「自分はどの性別の人を好きになるのか」というセクシュアル・オリエンテーションについても, それは生涯を通して一貫しているとはかぎらない。つまり, セクシュアル・アイデンティティやセクシュアル・オリエンテーションも,「性別」同様, 明確で固定しているわけではないのである。けれども私たちは, 日常的にそれらを明確で固定しているものとみなしており, そうすることによって, 世界を「自明な当たり前」のものとして構成している。

　このように, 人びとの肉体的な性別, セクシュアル・アイデンティティ, セクシュアル・オリエンテーションは, 流動的・可変的・多層的なものなのである。したがって, だれがみても同じようにそこにあるような実体として,〈同性カップル〉を, そして「同性愛者」を扱うことは, 実はたいへん難しいことなのである。

(2) 強制的異性愛

　先に検討したことは、〈異性カップル〉や「異性愛者」を定義するさいにもぶつかるはずの問題である。ところが〈異性カップル〉を論じるさいには、これらの問題がわざわざ取り上げられることはまずない。これはなぜだろうか。逆にいえば、これらの問題が〈同性カップル〉あるいは「同性愛者」にかかわることがらを論じようとしたときに、とくに重要な問いとして扱う必要に迫られるのはなぜなのだろう。

　議論を先取りすれば、それは現代日本が「強制的異性愛 (compulsory heterosexuality)」の支配する社会だからといえる。「強制的異性愛」は、リッチ (Rich, A.) によって提出された概念である。それは、「異性愛」こそ唯一「正しい」「自然」なセクシュアル・オリエンテーションだとし、異性愛を強制するような社会的装置のことである[5]。

　この強制的異性愛は、人びとの肉体的な性別、ジェンダー・アイデンティティ、セクシュアル・オリエンテーションなどの自明性（それらの固定性・明確性・一貫性）を通して作用している。それらが人びとに疑われることのないまま「自明な当たり前」のことがらであり続けることによって、強制的異性愛という装置も「自明な当たり前」のこととして社会に巣くうことができるのである。

　「自明な当たり前」のことがらというのは、私たちの認知をすり抜ける。「異性愛」という「当たり前」に埋没している人びとは、自らの「異性愛」というセクシュアル・オリエンテーションを相対化すること、また「強制的異性愛」という社会のあり方を問題化することが難しいのである。強制的異性愛社会を生きる人びとが、その社会は「強制的異性愛」という特質をもつ社会であるということを認識するためには、その特質に沿って展開される人びとの諸実践の自明性を疑う特別な動機や機会が必要であろう。

　「同性愛者」は、現代の日本社会において生きにくさを覚え、この社会を「強制的異性愛社会」として捉える動機や機会をもつ人びとである。彼、彼女らがこの社会を眺めたとき、「強制的異性愛」という社会的装置、それを支え

第4章 同性愛者のライフスタイル

る前提的信念や人びとの諸実践は,「当たり前」ではなく,社会を今あるように成立させ,彼,彼女らに生きにくさを感じさせることがらとして映るのである。強制的異性愛という装置とそれにまつわる「当たり前」の信念や実践の恣意性を明確に語り,それらに対する異議申し立てを先がけておこなってきたのは,ほかでもない「同性愛者」たちである。その当の人びとについて論ずるさいに,素朴に〈同性カップル〉や「同性愛者」を所与のものとして扱うことはやはり問題である。本章は,こうした問題があるということを念頭に置きながら読んでもらえればと思う。

　さて,以下に続く2節,3節および4節では,「同性愛者」の「結婚」観,ライフスタイル観について論じる。用いるデータは,中央大学文学部矢島正見ゼミが1991年度から98年度までおこなった「同性愛者のライフヒストリー調査」である。この調査は「同性愛者」を対象にしたインタビュー調査であるが,ここで「同性愛者」とは,「自分を異性愛者とみなさない人」のことであり,語り手の意味世界であるセクシュアル・アイデンティティにもとづいた定義を採用している。したがって,以下でも「同性愛者」というカテゴリーをこの意味で用いることにする。冒頭では「〈同性カップル〉にアプローチする」としたが,今まで述べてきたような理由により,手元にあるデータから〈同性カップル〉を措定することは困難なため,「同性愛者」について論じることにする。

　このインタビュー調査をもとに,1994年度から毎年1冊ずつ報告書が作成された。[6]1998年3月に出された『同性愛者のライフヒストリーⅤ』が最終号であり,対象者数は『Ⅴ』までで男性29人,女性25人,計54人である。対象者の年齢は20代,30代が中心で,法律婚経験者はいない。

　報告書の内容は,主に語り手の基本的属性と個人史である。記録の重点が個人史にあるため,結婚観やライフスタイル観をさぐる質問は直接にはなされていない。しかし,個人史のところで十分に聞けなかった語り手の経験や意識,考え方などを最後にまとめて聞き取っており,それに対する回答から語り手の結婚観,ライフスタイル観をつかむことができる。なお,以下で論じられることは,日本でのことに限られる。

第Ⅰ部　ライフスタイルの多様化と結婚

2　同性愛者にとっての「結婚」

（1）「結婚」に対する構え

「同性愛者のライフヒストリー調査」では，「あなたは結婚するつもりがありますか」という質問をおこなっている[7]。この質問に対する答えから，同性愛者たちの「結婚」に対する構えをみてみよう。

54ケースのなかで，「結婚するつもりはない」との意志をはっきり表明した人は，男性15人，女性16人，計31人であった。結婚しない理由ははっきり述べられていないことが多いが，自らのセクシュアル・オリエンテーションゆえ，と推測してよいと思われる。というのは，別の理由の場合は，その理由が語られるからである。たとえば，結婚をしない理由を「自分のセクシュアリティゆえではない」としている女性，「個人の関係を国に申請する必要はない」としている男性，「女性とつき合ったら差別されるのに，男性とつき合ったら優遇されるという制度が，自分のなかで許せない」としている女性などがいる。

これに対して「結婚を考えている」という声も少なからず聞かれる。

　　表向きは女性と結婚したいと思っている。世間体もあるし，子どもが欲しいというのもある。親にもまだ結婚しないのかというふうに言われる。結婚したら相手の女性にはできればカミングアウト[8]したいが，その人が受け入れてくれるかどうかによる。（女性との）夜の性生活も，一通り経験があるからうまくやっていけるとは思うが，女性とは適当にやって，男性とというのが中心になると思う。（男性）

　　結婚はできればしたい。なぜなら，自分の子どもを育てたいし，また現在の社会制度によって，結婚しないと社会的に一人前として認められないから。だから，少しでも現在の社会制度が，独身男性を社会的に認めるように変わってくれればよいと思う。清楚な感じの女性であれば結婚したいと思う。自分が結婚したとして，男性との体のつき合いをもちながら妻をもつのは不道徳かと思う。かといって，男性との肉体関係をもつことへの

欲望を自分で我慢すべきなのかどうかは，まだ結論が出ていない。また，妻には自分が同性愛者であることをカミングアウトし，妻との性交渉はなく自分の性行為はマスターベーションになるであろうと思う。(男性)

両親のためにも結婚は考えている。ゲイ（できれば外国人）としたい。お互いが偽装結婚であるならばそれがベスト。(女性)

最後の女性のケースにあるように，同性愛者の法律婚は「偽装結婚」と呼ばれ，同性愛者のコミュニティでは選択肢の一つとして知られている。「シングルを通す生きにくさゆえ」「自分の子どもがほしいため」「世間体のため」「親のため」などが偽装結婚の理由に挙げられている。結婚相手とお互い合意の上で同性との性愛関係を継続するために，結婚相手に同性愛者を希望する人も少なくない。このような選択がなされた場合，通常「結婚」には伴うとされる「性行為」と『恋愛』という感情経験」は伴わないことになる。(9) ケースのなかで異性との法律婚を何らかの形で示唆したのは，男性6人，女性2人，計8人である。

他方，同性愛者の法律婚はすべてなんの「感情経験」も伴わないというわけではなさそうである。たとえば次のような声があり，このような場合は必ずしも「偽装」ではないのかもしれない。

女性との結婚は，相手の女性が自分がゲイであることを理解して納得した上でならしてみたいと思う。ただその場合，自分は女性を性的関心として見られないので，セックスレスという形になるのではないか。そのときになってみないと分からないが，相手の女性が他でセックスすることを認め，自分が他でセックスすることも認めてもらう，お互いに恋人がいながら結婚しているという形になるかもしれない。だから相手の女性と，おじいちゃんおばあちゃんになってもおしゃれしてディスコやコンサートに行っちゃうような，一生を通じて理解し合える親友として人間的な関係が築ければ，結婚したいと思う。あくまでも理想だが。(男性)

結婚は考えている。しかし，女性として愛することはできないので，人間として愛せる人としたい。相手にはもちろん自分の性的指向を理解して

もらいたい。したがって，男性とのセックスは続けたい。だから，彼女が他の男性とセックスをしてもしょうがないと思う。できればレズビアンの女性と結婚したい。(男性)

このような理想が実現したとき，結婚した二人の間にはセックスこそないが，「人間に対する愛」や「人間的な関係」はあるといえる。その場合，「法律婚」と「『人間に対する愛』という感情経験」がセットに，「性行為」と「『恋愛』という感情経験」がセットになっているが，それぞれのセットが異なる人間関係を構築することになるのであろう。

ほとんどのケースで，「結婚」は異性との「法律婚」の意味で理解され，使用されていたが，「結婚」イコール「法律婚」という認識ばかりではない。

(同性の) 恋人と同棲するようになって，意識の上では結婚したつもりになっていた。(男性)

(同性の恋人と) 結婚式をしようという話になっている。もちろん法的にするわけではないし，式場で盛大にやるわけでもないのだが，もしやるのなら母に出席してもらいたい。(女性)

このように，同性同士の「結婚」の可能性を示唆する声も2ケースあった。二人の関係をまわりの人たちに認知してもらうため「結婚式」をおこない，二人の「意識の上では結婚している」というのは，同性同士の「事実婚」といえそうである。

(2)「結婚」をめぐるイメージ

「同性愛者のライフヒストリー調査」という限られた質的データから確実にいえることは少ないが，以上をまとめてみよう。

まず，同性愛者でも異性との法律婚は可能である。事実婚も，相手が同性であろうと異性であろうと可能である。また，どのような理由であれ結婚はしないという選択もできる。というように，「結婚」をめぐる選択肢のラインナップは，同性愛者にも異性愛者にも同じように社会によって準備されている。したがって，〈異性カップル〉のなかに同性愛者がいてもおかしくないし，逆に

第 4 章　同性愛者のライフスタイル

〈同性カップル〉のなかに異性愛者がいてもおかしくないということになる。実際，〈同性カップル〉のなかにも異性愛者がいることは，「ライフヒストリー調査」で確認されている。

　「法律婚をしない」理由については，同性愛者と異性愛者との違いを指摘できる。同性愛者の場合，同性同士の婚姻が現行の制度では認められていないという制度的な阻害要因が，法律婚をしない理由のほとんどであろう。「好きな人と結婚できないから」という消極的な理由である。他方，非法律婚という選択をしている異性愛者は（〈異性カップル〉を異性愛者とみなしてよいならば），善積の「非法律婚カップル調査」によれば，思想的な立場から積極的にその選択をしているのが目立つ（善積，1997：41-130ページ）。

　法律婚の選択理由も，同性愛者と異性愛者とで異なってくるだろう。同性愛者の場合，「親の手前」「世間体」「シングルであることに対する社会からのサンクション」「子どもがほしい」などが挙げられている。異性愛者でもこれと同じ動機を挙げる人はいるだろう。けれども，異性愛者の多くが挙げるであろう「相手のことが好きだから」という理由を，同性愛者が挙げることはほとんどないと思われる。「恋愛」と「性行為」は，同性愛者の法律婚からは切り離されているのである。

　同性愛者の人びとによる「結婚」をめぐる語りを概観して浮かび上がってくるのは，彼，彼女らが抱いている「結婚」に対するイメージである。「自分のセクシュアル・オリエンテーションゆえに結婚するつもりはない」「好きな人と結婚できないから」という非法律婚の選択理由は，「『結婚』は『恋愛という感情経験』と『性行為』とを共有する相手とするものだ」というイメージの上に形成されたものである。「恋愛」と「性行為」をパートナーと共有するという「事実婚」型からも，同じイメージを読みとることができる。同性愛者の法律婚は「恋愛」と「性行為」から切り離されている点で目を引くが，それを「偽装結婚」と命名する背後には，「本当の結婚」なるものには「恋愛」と「性行為」が伴っているはずだとの認識がある。

　このような「結婚」をめぐるイメージは，同性愛者と異性愛者とでおそらく

113

それほど違いはない。「愛する」パートナーと法律婚が許されていない同性愛者であっても、「結婚」に対して、理想化され、規範化されたイメージをもっている。つまり、「結婚」とは、単なる法律的な手続きにとどまらず、何らかの社会的な意味を担ったことがらなのであり、その意味は、同性愛者、異性愛者を問わず、共有されているのである。

3 同性愛者のライフスタイル

（1）ライフスタイルに対する構え

「同性愛者のライフヒストリー調査」では、「結婚するつもりはない」と答える人が多数派であった。では、そのような人たちは、どのような結婚ではないオルタナティヴを語っているのだろうか。「将来どのような生活をしたいですか」という質問に対する答えからみてみよう。

多く聞かれるのは、同性のパートナーと一緒に住む「同居」である。お互いの親を含めた同居を希望する人もいる。パートナーとの同居を希望した人は男性7人、女性14人である。しかし、実際に同性のパートナーと同居の経験がある人は、男性3人、女性6人とそれほど多くない。これは、対象者の年齢が下は10代後半、上は30代前半であり、比較的若いためかもしれない。

それに対し、パートナーとの同居を希望しない人もいる。別居のほうがパートナーと長続きすると考えているのである。もっともその場合でも、行き来に苦労しない距離に住みたいようだ。

> 男性同士で家庭を作るのは、現実的に自分には無理であるように思われる。近くに住むということはあっても、同居しようとは思わないだろう。（男性）

> 男との同居は、相手が望めばいいが、長続きさせたいのなら部屋は別々の方がいいと思う。自分に好きなパートナーができたとしたら、別々に生活していきたい。（男性）

> 内向的なところがあるので、一緒に住めるかどうか分からない。プライ

ベートな時間に人といるのが嫌なので，スープの冷めない距離か別々の部屋がいい。(女性)

「複数共同生活」とでも呼べるような生活を思い描く人もいる。

　(将来に対する)不安は抱えている。ぼんやりと，ゲイの友達数人と暮らせたらいいなと思っている。(男性)

　友達のレズビアンやゲイで共同住宅を借りて，一緒に住んだらよさそうだよね，という話を友達としたりしている。(女性)

　バイの女の子とバイの男の子とセックスも含めて3人で生活を共有していくこともできるんじゃないかと思う。女性相手のセックスは，相手に男根をイメージしないとできないと思うが，共同体を作ることはできると思う。友達や恋人を欲しいとも思うけど，理想的な共同体としてはコミュニケーションができれば5人くらいまでなら多角関係が築けると思う。(男性)

(2)〈カップル〉をめぐる幻想

やはり数少ないケースからあまり断定的なことはいえないが，同性愛者の人びとのライフスタイル観について解釈を試みてみよう。

「同性愛者のライフヒストリー調査」における語り手には，「将来は恋人と一緒に生活したい」と希望する人と(とくに女性にその傾向がみられる)，パートナーとよい関係を継続させるために，自らの体験も踏まえてあえて同居を避ける人とがいる。

同居，別居のどちらを選択しようとも，そのさい重要視されているのは，唯一無二のパートナーを見つけ，そのパートナーとできるだけ長く親密な関係を続けることである。たとえば，次のように語った人がいる。

　やはり自分にとってパートナーシップに対する思いなり幻想なりは，非常に強いものがある。だから，よいパートナーを見つけ，その人とお互いに理解しあえる対等な関係を作っていきたい。また，そういった相手との関係性を深めていくなかで，自分自身もよりよい自分に変わっていけたら

いいと思う。(男性)

ここに明確に語られているように,「パートナーシップに対する幻想」,〈カップル〉こそがすばらしい性愛関係であるという「カップル幻想」は,一般的に広く分けもたれている。

「カップル幻想」が規範性を帯びると,〈カップル〉を軸にして形成される集団こそが唯一「自然」であり,人は〈カップル〉を形成すべきだという「関係のカップル中心主義」になる。現在,日本を含めた先進諸国のほとんどが,「関係のカップル中心主義」を採用していることは明らかであろう。日本では,婚姻したカップルに対してさまざまな権利や保護をパッケージにして与えており,婚姻届を出さない男女のカップルに対しても,内縁関係として扱い,法律婚カップルとほぼ同じ権利と保護を与えている。

二人一組の〈カップル〉である限りにおいて,国家は,同性愛者に対しても寛容な態度をみせている。スウェーデン,デンマーク,ノルウェーなどの北欧諸国では,1980年代後半から90年代前半にかけて,法律婚カップルが享受している恩恵のほぼすべてを同性カップルにまで拡大する立法が果たされた(くわしくは第12章参照)。

また,アメリカ合衆国では,ドメスティック・パートナーシップ(DM)制度と包括しうる制度が地方自治体や民間企業レベルで実施されている。この制度は,婚姻制度を利用したくない,あるいは利用できない「事実上のカップル」の関係に公的な承認を与え,法律婚カップルが与えられている権利や保護の(ほんの)一部を与えるものである(くわしくは第11章参照)。DM制度は北欧諸国の立法とは異なり,異性カップル,同性カップルを問わず利用できる制度であり,同性愛者たちにとっても利用価値が高いものである。

北欧諸国の立法やアメリカのDM制度は,同性愛者からの強い要請で実現したものである。このことから,同性愛者の人びとにも「関係のカップル中心主義」が波及していることがうかがえる。「継続的で安定した一対一の関係をもつ〈カップル〉」をめぐる幻想や規範は,(異性愛者だけでなく)同性愛者の行動や思考のパターンにも一定の影響を与えているといえるだろう。

4 ライフスタイルの創造へ

（1）ノン・モノガミーの実践

　ここまで読んできて，「同性愛者も意外と保守的だ」と思っている人もいることだろう。ロマンティックな恋をして，パートナーと一対一の安定した関係を作り，同居を望む。相手が同性であることを除けば，同性愛者と異性愛者とでさしたる違いはないのかもしれない。

　けれども，「カップル幻想」に取り込まれていない人びとの実践が，とくに男性の同性愛者のなかにかいまみられるのも事実である。以下では，そのような男性同性愛者たちの実践の一部を，わずかではあるが取り上げたい。

　まさに「カップル幻想」を否定している次のような声がある。

> 　男性とのパートナー関係については，自分は世間でいうような恋愛や交際に対して否定的な感覚が強いと思う。セックスもゲーム，あるいはスポーツ感覚で捉えている側面が強く，そういうセックスをする相手と生活や人生の共有までしなくていいと思っている。（男性）

　他者と恋愛や生活や人生を共有する快楽を否定しないまでも，そういった快楽と性行為における快楽とを区別していると語る男性もいる。

> 　最近は恋愛に対する幻想はどんどんなくなってきて，セックスと恋愛を分けて考えるようになってきた。だからといって無節操にセックスをしているわけではないのだけれど，今は半端な恋愛よりは快適なセックス・パートナーが欲しい。（男性）

　「同性愛者のライフヒストリー調査」では，恋愛抜きの性行為だけの関係をこれまでもってきた（あるいはもちたい）という話が，男性同性愛者によってよく語られている。そのような人びとにとって，性行為のほうが恋愛よりも優先事項である。そして何より目を見張るのは，彼らが性関係をもった人数の多さである。「これまで何人の男性と性経験がありますか？」という質問に，3桁に及ぶ数を答えている男性はそれほど珍しくない。

何百人という人と性関係をもてるのは、男性同性愛者が集う「ハッテン場」と呼ばれる空間があるからでもある。ハッテン場としては、ゲイバー、ゲイサウナ、映画館、公園、公共トイレなどが利用されているという。このようなハッテン場では、合意ができた相手と短時間で射精を済ませ、すぐ次の相手を見つけることができる。ハッテン場に行く目的は、「性行為をする相手を探したい」「人肌が恋しい」「気を晴らしたい」「他の同性愛者と出会いたい」など、さまざまである。

　ハッテン場における性行為は、先の男性が語っているように、多分に「ゲーム感覚」「スポーツ感覚」で楽しまれるものである。それは、「恋愛」という感情経験が媒介するものでもなければ、継続的な安定した関係性を求めるものでもない。ワンナイトのその場かぎりの関係であることが多い。

　前節で「パートナーシップに対する幻想」を語った男性の発言は、男性同性愛者の間にこのようなノン・モノガマスなサブカルチャーがあることを前提にしている。性行為における快楽を最優先で追求する人が目立つなかで、それでもやはり自分は〈カップル幻想〉がある、という含意があった。

　けれどもここで興味深いのは、3桁にのぼる相手と性体験をしている人でも「パートナーとは一緒に住みたいと思っている」と語り、特定のパートナーとの親密なつき合いや、そのパートナーとの同居の希望を語ることがあることである。ここから推測できるのは、ノン・モノガミーという関係性が、特定のパートナーとの関係や生活のなかで拮抗することなく、うまく両立している（あるいは両立する可能性がある）のではないか、ということである。いいかえれば、ノン・モノガミーという「性の様式」と、カップル単位の「生活の様式」が両立しうるということである。とくにハッテン場において不特定多数と性関係をもつことは、カップルで生活している人びとの間でも、受容度が高いようだ。

（2）多様な性と生の模索

　このような男性同性愛者のノン・モノガミーの実践を、不道徳だと感じる人

第4章 同性愛者のライフスタイル

もいるかもしれない。男性同性愛者のなかでもその評価はまちまちである。「その場かぎりのセックスは嫌だ」「ハッテン場に行く必要を感じない」という声もある。「つき合っている人がいないときは一晩だけのアバンチュールというのも結構多いけど，つき合っている人がいるときはその人一筋」と，けじめをつけている人もいる。女性同性愛者にはあまりみられない実践であり，このような実践を受け入れている女性同性愛者は多くないかもしれない。また，このように，同性愛者の人びとの性生活をとくに取り上げて論ずること自体，同性愛者に対するある種の偏見を助長することになるという批判があるのも承知している。けれども，このようなノン・モノガミーの実践を，多様な性と生のあり方を模索する実践として肯定的に捉えることもできるのである（田崎，1992）。

レズビアン／ゲイ・スタディーズの数々の論文で繰り返し強調されるのは，多様な性と生のあり方があってしかるべき，ということである。性愛関係は常に二人一組で成立するわけではない。一対一の性愛関係を好むモノガマスな人もいれば，ノン・モノガマスな人もいる。他者と親密な性愛関係を結ぶことを望まず，マスターベーションを好む人もいるだろう。調査では，性的な欲望はもたない「アセクシュアル（asexual）」だと語った人もいた。また，モノガミーでなければ恋人と同居できないわけではない。特定の恋人と同居しながらハッテン場に通う人もいる。反対に，モノガマスな人が恋人との同居を避けることもあるだろう。多様な性と生のあり方が，多様に組み合わさり，多様なままに展開していいはずだ――これは，レズビアン／ゲイ・スタディーズから受け取ることができる重要なメッセージである。

ノン・モノガミーの実践は，それぞれの好みに応じて他者との関係を，そして人生の道筋を創造していく可能性の一つとして，捉えることができるだろう。同性愛者たちは，異性愛を前提とした近代的なライフスタイルのモデルに寄りかかることができないがゆえに，多様なライススタイルを模索し，作り上げていける立場にいる。上述した「複数共同生活」も，新たな試みの一つであろう。

もっとも，多くの異性愛者たちが実践しているモデル――モノガミーで安定

したカップルの共同生活——に同性愛者が拠るのも自由である。どのようなライフスタイルを選択しようと,それは個々人の好みの問題だとしかいいようがない。ただ現時点では,異性愛的な特定の性や生のあり方が「好ましい」ものとされ,道徳的な評価の準拠点になり,国家からの保護もそこに集中している。そこから大きく逸れるライフスタイルを選んだ人びとが,周縁化されたり,異常化されたりする状況があり,新たなライフスタイルの創造の道が険しいことも事実である。

注
(1) 「トランスセクシュアル」および「トランスジェンダー」は,広義ではほぼ同じ意味で使用され,自分で認識している性別と身体的な性別とが食い違っている人のことを指す。狭義では本文で示した基準(性別再判定手術を希望するかいなか)で大まかに区別されているようであるが,これらのカテゴリーの用い方は,人それぞれである。「インターセックス」は,人間の肉体を構成している性において,女性の特徴と男性の特徴とをあわせもっている人のことをいう。
(2) 私たちは「自明な当たり前の世界」の存在やあり方を疑うことなく日々過ごしている。そのような態度をフッサール(Husserl, E.)は「自然的態度」と呼んだ。シュッツ(Schutz, A.)の現象学的社会学やエスノメソドロジーは,自然的態度を社会学的な課題として取り上げ,自然的態度を背後で支える前提的信念を記述することを試みている。
(3) これら「性別」にかかわる信念については,ガーフィンケル(Garfinkel, H.)の「アグネス,彼女はいかにして女になり続けたか」(1967=1987)にくわしい。参照されたい。
(4) 『セックス・イン・アメリカ——はじめての実態調査』では,「行動(同性とセックスしたことがある)」「欲求(同性に性的欲求を覚える)」「自己認識(自分のことを同性愛者だと思っている)」という三つの側面から「同性愛」を捉えているが,そこでは「行動」と「欲求」の経験があることが「自己認識」へと直結するとは限らないことが示されている(Laumann, Michael & Kolata, 1994=1996 邦訳204-208ページ)。
(5) リッチは,「強制的異性愛とレズビアン存在」(1981=1989)というエッセイにおいて,それまでのフェミニズムの言説が,「異性愛」を問い直してこなかったことを指摘し,異性愛フェミニズムに対する批判を展開している。そして,女性を無力

第4章 同性愛者のライフスタイル

化する一つの政治的システムとして「異性愛」を捉え，女性の性的奴隷制と経済的従属性を説明するパースペクティヴとして「強制的異性愛」という概念を示した。もともとはフェミニズムの文脈で登場した概念だったが，その後，「強制的異性愛」は「ミソジニー（女性蔑視）」に加えて「ホモフォビア（同性愛や同性愛者に対する嫌悪や忌避感）」と関連することが着目され，今ではレズビアン／ゲイ・スタディーズにおいて，不可欠な概念として多用されている。

(6) 報告書に掲載されている男性のライフヒストリーの一部は，『男性同性愛者のライフヒストリー』（矢島，1997）として，女性のケースは『女性同性愛者のライフヒストリー』（矢島，1999）として刊行されている。

(7) ただし，初期の調査では，質問項目が統一されておらず，結婚にかかわる記述がないケースもいくつかある。

(8) 「カミングアウト」は，人によって捉え方が違うが，主に自分のセクシュアリティを公にすることを指す。

(9) 「結婚」「性行為」「『恋愛』という感情経験」の三つが連動して機能すべきだとするイデオロギーを「ロマンチック・ラブ・イデオロギー」と呼ぶ。「ロマンチック・ラブ」については多くの文献で扱われているが，ギデンズ（Giddens, 1992=1995）が参考になる。

(10) もっとも弁護士の角田由紀子は，憲法24条1項の「婚姻は，両性の合意のみに基づいて成立し……」という規定を拡大して解釈すれば，同性による婚姻を禁じているとはいえない，と主張している（角田，1991：210-212ページ）。

(11) 日本では，パートナーを養子にむかえたり，「共同生活契約書」という公正証書を作成しパートナーとしての権利を法的に獲得するという方法を実践している同性愛者たちがいる（『コスモポリタン』1997年4月20日号，106-111ページ）。

(12) 通常「モノガミー」に対置される語は「ポリガミー」である。ポリガミーは，「一妻多夫」あるいは「一夫多妻」と訳される。ポリガミーは「一対多」という関係性のみを意味し，「多対多」という関係性が含まれていないとの主張から，「モノガミー」の対置語として「ノン・モノガミー」を好む人も多い。

(13) もちろん，すべての異性愛者たちが，このような一枚岩的なライフスタイルを実践しているわけではない。善積の非法律婚カップル調査が例証しているように，異性愛者のなかにも多様なライフスタイルを模索する方向性が確かにある。そのような動きのなかに，異性愛者と同性愛者とが，セクシュアル・オリエンテーションの違いを超えて連帯できる可能性を見いだすこともできるだろう。

第Ⅰ部　ライフスタイルの多様化と結婚

引用・参考文献

Garfinkel, H., 1967, "Passing and the Managed Achievement of Sex Status in an 'Intersexed,' Person Part 1," *Studies in Ethnomethodology*, Prentice-Hall, pp. 116-185. (山田富秋・好井裕明・山崎敬一訳, 1987「アグネス, 彼女はいかにして女になり続けたか——ある両性的人間の女性としての通過作業とその社会的地位の操作的達成」『エスノメソドロジー——社会学的思考の解体』せりか書房, 215-295ページ。)

Giddens, A., 1992, *The Transformation of Intimacy : Sexuality, Love and Eroticism in Modern Societies*, Polity Press. (松尾精文・松川昭子訳, 1995『親密性の変容——近代社会におけるセクシュアリティ, 愛情, エロティシズム』而立書房。)

角田由紀子, 1991『性の法律学』有斐閣選書。

Laumann, E. O., Michael, R. T. & Kolata, G., 1994, *Sex in America*, CSG Enterprises. (近藤隆文訳, 1996『セックス・イン・アメリカ——はじめての実態調査』日本放送出版協会。)

Rich, A., 1981, "Compulsory Heterosexuality and Lesbian Existence," Henry, A., Barale, M. & Halperin, D. M. (eds.), 1993, *The Lesbian and Gay Studies Reader*, Routledge, pp. 227-254. (大島かおり訳, 1989「強制的異性愛とレズビアン存在」『血, パン, 詩。』アドリエンヌ・リッチ女性論, 晶文社, 53-119ページ。)

田崎英明, 1992「生の様式としてのセーファー・セックス——エイズとアイデンティティ」『現代思想』1992年6月号, 青土社, 107-113ページ。

矢島正見, 1997『男性同性愛者のライフヒストリー』学文社。

———, 1999『女性同性愛者のライフヒストリー』学文社。

善積京子, 1997『〈近代家族〉を超える——非法律婚カップルの声』青木書店。

第 II 部

夫婦関係の現代的諸相

第5章
性別役割分業からみた夫婦関係

松田　智子

1　近代家族と性別役割分業

　性別役割分業は，現代日本の夫婦関係を論じる上で最も重要なキータームの一つである。周知のように，都市サラリーマンとその妻である専業主婦がつくる近代家族は，戦後の日本の家族モデルとして位置づけられてきた。しかし，この性別役割分業型の近代家族は，現在さまざまな形でその問い直しが行われている。その背景にあるのは，性別役割分業とリンクする家族問題や超高齢社会における社会政策の策定をめぐる問題である。例えば，今日的な家族問題として，専業主婦の疎外感，育児不安，母子密着，働く主婦の二重負担等が挙げられるが，これらは性別役割分業の問題として，主に女性の側からの異議申し立てが行われている。一方，社会政策の側からは，将来的な若年労働人口の減少と医療・福祉関連のサービス労働の増大という問題に対応するため，女性が職業労働によって経済的自立を果たし，租税と社会保障負担を女性自身が担っていくという社会政策のシナリオが考えられるが，この場合の鍵となるのも，やはり性別役割分業の問い直しである（塩田，1992）。

　本章の目的は，性別役割分業の成立過程を概観した上で，現代日本の夫婦における家庭内役割分担の実態とそのメカニズムを明らかにし，夫婦間の役割分担が強固に維持，再生産される要因を探ることにある。さらに，性別役割分業がなぜ問題なのか，男性への影響や夫婦関係への影響という観点から考察することである。

(1) 性別役割分業の成立

「男は仕事，女は家庭」という性別役割分業が成立したのは，近代になって産業が発達し，生産の場が家庭から離れ，工場などに雇用されて働く労働者が多数を占めるようになってからである。オークレー（Oakley, A.）は，イギリスにおける主婦の歴史的誕生を論じた著作の中で，産業革命以後，工場生産が主流になるにつれて，家庭と経済とが分離し，それに伴い家庭内における役割が分化したと述べている（オークレー，1986）。つまり，産業化の進展とともに，妻は就労せず，家庭内において家事・育児をもっぱら担い，夫は唯一の家庭外労働者として，妻と子どもを扶養するという役割分化が生まれた。この家庭内における役割分化は，保護を目的に子どもや女性の就労を制限した「工場法」や，夫の賃金で妻子を養うことを可能にした「家族賃金」の成立，また家庭生活を子ども中心的な安らぎの場とみなす考え方とともに，19世紀初期にまず中産階級の理想の家庭像として組み入れられ，第二次世界大戦後までに次第に実現されていった。そして20世紀初頭には，労働者階級にも，理想の家族像として受容されていき，「男性＝稼ぎ手，女性＝主婦」という分業関係が一般化していったのである。

日本において，このような性別役割分業にもとづく近代家族が誕生するのは，大正期である。この時期，東京などの大都市に「新中間層」と呼ばれる比較的裕福で，夫だけの収入で生活可能なサラリーマン世帯が出現した。そして「良妻賢母主義」が国家的に奨励される中，「子どもの世話は母親がするべき」という規範が女性たちにも受容されていき，家事・育児を専門に担う専業主婦が誕生したのである（瀬地山，1996）。就労せず，家庭役割に専念する主婦の姿は，当時，中流階級のステイタスシンボルとして，農家や工場労働者の女性には，羨望の的であった。その後，昭和に入り，工場労働者においても夫の収入だけで生活可能な世帯が増大していくが，主婦が大衆化し，家庭内における性別役割分業が一般化していくのは，労働者の中で雇用者が過半数を占めるようになる高度経済成長期以降である。

（2）フェミニズムの問いかけ

ところで，このような近代家族における性別役割分業関係を「性差別」として告発したのは，1960年代後半に，アメリカを含む先進工業諸国で生まれた女性解放運動をはじめとした，第二波フェミニズムである。中でも，マルクス主義フェミニズムは，近代に成立した性別役割分業の背景に，「家父長制（男性による女性の性支配システム）」と「資本制」が大きく関与していることを明らかにしている。それによれば，性別役割分業とは，女性に対する男性の優位性を維持しようとする家父長制と，労働力の安定的供給という資本制の要請との相互作用によってもたらされた産物に他ならない（上野，1990）。市場での生産労働には，日々の労働力の回復，そして次世代の労働力育成のための再生産労働（家事労働）が必要不可欠であるが，近代社会では，この再生産労働は，性別役割分業を通して，女性に無償労働として振り分けられ，女性抑圧の物質的基盤となった。言いかえれば，性別役割分業は，男性による女性の労働力支配，つまり，女性を労働市場から排除したり，あるいは周辺労働力として低く位置づけることによって維持されており，再生産労働を市場の外で女性に無償で担わせるという点で，資本制の要請ともマッチするシステムとして成立したのである。フェミニズムが問題にしたのは，このような「生産活動＝男性」を優位に，「再生産活動＝女性」を劣位に位置づける性別役割分業の非対称性と，それと密接に結びついている社会の全体構造なのである。

第二波フェミニズムの流れは，1979年の国連における「女性差別撤廃条約」採択によって，欧米諸国だけにとどまらず，第三世界の国々を巻き込む，世界的な規模の運動に発展していった。日本においても，「女性差別撤廃条約」の批准にむけて，国籍法の改正，男女雇用機会均等法の制定，家庭科教育課程の再編成等の法的な整備が行われてきた。しかし，日本は依然，先進工業諸国の中でも，性別役割分業が強固な社会である。例えば，労働市場は，男女の賃金格差，職種や職務の偏り等の点できわめて閉鎖的である。家庭内における家事・育児・介護などの家事労働においても，その大部分は女性によって担われる傾向が根強い。NHK放送研究所による「生活時間の国際比較」によれば，

日本の男性の1日当たりの仕事時間（通勤時間を含む）は，7.15時間と最も長くなっている一方で，育児，介護，買い物を含む家事時間は31分と際だって少なくなっている。これは，アメリカ，イギリス，オランダよりも約90分，そしてカナダ，デンマークよりも約60分も少ない。さらに，男性の家事参加の度合いを，女性の家事従事時間を100とした場合の相対量でみてみると，例えば，炊事では，カナダをはじめとする欧米諸国の男性は，女性の20～40％の時間を費やしているのに対して，日本は2.2％に過ぎない。日本の男性が最も従事しているのは家庭雑事（日本では，整理・片づけ，銀行・役所に行く，病人や老人の介護等）であるが，これも他の欧米諸国では100％を超えているのに対して，日本の男性では女性の29.2％と，家事分担の低さが目立っている（総理府編，1997：52ページ）。

こうした家庭内における家事・育児の分担のあり方は，妻の年齢や就業形態，子どもの年齢，夫の職業といった属性によって変化するのだろうか。日本における夫婦の性別役割分担の実態について，さらに詳しく検討してみよう。

2 家庭内役割分担の現状

(1) 属性別にみた夫の家事遂行

1970年代から1990年代前半における夫婦関係の実証研究をレビューした長津美代子らは，夫婦の役割関係に関する研究が，誰が何をしているのかという研究から，家事や育児の分担に影響する要因（例えば，妻の就労や子どもの誕生等）を明らかにする研究へと移行してきていることを指摘している（長津他，1996）。しかし，実際の役割分担の詳細となると，これまで全国レベルで把握されたデータはほとんど存在しなかった。

1993年に厚生省人口問題研究所が実施した「第1回全国家庭動向調査」（西岡，1996）は，家族関係に関する全国規模のデータを提供するものとして注目されるが，この調査結果をもとに現代日本の夫婦における役割分担の実態，特に夫がどの程度家事や育児を遂行しているかに焦点をあて詳しくみていくこと

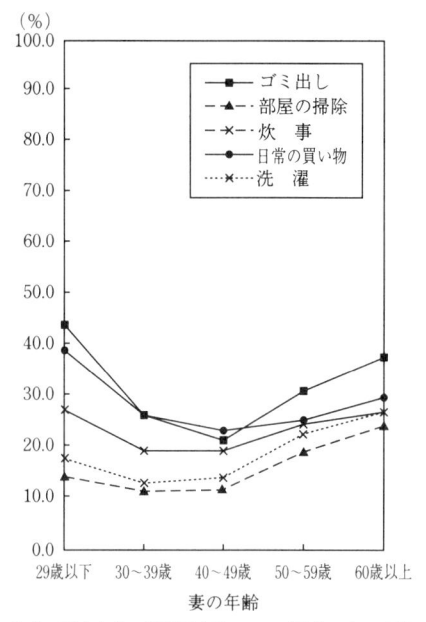

第 5 章　性別役割分業からみた夫婦関係

図 5-1　妻の年齢別にみた夫の家事遂行（週 1～2 回以上）

出典：厚生省人口問題研究所，1996『現代日本の家族に関する意識と実態——第 1 回全国家庭動向調査（1993年）』厚生統計協会．

にしよう。なお，この調査は有配偶女性を対象としたものであり，したがって，夫の家事遂行も妻の認知を通してみたものであることを断っておく。

　図 5-1 と表 5-1 は，夫の家事遂行を属性別に調べたものである。全般的に夫の家事は低い水準にあるが，まず「週 1～2 回」以上行う比率を妻の年齢別にみてみると，妻の年齢が30歳代から40歳代へと高くなるにつれて下降し，その後，50歳代から60歳代にかけて再び上昇するという，浅い U 字型曲線を描いている。つまり，既婚男性の場合，妻の年齢が30歳未満の若年層と60歳以上の高齢層で家事遂行率が高く，40歳代で最も低くなっている。これは，既婚男性が中年期にかけて昇進等の社会的地位の変化に伴い仕事へのコミットメントが強まり，家事がほとんど妻任せになっていくプロセスを示しているともいえる（西岡，1996：11ページ）。

表5-1 属性別にみた夫の家事遂行（週1～2回以上）

	総数	ゴミ出し	日常の買い物	部屋の掃除	洗濯	炊事
総　数	6,083	28.2%	26.3%	14.8%	17.0%	21.2%
末子年齢						
12歳未満	831	18.4	23.2	11.8	11.9	16.5
6歳未満	488	22.9	25.7	12.5	11.5	18.1
3歳未満	477	37.3	31.0	11.6	11.6	17.4
1歳未満	219	45.6	35.0	9.8	16.9	22.7
妻の就業形態						
就　業	2,845	28.3	23.9	16.1	19.6	24.6
常　勤	1,019	34.0	26.3	21.5	25.9	29.8
パート	1,059	24.6	23.4	13.3	17.4	23.1
自営業・家族従業	767	26.0	21.2	12.9	14.0	19.4
非　就　業	2,771	27.4	28.6	13.0	13.6	17.3
夫の職業						
農林漁業	182	20.8	20.9	12.2	23.6	18.5
自営業・家族従業	609	26.9	20.0	9.9	11.5	17.4
勤　め　人						
専門職	1,473	25.2	23.6	12.3	13.6	19.4
事務職	1,304	28.3	27.1	12.9	14.7	21.2
現場労働	719	27.3	28.0	14.8	19.1	19.9

注：総数には不詳を含む。「週1～2回程度」以上行う夫の割合。
出典：図5-1に同じ。

　次に，夫の家事遂行を末子の年齢別にみてみると，「ゴミ出し」や「日常の買い物」では，末子の年齢が低いほど，夫の家事遂行率が高くなる傾向がみられ，特に，末子が3歳未満の場合には3～4割とやや多くなっている。一方，「部屋のそうじ」，「洗濯」，「炊事」に関しては，末子の年齢による差はあまり認められない。

　さらに，夫の家事遂行を妻の就業形態別にみてみると，「日常の買い物」以外のどの家事項目においても，「常勤の妻」の夫の比率が高くなっている。一方，妻が就業している場合でも「パート」や「自営業・家族従業」では，夫の家事遂行率は，妻が専業主婦である場合とほとんど変わらない。また，夫の職業別にみてみると，家事項目によって若干違いはあるものの，概ね職業による差は小さい。

表5-2 属性別にみた夫の育児遂行（週1〜2回以上）

	総　数	遊び相手をする	風呂に入れる	寝かしつける	食事をさせる	おむつを替える
総　数	3,553	78.0%	73.0%	38.0%	40.3%	37.5%
末子年齢						
12歳未満	831	71.6	68.9	36.5	35.5	34.2
6歳未満	488	86.9	76.7	43.7	40.6	46.8
3歳未満	477	94.1	80.4	45.6	56.2	46.0
1歳未満	219	96.3	81.4	58.4	52.2	61.7
妻の就業形態						
就　業	1,809	75.4	71.1	36.2	38.9	34.7
常　勤	665	75.2	70.6	37.3	42.5	38.0
パート	709	77.1	72.9	35.9	38.2	34.0
自営業・家族従業	435	72.0	67.6	32.9	32.3	29.7
非就業	1,544	81.4	75.2	40.2	41.6	41.1
夫の職業						
農林漁業	66	81.1	65.4	35.3	30.6	19.2
自営業・家族従業	374	73.1	70.5	39.0	36.9	32.2
勤め人						
専門職	972	78.8	75.2	39.2	40.8	39.5
事務職	928	79.4	73.7	38.3	39.4	40.5
現場労働	503	78.2	70.2	40.6	44.2	35.1

注：総数には不詳を含む。「週1〜2回程度」以上行う夫の割合。
出典：図5-1に同じ。

（2）属性別にみた夫の育児遂行

同様に，夫の育児遂行と属性との関連についても検討してみよう（表5-2）。まず，夫の育児遂行を子どもの年齢別にみてみると，「遊び相手をする」，「風呂に入れる」，「寝かしつける」では，末子の年齢が小さいほど，育児をする比率が高くなる傾向が認められる。特に，末子が3歳未満の場合，「遊び相手をする」のは9割強，「風呂にいれる」のは約8割，「食事をさせる」のは5割強と，育児をする比率が高くなっている。

次に，夫の育児遂行を妻の就業形態別にみてみると，「食事をさせる」を除く育児項目では，専業主婦の妻をもつ夫の比率がやや高くなっているが，妻の就業形態による差は総じて小さい。また，夫の職業別にみてみても，育児項目

によって若干違いはあるものの、夫の職業による差はあまり認められない。

　以上、夫の家事・育児遂行に関する調査結果をまとめると、次のような特徴が挙げられよう。第一に、夫の家事遂行は「週1～2回」以上という比率でみてみても低い水準にあり、特に働き盛りといわれる中年期においては、家事のほとんどが妻任せの状況となっている。一方、家事遂行と比べると、夫が育児をする比率は高くなっているが、その中身は、遊び相手をしたり、お風呂にいれたりといった比較的負担の軽い育児に集中する傾向が認められる。第二に、夫の家事・育児遂行を子どもの年齢別にみてみると、特に3歳未満の子どもがいる場合に比率が高くなっているが、これは乳幼児のいるライフステージで家事や育児の量が最も多くなることと密接に関連しているといえる。第三に、妻の就業形態別、夫の職業別にみてみると、夫の家事遂行は、夫自身の職業よりも妻の就業形態により影響を受け、妻が常勤の場合に夫の家事遂行率が高くなっている。一方、夫の育児遂行は妻の就業形態や夫自身の職業による影響を受けない。

　これらの調査結果は、先行研究が明らかにした知見とほぼ一致するものである（長津他、1996；岡村、1996）。確かに、夫の家事・育児遂行は、妻の年齢、子どもの年齢、妻の就業形態等の属性から影響を受ける側面をもっている。しかしながら、これらの属性による違いは1割程度に過ぎず、夫の家事・育児遂行に及ぼす影響はそれほど大きくないことにも留意しておく必要がある。

（3）妻と夫が担う家事・育児の質的違い

　家事・育児が妻に集中している事実もさることながら、より重要となるのは夫が分担している家事の具体的な内容であろう。ホックシールド（Hochschild, A.）は、アメリカの共働き夫婦を対象にインタビュー調査を行った結果、妻と夫が引き受ける家事・育児の質的な違いについて次のような特徴を挙げている。第一に、妻は調理や掃除等の日常的な家事の3分の2をこなしているのに対して、夫は車のオイルの交換や家庭用品の修理といった繰延可能な非日常的な家事をしている。第二に、妻は洗濯物をたたみながら買い物リストを考えたり、

幼い子どもから目を離さないようにしながら掃除機をかけたりと1度に二つ以上の家事をこなしているが，夫は夕食をつくるか，あるいは子どもを公園に連れて行くかのどちらか一つに専念している場合が多い。さらに，家事・育児時間の配分をみてみると，妻は家事に，夫は育児により多くの時間が充てられており，トイレの掃除やお風呂洗い等の家庭内の雑事のほとんどは妻がやっている。育児だけをみてみても，妻では子どもの世話が中心であるのに対して，夫では子どもを外に連れ出すといった遊びにウェイトが置かれている。妻はまた，家族のスケジュール管理をする係りでもあり，いつも子どもをせかして外出させ，悪役に回っていることが多い（ホックシールド，1990）。

　日本においても，こうした状況はよく当てはまる。特に，共働きの主婦は料理をしながら風呂をわかし洗濯もするといったように，分刻みで細切れの家事をこなしている。一方，夫は，ごみ出しや，車の手入れ，子どもの遊び相手等に限定されがちである。また，夫が家事をする場合「頼まれないと，やらない」，「自分から腰をあげない」といった妻側の不満もしばしば耳にする。

（4）家事・育児のメンタルな側面

　さらに，山田昌弘によれば，家事・育児の大変さは，炊事，洗濯，掃除，世話といった個々の作業自体にあるのではなく，実際の作業の上位のレベルに存在する管理や監視といったメンタルな側面にあるという。例えば，食料品の買い物には，夕食の献立を考え，冷蔵庫の中の食料品のチェックをしながら買い物リストをつくる等の家事が不可欠となる。また，幼い子どもの世話をする場合には，食事をさせたり，おむつを替えたりといった作業に加え，子どもの体調に気を配り，怪我をさせないように監視しておくことが重要である。子どもや老人の世話を誰かに頼む場合でも，ベビーシッターやホームヘルパーへの依頼，日程や時間の調整，世話の仕方や内容の指示といった手間のかかる仕事は誰かがやらなければならない（山田，1994）。こうした管理，監視といったメンタルな家事は，常に気を配っておかなければならないという意味で24時間労働であり，家族の誰かが必ず担わなければならないという意味で市場での家事

サービスでは代替できない性質のものである。

コープこうべ・生協研究機構が行った「家族多様化時代における家事分担の変容可能性に関する調査研究」(山根他,1997)によると,メンタルな家事もまた,妻によってその大部分が担われていることが明らかとなっている。例えば,「ゴミを出す日はいつか」,「トイレットペーパーの買い置きがあるかどうか」,「家族の1週間の予定はどうなっているか」について「常々気を配っている」と回答する妻の比率は6〜9割であるのに対して,夫では1割程度に過ぎない。妻は家族に対する管理や配慮を行う者としても大きな責任を負っている。

3 家庭内役割分担のメカニズム

(1) 社会化理論からのアプローチ

ではなぜ,家事や育児の大部分を妻が担うことになるのだろうか。ここでは,社会化理論,経済的合理性理論,権力論の三つのアプローチをもとに,家庭内役割分担のメカニズムを詳しくみていきたい。まず,社会化理論を取り上げ,いくつかの実証的データをもとに検討してみよう。

夫婦の役割分担を社会化理論から説明するアプローチは,女らしさ・男らしさ,男女に振り分けられる役割は絶対的なものではなく,むしろ社会や文化によって相対的なものであることを前提に,妻が家事・育児役割を担うのは,社会全体の文化にもとづく価値・規範によって,男性と女性が異なったやり方で社会化される結果であると説明する(後藤,1997)。つまり「男=生産労働/女=再生産労働」をめぐる価値と規範の内面化は,行為の準拠枠としてこれを拘束し,そして夫と妻の相互作用を通じて,家庭内役割分担の維持,再生産を支えていると考えるのである。

性別役割分業観に関していえば,総理府世論調査をみると,1995年の調査では「男は仕事,女は家庭」という考え方に「同意する」のは男性32.9%,女性22.3%,「同意しない」のは男性40.2%,女性53.9%と,男女とも「同意しない」が「同意する」を上まわっている。さらにこの数字を1987年の調査と比較

すると，90年代に入り男女とも「男は仕事，女は家庭」に同意しない人が大幅に増加したことがわかる（総理府編，1996：40ページ）。

しかしながら，このような「男は仕事，女は家庭」を否定する意識は，必ずしも現実には，夫と妻が共に仕事，家事・育児を分担するような共同型夫婦の展開には直接つながっていない。むしろ「夫は仕事，妻は仕事も家事も育児も」という「新・性別役割分担」（樋口他，1985）に結びつきやすく，共働きの妻は，繰延可能な家事を省略したり，休日に家事をまとめて行ったりして，仕事と家事の両方を調整しているのが実情である（永井，1992）。こうした現実は，どう解釈されるのだろうか。

大和礼子は，人々の性別役割分業意識が「性による役割振り分け」と「愛による再生産役割」の少なくとも二つの異なる次元からなることを明らかにしている。そして，女性の家事・育児役割を維持，再生産する機能を果たしているのは「性による役割振り分け」ではなく「愛による再生産役割」すなわち女性→愛→再生産役割を結びつけるような規範意識であると指摘している（大和，1995）。山田昌弘が実施した「家事労働をめぐる夫と妻の意識調査」においても，家事・育児のイメージについて「愛情表現」と回答する妻の割合は，家事では6割，育児では9割と高い割合を示し，家事・育児が愛情と強く結びついていることを裏付ける結果となっている（山田，1994）。

近代家族は，夫婦や親子の間の強い情緒的絆が重要な結合動機となっている。愛情が何にもまして最優先され，家族メンバーの行為の一つ一つが，愛情の名のもとに動機づけられたり，意味づけられたりする（木本，1995）。中でも女性は「元来母性本能に溢れている」という母性イデオロギーのもと情緒的な存在とみなされ，家事や育児をすることに，家族への愛情表現という象徴的な意味が与えられている。つまり，家事・育児役割は，情緒的存在としての女性のアイデンティティの重要な部分を占め，良き妻，良き母であることの確認を求めて家事や育児をしてしまうことが，女性の家事・育児役割の固定化に結びついていると解釈されるのである。

（2）経済的合理性理論からのアプローチ

次に，家庭内役割分担を経済的合理性から説明するアプローチについて検討してみよう。このアプローチの特徴は，家族を調和した一つのユニットとして捉え，家族メンバーがそれぞれ保有する社会的，経済的資源を最も効率的，経済的に活用するという前提から出発している点である。社会的，経済的資源とは，時間，能力，技術，職業的地位，経済力等を表しているが，このアプローチでは，夫婦の家庭内役割分担は，夫と妻がそれぞれ保有する資源の相対的なバランスによって規定されると説明する。そして，経済的合理性によって，在宅時間のより長い者，家事能力により優れた者，給与収入のより少ない者が，家事・育児を担うと考えるのである。

これまでの実証的データによれば，収入や時間の相対的バランスが役割分担に及ぼす影響はそれほど明確なものではない。例えば，博報堂生活総合研究所調査によると，夫と妻の収入の程度によって「ゼロ型（専業主婦の世帯）」，「有職Ⅰ型（妻の収入が夫の扶養範囲内の世帯）」，「有職Ⅱ型（妻の収入が夫の3分の1程度の世帯）」，「均等型（妻の収入が夫の6割以上の世帯）」の四つのグループに分類した場合，夫の家事遂行率は「均等型」で最も高くなっているものの他のグループとの差は数％と小さくなっている（博報堂生活総合研究所,1993）。また，1996年の総務庁「社会生活基本調査」をみてみると，夫の家事時間は共働きで1日20分，妻が専業主婦で27分と，むしろ専業主婦の夫の家事時間がやや長くなっている。これは，家庭内の役割分担が妻の在宅時間によってほとんど変化することはなく，むしろ夫の労働時間の長さという構造的な要因によって影響されやすいことを示唆するものである。

一方，大沢真理は家庭内の役割分担を「機会費用」という観点から分析し，妻が家事をもっぱら引き受けるのは，妻が就労した場合に稼ぐことができたはずの期待収入が低いことに起因すると説明している。大沢によれば，妻に収入労働の機会がなかったり，就業しても時間当たりの収入が低い場合には，夫は残業や接待を含め仕事に全エネルギーをそそぎ，妻はパート労働を適当にきりあげ，家事・育児役割をしっかり遂行するという組み合わせが，最もリスクの

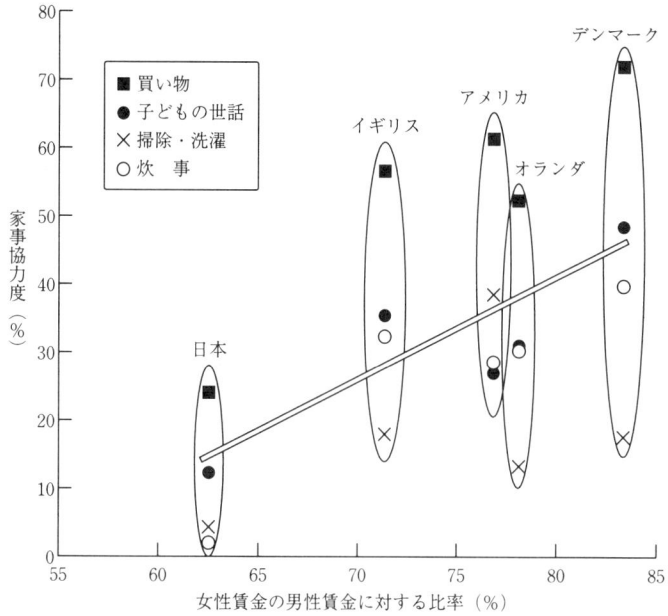

図5-2 男女の賃金格差と夫の家事協力度

出典：経済企画庁編，1995『国民生活白書（平成7年度版）』大蔵省印刷局。

少ない家族戦略として選択されるという（大沢，1993）。

　勿論，こうした家族戦略の背景には，労働市場における男女の賃金格差という構造上の問題があることも見逃すことはできない。1996年の労働省「賃金構造基本統計調査」によれば，女性の賃金は，パートタイム労働者を除いても男性の約6割にとどまっている。さらにこれを年齢別にみてみると，最も賃金格差の広がる50歳前後では男性の約5割を少し上まわる程度である。図5-2は，男女の賃金格差と夫の家事協力度の関連をよく表しているが，5カ国の中で，日本は賃金格差の大きさ，そして夫の家事協力度の低さにおいて突出している。

　こうしてみると，経済的合理性という観点から選択される家族戦略も，労働市場における男女の賃金格差という構造的な要因と密接に関連していることがわかる。家庭内における性別役割分担の強固さと，労働市場における女性の劣位な状況とは表裏一体の関係にあるといえる。

(3) 権力論からのアプローチ

　権力論からのアプローチが，これまでの二つのアプローチと異なるのは，夫婦を調和のとれた補完関係ではなく不平等な対立関係として捉える点である。権力とは一般に「他者をその意図に反して自己の目的のために従わせる力」（見田他，1988：271ページ）と定義されるが，このアプローチによれば，家庭内役割分担は夫婦間の権力の差異に起因するものであり，妻が家事・育児役割を遂行するのは，男性優位に編成された文化的資源や経済的資源が権力として作用するからだと説明される。つまり「妻が家事・育児をする」ことを正当とみなすような規範，あるいは妻の夫への経済的依存状況が，夫婦間の権力関係をつくると考えるのである。この家庭内役割分担を構造化する権力は，フェミニズムが「家父長制」として問題にするものでもある。

　ところで，江原由美子は，権力を行使されるとは自己の意図とは無関係に「不本意な選択」をさせられる経験であると説明している。そして，家族を権力から論じる場合，「権力を行使する」意図をもった個人を特定する必要はなく「不本意な選択」が頻繁に生じるだけで十分なこと，また自発的な行為であったとしても権力の存在を否定できないこと，の2点に留意する必要があると指摘している（江原，1995）。これらの留意点を踏まえた上で，夫婦関係における権力のいくつかの形態について検討してみよう。

　コムターは，日常行為における夫婦間の権力関係を分析する中で，権力の行使には少なくとも三つの次元が存在することを明らかにしている（Komter, 1989）。第一の次元は，対立や喧嘩といった実際の行為として現れる明らかな権力である。この権力は一般に，妻が望む変化に対する夫の否定的反応や態度として現れる。例えば妻が，夫の家事分担をもっと多くしてほしいと交渉しても，夫がそれを拒否したり無視したりする場合，妻は結果として「不本意な選択」を強いられることになる。第二の次元は，実際の行為としては現れない潜在的な権力である。これは，夫との対立や喧嘩を避けるために，妻があらかじめ夫の反応や好みを予想して，妻自身の願望を我慢したり，抑圧したりするといった形で現れる。例えば，夫に文句を言うのは面倒なので妻が家事をしてし

表5-3 夫の家事・育児遂行に対する妻の評価

	総数	遂行に肯定的態度			遂行に否定的態度			
			非常によくやってくれる	まあまあ期待どおり		期待どおりではない	やってくれない。あきらめた	もともと期待していない
総　　数	5,437	50.8%	10.8%	40.0%	49.2%	14.0%	17.2%	18.0%
妻の年齢								
29歳以下	548	63.9	16.8	47.1	36.1	15.0	10.0	11.1
30〜39歳	1,444	51.0	11.5	39.5	49.0	16.8	17.3	15.0
40〜49歳	1,712	45.7	9.9	35.8	54.3	14.1	19.7	20.4
50〜59歳	1,088	50.0	8.6	41.4	50.0	12.3	18.3	19.4
60〜69歳	523	53.7	9.9	43.8	46.3	10.1	13.6	22.6
妻の就業形態								
就　　業	2,741	48.7	10.2	38.6	51.3	15.3	18.4	17.6
常　　勤	930	50.6	11.4	39.2	49.4	16.8	17.1	15.5
パ ー ト	975	47.6	9.2	38.4	52.4	15.6	19.0	17.8
自営業・家族従業	668	46.9	9.4	37.4	53.1	12.4	20.7	20.1
非 就 業	2,478	52.3	11.4	41.0	47.7	12.4	16.4	18.8

注：就業の総数には，就業形態その他を含む。
出典：図5-1に同じ。

まうのは，潜在的権力が作用した結果だと説明される。さらに第三の次元は，社会的，心理的なメカニズムの作用による不可視的権力である。これは内面化した社会規範そのものに含まれている権力構造を意味し，人が自発的に行為するという点で見えにくい権力でもある。例えば，家事・育児分担に関して「女性の自然な役割だ」，「男性の性分にあわない」，「女性には元来その能力が備わっている」といった，男女の性差を自然で当たり前とみなす性イデオロギーは，女性の家事・育児役割を正当化する隠れた権力と考えることができる。

　本章の2節でも検討したように，厚生省人口問題研究所の「第1回全国家庭動向調査」によれば，夫の家事・育児遂行がきわめて低い水準にあることが明らかになっている。社会化理論や経済的合理性理論からのアプローチによれば，夫の家事・育児遂行に対する妻の評価は，低い水準にもかかわらず肯定的であることが予想されよう。ところが，表5-3が示すように，夫の家事・育児遂行に対する妻の評価は，ちょうど肯定的態度と否定的態度とに二分される結果

となっている。さらに否定的態度の内容を見てみると、「やってくれないのであきらめた」あるいは「もともと期待していない」の回答が3～4割にものぼる。この結果は、少なくとも潜在的な権力の作用、言いかえれば自己の願望を抑圧するといった形で、妻が「不本意な選択」を余儀なくされていることを証左するものであろう。

(4) 国家の介入――日本型福祉社会と社会政策

　以上、家庭内役割分担のメカニズムについて、社会化理論、経済的合理性理論、権力論という三つのアプローチから検討してきた。そこから明らかになったことの一つは、家庭内役割分担と密接に関連する労働市場における男女格差の問題である。男性の職業労働は、社会的地位や経済力等の権力資源として家庭内役割分担に影響を与える重要な要因となっている。

　ところで、労働市場と同様、国家もまた制度的に付与された公権力のもと、社会政策という形で性別役割分業を支援し、再生産している（天野，1994）。周知のように、日本の社会福祉政策は「家族だのみ」と呼ばれるように、家族機能に強く依存する形で展開されてきた。原田純孝によれば、特に1973年のオイルショック以降低成長期に入り、経済不況下での財政逼迫を理由に「福祉の見直し」が行われ、ほぼ10年をかけて西欧型の福祉国家とは異なる「日本型福祉社会」構想が実現されていったという（原田，1992）。「日本型福祉社会」構想の特徴を一言でいえば、それは「社会福祉の担い手としての家族」を前提に、家族介護や在宅介護の実質的な担い手として、女性の家庭役割を重視した政策である点だろう。

　1980年代には「日本型福祉社会」構想のもと、家庭基盤充実策として、サラリーマン世帯の主婦を家庭に引き止めておく効果をねらった、さまざまな税制、年金等の優遇政策が導入された。例えば、1987年に創設された配偶者特別控除は、夫の所得が1000万円を超えないことを条件に、妻の年収が70万円未満ならば、夫の所得から38万円控除されるというものである。同様に、1962年に創設された配偶者控除においても、妻の年収が103万円以下であれば、38万円の控

除が受けられる。したがって無職の主婦および年収70万円未満の主婦の夫は，自分自身の基礎控除，配偶者控除および配偶者特別控除を受けることによって，単身世帯や共働き世帯の夫よりも3倍もの控除が可能になる（塩田，1997）。また，1986年の公的年金制度の大幅改正によって，サラリーマン世帯の主婦は保険料を一切負担しなくても（その保険料は，夫が余分に支払っているのではなく働く男女によって支えられているのだが）被保険者として処遇されるようになった。しかも遺族年金については，共働きの既婚女性の場合，自分自身の老齢年金か夫の遺族年金のどちらかを選択しなければならず，その結果，保険料を支払っていない専業主婦の方がより高い遺族年金を受け取るケースが生じるという，不公平な状況になっている（塩田，1992）。

　このような「サラリーマンの被扶養の妻」を優遇する税制や社会保障制度は，公平さを欠く一方で，パート労働に従事する主婦も可能な限り家庭に縛り付けておく機能を果たし，性別役割分業を維持・強化するものでもある。

4　性別役割分業がもたらす歪み

（1）抑圧された男性たち

　1節で述べたように，近代社会では，人間の労働を職場と家庭という二つの領域に分け，前者を有償労働として男性に，後者を無償労働として女性に振り分けるという性別役割分業システムが成立した。そしてその結果，圧倒的に男性に優位な社会がつくりだされてきた。

　しかし，男性自身もまた男性優位な社会に組み込まれる中で，さまざまな問題を抱えているのも事実である。その中でも，まず挙げられるのが，会社本位主義と呼ばれるような男性の長時間労働の問題であろう。日本と主要諸外国の労働時間を比較してみると，1995年の製造業生産労働者の年間総実労働時間は，日本が1975時間，アメリカが1986時間，イギリスが1943時間，フランスが1680時間，ドイツが1550時間であり，日本はドイツやフランスよりも年間300〜400時間も長くなっている（労働省編，1997）。しかも，これはパートタイム労働者

を含む男女平均であり，サラリーマン特有の通勤時間，残業時間，顧客の接待時間等の労働関連時間を含んでいない。都市のサラリーマンでは，1日の労働時間は残業や接待・サービスを含めて約10時間，通勤時間が片道1時間というのが平均的であり（森岡，1995），男性の1日はほぼ職業労働によって飽和されているといっても過言ではない。

こうした状況のもと，1998年4月に発表された『1998年レジャー白書』をみてみると，「仕事と余暇のどちらを重視するか」という問いに対して「余暇重視派」は34.8％，「仕事重視派」は33.8％，前年度と比較すると「余暇重視派」が若干減少している。また，余暇に求める楽しみや目的について最も多かった回答は「心の安らぎを得ること」であり，「身体を休める」や「日常生活の解放感を味わうこと」も前回調査より増加傾向にある。景気が後退し企業の倒産やリストラが相次ぐ中，仕事や日常生活に相当疲れ，余暇意識が後退していると，白書は分析している（朝日新聞，1998年4月28日）。

リストラや職場いじめの中で，過労死や自殺も増加している。1996年現在の過労死の認定ケースは78件であるが，過労死の請求件数，未処理や不認定となったケースからみればこれは氷山の一角に過ぎず，推定によれば，毎年1万人を超えているともいわれている。1997年「全国過労死を考える家族の会」が出版した『死ぬほど大切な仕事ってなんですか』の中には，リストラの影で仕事が重くのしかかり，過密な長時間労働の果てに自殺してしまった設計技師，自分の命と引き換えに仕事の負債を埋めようとした電設会社の幹部等，男性が過労死自殺に追いこまれていく過酷な状況がいくつも描かれている。子どもを育て家庭を守ることが女の役割と信じた妻と，家族を養うことが男の義務だと信じ，仕事にすべてを捧げてしまった夫。現代日本における性別役割分業は，過労死や自殺を生み出すような，一種の社会病理とさえなっている。

（2）夫婦のコミュニケーション不全

多くの調査が明らかにするところによれば，男性にとって一番身近で頼りにできるのは配偶者であるという。総務企画庁『国民生活選好調査』（1996）を

みてみると，男性の約8〜9割が，安らぎを感じる相手として妻を挙げている。しかし，そう答える夫たちが実際に妻との間に密なコミュニケーションをもっているかというと，決してそうではない。

ニッセイ基礎研究所が都市部に住む20〜60歳の夫婦を対象に興味深い調査を行っている。それによれば，夫婦のコミュニケーション・タイプを「沈黙型」夫婦，「妻だけ会話」夫婦，「夫だけ会話」夫婦，「対話型」夫婦の四つのグループに分類した場合，夫婦に対話のない「沈黙型」が36.4％と最も多く，次いで妻だけが一方的に話す「妻だけ会話」が32.4％と続き，夫婦がともに支え合い，話し合う「対話型」は22.7％，夫が一方的に話す「夫だけ会話」は8.5％と最も少なくなっている。さらにライフステージ別にみてみると，新婚期は「対話型」の比率が相対的に高くなっているが，育児期になると「妻だけ会話」が急増する。そして，末子が中学生，高校生になる中年期にさしかかると「沈黙型」が多数派となり「対話型」が最も少なくなる。ライフステージによって多少の違いはあるものの，夫の約6〜8割がほとんど会話をしないという状況である（ニッセイ基礎研究所，1994）。

性別役割分業型の夫婦はコミュニケーションがとりにくい。いやむしろ，コミュニケーションがなくても，夫婦がそれぞれの役割を担うことによって，夫であり，妻でありえたのがこれまでの実態であろう。「亭主元気で留守がいい」というコピーは，毎月の給料さえ運んでくればそれで夫の責任が果たされるという，日本の夫婦関係を象徴的に表したものである。

しかし，こうしたコミュニケーション不全や夫婦関係そのものの希薄さが，夫の「帰宅拒否症候群」や妻の「主人在宅ストレス症候群」あるいは熟年離婚につながっていくことは周知の事実である。関谷透によれば，帰宅拒否症候群に共通してみられる特徴は，会社でのストレスに加え，家族とも会話がなく，家庭内での居場所を失ってしまった男性たちであるという（関谷，1989）。また清水博子は『夫は定年（うろうろ），妻はストレス（イライラ）』（1996）の中で，定年後の夫の在宅が深刻なストレス症状として現れるのは，妻の中に，家庭での日々の営みを夫とともに享受できなかったことへの不満，あきらめ，恨

みといった感情が長い間蓄積されてきた結果だと説明している。そして，こうした夫婦の気持ちのすれ違い，すなわちコミュニケーション不全が熟年離婚に結びついていくのである。

（3）「脱」性別役割分業にむけて

　性別役割分業がもたらす歪みは，男性の抑圧，夫婦のコミュニケーション不全といったレベルの問題だけでない。母親だけに育児役割が担わされている状況は，育児ノイローゼ，二重負担の問題としていよいよ深刻化しようとしている。家庭内の老人介護を一手に引き受ける主婦は，もはや一人ではとても担いきれないほどの疲労を抱えている。さらに，近年の未婚化の増大や少子化といった現象は，夫婦の固定的な役割に対する，女性たちの無意識の反乱として解釈できよう。こうした状況は，家事・育児・介護がもはや家庭内の女性だけでは担うことが限界にきていること，さらには，男性優位に組み立てられてきた性別役割分業そのものが適合性を失い，成り立たなくなってきていることを示している。

　本章では，現代日本の夫婦における家庭内役割分担のメカニズムを明らかにし，女性の家事・育児分担が強固に維持，再生産される要因を探った。具体的には，社会化理論，経済的合理性理論，権力論という三つのアプローチをもとに，家庭内役割分担のメカニズムを明らかにしたが，そこから明らかになったのは，文化的要因と経済的要因の規定力の大きさである。文化的要因でいえば，特に女性の家事・育児役割と愛情とを強く結びつけるような規範，男女の性差を自然なものとする性イデオロギーが，性役割の社会化や権力作用というメカニズムを通して，家庭内の役割分担を支えている。一方，経済的要因に関しては，夫婦が保有する経済資源の相対的バランスが，経済的合理性や権力作用というメカニズムを通して，家庭内の性別役割分担を維持，再生産しているのである。さらに，これらの要因が，労働システムや社会全体の制度や文化と密接に結びついていることも重要である。

　これらのことは，性別役割分業から脱却するためには，単に夫婦の関係性レ

ベルの対応だけでなく，より広い外部システムを視野に入れた対策が重要であることを示している。その一つとして，1995年7月の「社会保障制度審議会（首相の諮問機関）の勧告」は，「性別役割分業を前提としてきた現在の税及び社会保障制度が将来には適合的でないことを明言し，世帯を単位としてきた社会保障制度をできるだけ個人に切り替えていくこと」（塩田，1997：52ページ）を提言しているが，こうした動きはきわめて重要であろう。日本社会の単位をカップル（法律婚カップル）から個人に転換していくことを含め，「脱」性別役割分業にむけ，社会システム全体をいかに変えていくかが，今後の重要な課題として問われているのである。

引用・参考文献
『朝日新聞』1998年4月28日「余暇つつましく」。
天野正子，1994「『オルタナティブ』の地平へ」，井上輝子・上野千鶴子・江原由美子編『権力と労働 日本のフェミニズム4』岩波書店，1-28ページ。
江原由美子，1995「権力装置としての家族」『装置としての性支配』勁草書房，165-180ページ。
後藤澄江，1997『現代家族と福祉』有信堂高文社。
博報堂生活総合研究所，1993『「半分だけ」家族』日本経済新聞社。
原田純孝，1992『高齢化社会と家族——家族の変容と社会保障政策の展開と方向との関連で』東京大学社会科学研究所編『現代日本社会 第6巻 問題の諸相』東京大学出版会，81-146ページ。
樋口恵子・中島通子・暉峻淑子・増田れい子，1985「シンポジウム女たちはいま，そして未来は？」『世界』8月号，23-59ページ。
Hochschild, Arlie, 1989, *The Second Shift : Working Parents and the Revolution at Home*, Viking Penguin.（田中和子訳，1990『セカンド・シフト——アメリカ共働き革命のいま』朝日出版社。）
経済企画庁編，1996『国民生活白書（平成8年度版）』大蔵省印刷局。
木本喜美子，1995『家族・ジェンダー・企業社会——ジェンダー・アプローチの模索』ミネルヴァ書房。
Komter Aafke, 1989 "Hidden Power in Marriage," *Gender & Society*, Vol. 3 No. 2, pp. 187-216.
見田宗介・栗原彬・田中義久編，1988『社会学事典』弘文堂。

第Ⅱ部　夫婦関係の現代的諸相

森岡孝二，1995『企業中心社会の時間構造』青木書店。
永井暁子，1992「共働きの家事遂行」『家族社会学研究』No. 4, 67-77ページ。
長津美代子・細江容子・岡村清子，1996「夫婦関係研究のレビュー——1970年以降の実証研究を中心に」野々山久也・袖井孝子・篠崎正美編『いま家族に何が起こっているのか——家族パラダイムの転換をめぐって』ミネルヴァ書房，159-186ページ。
西岡八郎，1996「夫の家事，育児に関する役割遂行の実態」厚生省人口問題研究所『現代日本の家族に関する意識と実態』厚生統計協会，11-18ページ。
ニッセイ基礎研究所，1994『日本の家族はどう変わったか』日本放送出版協会。
Oakley, Ann, 1974, *Housewife.*（岡島芽花訳，1986『主婦の誕生』三省堂。）
大沢真理，1993『企業中心社会を超えて——現代日本の〈ジェンダー〉で読む』時事通信社。
岡村清子，1996,「主婦の就労と性別役割分業」，野々山久也・袖井孝子・篠崎正美編『いま家族に何が起こっているのか——家族パラダイムの転換をめぐって』，ミネルヴァ書房，91-117ページ。
労働省編，1997『平成9年度労働白書』日本労働研究機構。
瀬地山角，1996『東アジアの家父長制』勁草書房。
関谷透，1989『帰宅拒否症候群——お父さんはもう帰れない』プラネット出版。
清水博子，1996『夫は定年（うろうろ）妻はストレス（イライラ）』青木書店。
塩田咲子，1992「社会政策の中の女性」西村旬子編『女性学セミナー』東京教科書出版，129-149ページ。
——，1997「性別役割分業を支える税・社会保障の見直し」国立婦人教育会館編『女性学教育／学習ハンドブック』有斐閣，46-53ページ。
総理府編，1996『女性の現代と施策（平成7年度版）』大蔵省印刷局。
——，1997『男女共同参画の現状と施策（平成9年度版）』大蔵省印刷局。
上野千鶴子，1990『家父長制と資本制』岩波書店。
山田昌弘，1994『近代家族のゆくえ——家族と愛情のパラドックス』新曜社。
山根真理・斧出節子・藤田道代・大和礼子，1997「家族多様化時代における家事分担の変容可能性に関する調査研究」コープこうべ・生協研究機構。
大和礼子，1995「性別役割分業意識の2つの次元——「性による役割振り分け」と「愛による再生産役割」」『ソシオロジ』第40巻第1号，109-126ページ。
全国過労死を考える会編，1997『死ぬほど大切な仕事ってなんですか』教育資料出版会。

第6章
私事化・個別化の中での夫婦関係

礒田　朋子

1　本章の課題

（1）私事の台頭

　あるスポーツの試合が終わって，監督がインタビューを受けていた。その監督は，選手を労う言葉の後で「これまで，私を支えてくれた家族に感謝したい」と述べた。スポーツ以外でも，各種の受賞のセレモニーなどをみる限り，欧米では家族への謝辞は珍しくないが，日本では，スピーチで「家族」にふれることは少なかったように思う。家族に関することは，「私事（ワタクシゴト）」であって，「公（オオヤケ）」の場で口にすべき事柄ではないとされ，あえて家族に言及するなら「私事で恐縮ですが……」という前置きを必要とした。その前置きなく，家族への謝意を述べたこの監督のコメントは，概ね好感をもって迎えられたようで，「私事」であった家族が公の場で主張されはじめたことを感じさせた。

　同様に，現代社会のさまざまな局面において，従来，私的な事柄すなわち「私事」とされたことが，相対的に重視されるようになって，信仰の動機や，職業に従事する意義が，個人の私的な関心によって語られるようになった。こうした傾向が「私事化」[1]と呼ばれ，今日の社会を語るキーワードの一つとなった。

　家族をめぐっては，家族を相対的に重視する傾向，会社よりも，仕事よりも家族を大事にする意識，として現われたと言ってよいであろう。

一方，家族の内部に目を向けたとき，今日的現象として，「個別化」[2]が取り上げられた。具体的な現象としては，食事の単位，消費の単位，レジャーや余暇活動の単位などが，家族から個人へと移行したことが関心をあつめた。一家に一台と言われた家電機器類はいつのまにか一人に一台となり，「個電」なる言葉も生まれた。ことに通信機器の普及は，子どもたちが家にはいても団欒の食卓に揃うことはなく，個室で各々に家族の外と連絡をとりあっているというイメージを伴い，このイメージは「家族はバラバラになりつつあるのではないか」という不安を煽る。

家族を重視するからこそ，家族崩壊の兆しとみえるものは不安を呼び，その不安が家族への関心を高め，家族を大事にしなければという思いを強くするというレトリックが存在して，家族への思い入れと崩壊への不安の，どちらもが増幅していった。

「夫婦関係の現代的諸相」と題された第Ⅱ部で私事化・個別化の中でみる夫婦をとりあげるのは，まずもって，それが，今日の夫婦／家族を端的に表わす状況であるとの認識を示すものと言えよう。

（2）家族か夫婦か

すでに，家族という言葉をもって書きはじめてしまったが，本書において，筆者に与えられた課題は，私事化・個別化という視点から現代夫婦の諸相に迫ることであり，あくまでも「夫婦」のそれに注目するものである。

家族を夫婦と子どもからなる集団と定義すれば，「夫婦」は，親子や兄弟とともに，家族の要素であり，家族に包括されるという側面をもつ。かつて，森岡（1983）が家族の私秘化（私事化）の単位は夫婦にとどまるとの見解を示したのに対して，筆者は個人にまで至る個別化する私事化を主張してきた。私事化の単位が，夫婦にとどまるのか，個人に至るのかという点において見解を異にするものの，これらは，ともに，家族⊃夫婦⊃個人という同心円構造を想定している。この同心円は，しばしば，外に行くほど公的で，内にいくほど私的な領域であるとする前提とともに用いられる。私事化が個別化とほぼ同義に定

義されたり，単位の降下を含む私事化の定義があるのは，そのためである。地域社会の中で家族が，次いで家族の中でも夫婦が，プライバシーを主張するようになってきた。さらに夫婦の中でも個人のプライバシーが主張される段階を迎えている。

　私事化の進行によって，家族の外体系から家族が，家族から夫婦が，さらには個人が台頭するという経緯をみていると，私事化は個別化を伴ってきたと言える。この立場にたって，夫婦をめぐる私事化・個別化の，第一段階に夫婦の析出，第二段階にそこから個人の台頭という二つのステージが設定される。

　しかし，家族と夫婦の関係には，同心円構造では捉えきれない側面もある。

　これまでにも，筆者は「家族」の私事化・個別化について述べる中で，主として「夫婦」の私事化・個別化を取り上げてきたが，「夫婦」は，家族に包括されるという側面をもつものの，「家族」と「夫婦」は別の概念として捉えられる側面ももつ。調査項目の中で，「夫婦」について尋ねるのと「家族」について尋ねるのとでは，反応に大きな差を呼ぶことがある。「家族」の絆や愛情については，掛けがえのないものとして思い入れもたっぷりに語る人が，「夫婦」については，クールで時にはシニカルですらある。

　その際，家族という言葉から連想されるのが親子関係であるならば，家族≠夫婦となる。ことに我が国では，家族を形成するのは主として親子であるという家族観が根強い。通常家族の中では，夫婦には，父と母という位置が付与されている。互いを「お父さん」「お母さん」と呼びあう夫婦も少なくない。子どものいない夫婦は，夫婦であるけれども「家族」という意識は希薄であろう。

　家族の定義は，議論百出となってなかなか収斂をみないが，作業概念として，子育て集団を家族と定義してはどうかとの提案がなされたこともある。家族の崩壊を恐れる声に対して，社会への成員補充という重要な機能である「子育て」を担うエージェントとして，これ以上のものがみつからないという理由で，家族は崩壊しないであろうという見解もある。

　家族の中の親子，とりわけ母子がもつ生物学的な基礎は，家族の特殊性の根拠とされる。であれば，夫婦はどうか。夫婦に特権的に付与されているのは性

関係の承認であるが，婚前の性，婚外の性とともに，その許容度が高まってきている。日常の生活の共有とともにある安定的な性関係を重視し，一夫一妻を維持するとしても，事実婚（非法律婚）あるいは非婚の中での充足があるとすれば，夫婦の特権性は極めてうすいものとなる。

必ずしも具体的に親子を連想しない抽象的な家族概念についても，人々は夫婦について抱くのとは異なる感情を抱くようだ。家族への思い入れの背景には，家族を神聖視する社会通念がある。家族のモデルは現実の家族体験と乖離するものであっても，容易には修正されない。一方夫婦についてはというと，我々は家族のそれに匹敵するモデルをもたないのではないかと思われる。それだけに，夫婦は家族よりもかわりやすいということが考えられる。

本章では，夫婦の現在をみていくに際して，家族から夫婦が析出され，さらにそこから個人が主張しはじめる私事化・個別化のプロセスを辿り，家族や夫婦についての規範的なモデルのもつ意味を考えながら，夫婦の中の公と私，私と私という問題にアプローチしてみたい。

2 私事化・個別化という視点

（1）戦後家族と私事化・個別化

家族の崩壊を恐れるのは，家族の重要性を信じるからであり，家族わは変わらないものと考えてきたからである。しかし，戦後だけを振り返ってみても，家族はさまざまな変化の波をうけてきた。長津（1996：159-160ページ）らは，戦後の家族を，ことに夫婦関係に焦点をあててレビューを試みる中で，以下，四つの転換期を取り上げている。

(1)戦後　　：イエ制度の廃止と理念としての夫婦関係が提示された。
(2)1960年代：高度経済成長期と産業構造の変化に適合する核家族が多く生まれた。
(3)1975年～：国際婦人年を契機に，男女差別の是正をめざして，家族内でも伝統的な性役割について見直しの気運が高まった。

(4)現在　：個人が家族から相対的に自由になり，個人化（individuation）の傾向が生まれた。

こうしてみると，ほぼ15年ごとに家族は転換期を迎えていて，むしろ，変化し続けていることが，あらためて確認される。

ここでは，この4段階を，私事化，個別化の観点から，整理してみよう。

家族変動の視点に「私事化」を導入すれば，まず，イエから分離して日本的夫婦家族が成立するプロセスに注目することとなる。核家族化と言われる傾向は，イエから世帯が独立すること。すなわち，それは夫婦という存在の台頭でもある。核家族の析出，世帯員数の縮小，恋愛結婚の増加などの戦後家族の動向は，夫婦／家族の私事化として理解することができる。

(1)(2)はイエという直系制家族が，まず民法の改正により，ついで経済成長による労働力の地域移動により，変質していった過程である。

近代以前の家族は，広い社会関係に支えられて，それぞれの生業を営み，血縁をこえた生活の単位として存在した。森岡は家業にかかわる部分をオモテ，ナンド（寝室）を中心とする生活の場をオクとした上で，雇用者化により，また社会的援助機関の分化により，互助ネットワークへの依存が弱まって，オモテが退化したと述べる（森岡，1993：194ページ）。こうして，オモテの機能を失った家庭は，オク＝私的な生活の場となる。すなわち，公私の分離，家族の私事化の出発点である。

公私を分離することは，男を外で生産に携わる者として，女を内で家事と育児を担う者として，社会をジェンダーによって分離することでもあった。女性を公的世界から疎外することは，その意味では地位の低下をもたらす。このことに対して，(3)で異議申し立てがなされることになる。補償的に，女性自身が，主婦として，母として，自らのアイデンティティを確認することとなり，私的な価値が相対的に浮上するに伴って，その地位はしだいに神聖視されるようになる。企業も政府も，扶養家族手当，税制上の優遇等の諸制度をもって，分業体制を維持しようとするが，男性にとっては私の解放の場であった家族が，女性にとっては重い役割を担う場となって，家族そのものが，個人の自己実現を

151

阻む場面もあることが指摘される。家族の変化を由々しきこととして眉をひそめる男性も多い中，女性には，家族はもっと変化すべきだとの声もある。そこで，いささか女性が先行する形で，個別化志向性が生まれてくるのである。(4)で指摘されている個人化は，本章で筆者が用いる個別化にほぼ対応する。職場より家族を重視する傾向，端的にはマイホーム主義を典型とする家族単位の私事化から，家族の中で個人が「私」を主張する，いわば個人単位の私事化の段階を迎えているものと解釈できる。すなわち，個別化は私事化の現代的段階と位置付けられるものである。イエから夫婦を柱とする世帯の自立を促した「私事化」の論理は，そのまま，夫婦の中でのそれぞれの「私」へと適用され，夫婦であっても「私は私」という主張へとつながる。

こうしてみていくと，戦後日本の社会がみせた家族の変化は，前半は（核）家族の凝集性を高める方向，後半は，家族から離れ，家族を分散させる方向と二分されるが，ともに大きな私事化の流れとして理解することができよう。これは家族の変動を私事化の視点から捉えるという意味で，篠崎（1996：159-186ページ）によって家族変動の「私事化モデル」と理解された視点である。

（2）公の中の私，私の中の公

現代家族の分析視角に「私事化」という観点を取り入れるために，家族＝私事という単純な規定に，ひとまず疑問を差し挟み，家族は私事か，という問題設定をしてみなければなるまい。しかし，厳密な意味での概念規定以前に，世の中を「公」と「私」に分けて，家族は「公」の領域か「私」の領域かと問えば，多くの人が，それは「私」だと答えるであろう。逆に，私事とは何を意味するかと問われたら，家族に関することを思い浮かべるという人も多いと思われる。それほどに，家族と私事とは密接である。

その背景には近代以降の，家族の私性を自明のものとしてきた歴史がある。

戦後日本の家族の変動を通底するものを私事化とみれば，それは，家族の近代化あるいは近代家族化の過程とも重なる。公的領域と私的領域の分化が，非職業領域としての近代家族を成立させたとみる視点は，近代以前の家族には産

第6章　私事化・個別化の中での夫婦関係

業の単位としての公的側面があったことを踏まえながらも，近代家族成立後，家族が担った私性については自明のこととする。一方，近代家族論は，歴史社会学，社会史などの成果をもとに，家族の本質や定義に，近代家族の特徴をもってあててきたことの誤謬を明らかにしたが，個々の事実の発見を超えて，歴史的な視点の重要性を説き，家族観，あるいは家族の定義，本質論の脱構築の必要性を主張するものであった。家族は私的な場であるとする，その自明性がそもそも問われなければならない。

家族の私性が自明のものとして問われなかった時代には，私事化は家族へと向かう意識として現われた。家族の内側に向けられた視線は，情緒的な絆を重視しはじめるが，さらに個人内部へと向かい，自己回復，とりわけ自己の精神的な側面へと関心をシフトしていく。家族は，私性の砦として，公的社会において疎外される成員を癒し，解放する場であることを期待されるが，皮肉にも，個人は，解放の場であったはずの家族が，実は，個人の私性の発露を阻む側面をもつことに気付くことになる。そうして，自身の私性の解放の欲求に目覚めた個人によって，私性とは何かが問われはじめることとなり，自明性が崩れて，私的領域として家族は特権的存在でなくなる。結果として，家族以外の私的関係の契機が重視されはじめる（礒田，1996：16ページ）。家族を重視したのと同じ動機，すなわち「私」を重視するという志向において，家族は個別化しはじめ，個人における家族の相対的重要性は低下しはじめるというパラドキシカルな側面をもつことになるのである。

「公」と「私」の問題は，日常的には，職場（会社）と家族（家庭）の問題として体験される。公中心の態度は，会社中心，社命には何をおいても従うという姿勢に現われていたが，私事化は，それに対して，家族に関する理由で転勤を断わること，残業を断わることというかたちで現われた。それは，しだいに受け入れられるようになってきている。

低迷する景気のもと，残業や接待も減って，お父さんたちの帰宅は早くなった。さらに，大企業も安泰ではないことを示すいくつかの出来事があって，会社人間を自認し，仕事中心の生活をよしとしてきた人たちも，それまでの暮ら

しを振り返ったに違いない。脱政治，脱会社はもはや若者だけのものではなくなり，社会への貢献より，立身出世より，趣味にあった暮らしが好まれるようになった。

しかし，同時に，家族の私事化は全体（あるいは公）化を伴うものであることを指摘しておかねばならない。家族の私事化は，家族の弱体化という側面も併せもち，私事化した家族はより大きな全体（あるいは公）への依存度を高めるものでもあるからである。

私的な価値を浮上させた結果，社員は「私はもっと家族を大切にしたい」と主張するが，その声をうけて，社員の妻の誕生日に花を送り，結婚何十周年かには夫婦の旅行のため若干の餞別と休暇を与える会社もあるという。よりフォーマルな制度による家族丸抱えと併せて，家族の会社依存は続く。公の場で，家族が主張し，家族について語られることは，家族の外からの可視性を高めるものであり，一度はプライバシーによって守られているはずだった家族のプライバシーの内側をさらすことにもなりうるのである。

さらに，ここで付け加えておきたいのは，しばしば「公」の拘束が目にみえず，我々の主体的選択として自覚されることである。夫婦／家族の有り様に関して望ましいものというモデルが存在し，我々はそのモデルを内面化して自らの行動の基準とするが，それは意識の上では主体的な選択でありうる。

こうしてみていけば，家族の私事化は一方向的に「私」が増大していくのではない。「公」と「私」の関係はもっとダイナミックなものとして捉えられなければならない。

3　私事化・個別化は進行しているか

（1）個別化の現在

筆者は，共同研究者とともに，1989年に私事化・個別化についての調査（以後第一次調査と呼ぶ）を行ったが，その時点で，個別化については，「マスコミ等の指摘が先行している状況で，個別化は，実態的には進行していない」と結

論付けた。マスコミ等で言われる個別化が，家族の崩壊への危機感をはらんだ共同性の否定形としての個別化であったことを思えば，それは，決して全体に蔓延する現象でなく，一部のものであったという確認には意味があったと考えている。その後，おおかたの現代家族論において語られてきたことは，「現代において，夫婦関係は，ますます『私的なもの』となりつつあり，かつ，夫婦であっても『私は私』として，個別化する傾向にある」ということであった。はたして，そのように一口に結論付けられるものであろうか。いくつかの調査データを参照しながら，考えてみたい。

図6-1は，「夫婦であっても私は私でありたいと思いますか」という質問に対する回答である。左から1989年の第一次調査，1995年実施の第二次調査[4]の結果である。第二次調査は複数のサンプルをとったので，各サンプルごとの結果を並べて示した。

第一次調査が，短大生の両親を対象にしたものであったので，第二次調査のうち，まず，短大両親サンプルに注目して，個別化は進行しているのかを考えてみたい。

第一次調査は個別化と共同化を一次元で捉え，かつ，中間という選択肢を設定した5段階の設問で，第二次調査とは選択肢が異なる。これらを単純に比較することはできないが，ひとまず，第一次調査のこの中間を除いた肯定と否定の割合をみていくと，34.7％と26.2％でほぼ3：2の割合である。仮に，中間の回答をこの割合に分割してみると，第一次調査サンプルと，第二次調査の短大両親サンプルは，類似した結果を示していることになり，両者の間には，大きな変化は認められない。

短大両親サンプルどうしの差が明確でなかったのに比べて，第二次調査のサンプル差は大きい。質問の方法の違う調査のデータに基づくものであり，類推の域は出ないものの，少なくとも経年の変化以上にサンプルの差が大きく，個別化が全体として急激に進行しているということはないと考えられる。反面，サンプル間では，差が大きいところから，個別化が大きく進行しているセクターと，そうでないセクターがあることがわかる。この二つの層が同時に存在

第Ⅱ部　夫婦関係の現代的諸相

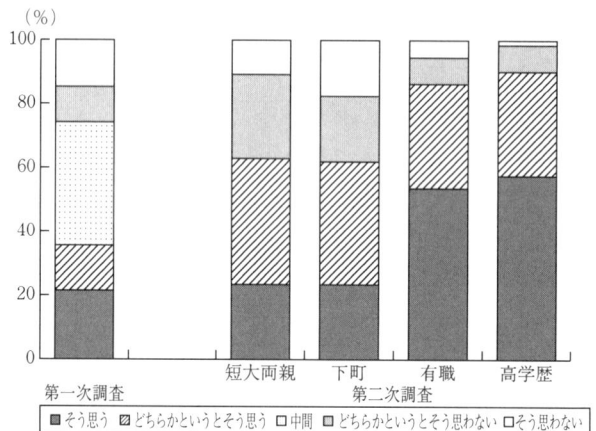

図6-1　「夫婦であっても私は私でいたい」

(グラフ：第一次調査、第二次調査（短大両親・下町・有職・高学歴）の積み上げ棒グラフ。凡例：■そう思う　◨どちらかというとそう思う　□中間　◪どちらかというとそう思わない　□そう思わない)

する点に注目したい。

(2) 個別化の規定要因, 促進要因

　次に, 同じく図6-1から, 第二次調査の結果におけるサンプル差の内容をみてみると, 短大両親サンプル, 下町サンプルと比較して, 高学歴・有職のサンプルにおいて個別化志向性が高く, まず個別化は一様に同時的に進行しているのではないことが確認できる。

　さらに, 兵庫県を中心とする関西地域で収集された短大両親サンプルと東京の下町サンプルに差がみられないことから, 地域差より, 高学歴・有職のサンプルと短大両親・下町のサンプルを分ける変数, すなわち, 妻の学歴と職業に個別化の規定要因, 促進要因が求められる。個別化が, 性別役割分業に対して, 女性からの異議申し立ての側面をもつものであることを考えると, 妻の学歴と職業は, 大きな影響をもつ促進要因であることが考えられる。

　しかしながら, 第二次調査のデータをサンプルごとに分析してみると, 各々のサンプルの内では, 学歴や職業と個別化志向性の関連は必ずしも明確ではなく, 個別化志向性を促すようなライフスタイル, 生活意識が, 学歴や職種を要

件として形成されると思われるものの,学歴や職種が単純に個別化の規定要因,促進要因となるのではないことを示している。これまでにも,階層分析に用いられてきた指標では,同じ学歴(例えば大卒),同じ職種(例えば経営・管理)に分類され,一つの階層に属するとみなされる層において,そこからさらに層が分化していることが考えられる。指標そのものにも一工夫が必要なのかもしれないが,「大卒」とひとくくりにされない,小さなセクターがその中に生まれていることを考えていかねばならないのではあるまいか。

(3) 個別化と共同化

私事化が進行して家族が個別化するということは,しばしば家族崩壊の危機感とともに語られるが,そこには,家族の個別化→共同性の喪失→崩壊という構図が想定されている。筆者自身,第一次調査では,個別性と共同性は和が一定,すなわち,個別性が高いということは共同性が低いことであるとする対概念として捉えた(礒田・清水,1991)。しかし,個別化が実現すれば,必ず共同化は阻害されるのか,本当に両者は一つの現象の裏と表なのか,という問題が浮上してきた。そこで,個別性と共存する共同性もありうる,言い換えれば,共同性を確保した上で,個別性を追求するという構えもありうるという仮説を設定してみた。

まず,個別化をはかると思われる指標と,共同化をはかると思われる指標とを用意し,因子分析を試みた。その結果,各々,個別化の軸,共同化の軸と読める二軸が抽出された。個別性と共同性の軸が別個に抽出されたということは,両者が独立であることを意味しており,個別性と共同性は一次元的に捉えられるものではないのである。個別性が高いということは必ずしも共同性の低いことを意味しない。つまり,共同性も個別性もともに高いグループが存在し,共同性を確保した上で,個別性も求めうるものであることを示している。

図6-2と図6-3は,各々,個別化志向得点と共同化志向得点の分布をみたグラフである。なお,その得点化の際には,因子付加量の高い項目を四つずつ選び,それぞれの志向性項目について,「そう思う」を4点,「どちらという

第Ⅱ部　夫婦関係の現代的諸相

図6-2　グループ別個別化志向得点（女性）

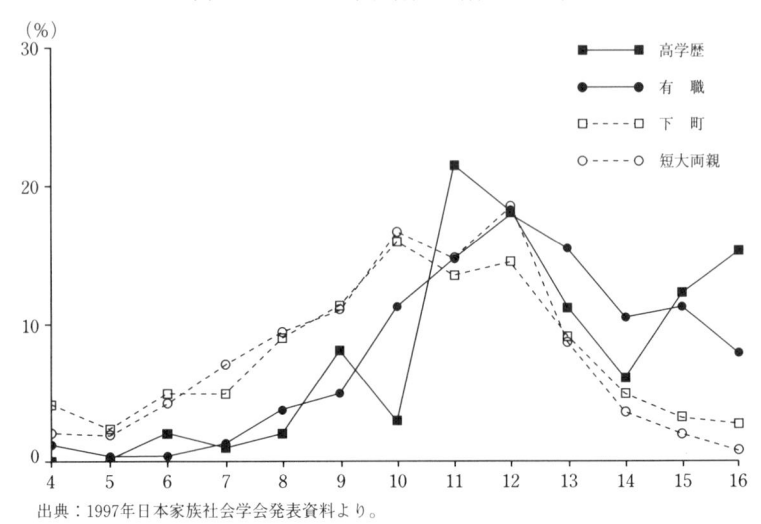

出典：1997年日本家族社会学会発表資料より。

図6-3　グループ別共同化志向得点（女性）

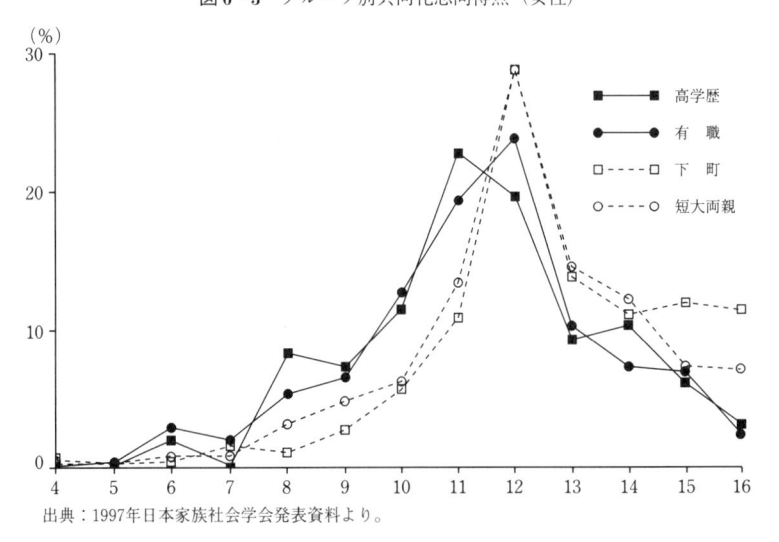

出典：1997年日本家族社会学会発表資料より。

とそう思う」を3点,「どちらかというとそう思わない」を2点,「そう思わない」を1点として合算した。それぞれの項目は次の通りである。

個別性項目
- 「時に夫や家族とは別に一人で旅行したい」
- 「夫から多少不評を買っても,自分自身の世界をもちたい」
- 「夫の都合で自分の趣味やつきあいなどを犠牲にするのはかなわない」
- 「家族からも邪魔されない自分の時間をもちたい」

共同性項目
- 「家庭内のことは何でも夫婦で話し合って決めたい」
- 「夕食は少なくとも夫婦は揃って食べたい」
- 「結婚した以上,夫婦は同一の姓を名のりたい」
- 「いつも苦楽を共にする夫婦でいたい」

分布の形からみてとれることは,個別性は,サンプル間の差が大きいことに加えて,サンプル内の分散も大きいということである。一方共同性は,いずれのサンプルにおいてもモードは個別化志向性より高いところにあり,サンプル間の分散も,サンプル内の分散も小さいことがわかる。個別性においてサンプル間にもサンプル内にも多様化がみられるほどには,共同性についてはそうした多様性は認められない。

（4）統合努力

共同志向性は総じて高い。個別性がなにがしか共同性を損なうのではないかとの懸念が存在すれば,夫婦が,個別的行動をとろうとする際,「共同性を損なうこと」「相手の不興を買うこと」を恐れる。そこで,バランスをとるために,時に相手の機嫌をとるような行動をとる。個別性を志向するがゆえに,共同性を失わない努力をしながら,両立をはかっていこうとするのである。これは,逆の場合も言えるだろう。共同性を確保したい。そのためには,相互の個別性を確保することで,いわば適度な遊びをいれて,縛りあうようなことを避けバランスをはかるということもある。

第Ⅱ部　夫婦関係の現代的諸相

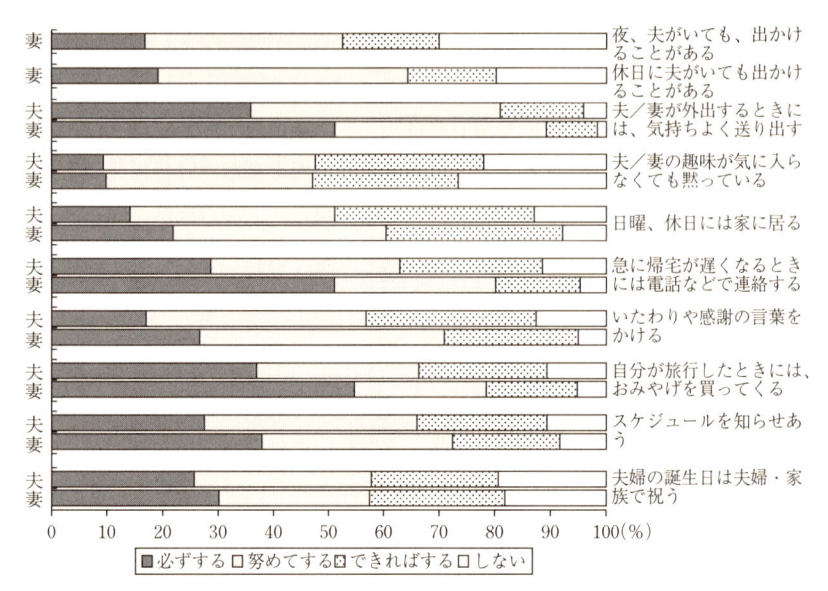

図6-4　統合努力

妻	夜、夫がいても、出かけることがある
妻	休日に夫がいても出かけることがある
夫/妻	夫/妻が外出するときには、気持ちよく送り出す
夫/妻	夫/妻の趣味が気に入らなくても黙っている
夫/妻	日曜、休日には家に居る
夫/妻	急に帰宅が遅くなるときには電話などで連絡する
夫/妻	いたわりや感謝の言葉をかける
夫/妻	自分が旅行したときには、おみやげを買ってくる
夫/妻	スケジュールを知らせあう
夫/妻	夫婦の誕生日は夫婦・家族で祝う

■必ずする　□努めてする　▨できればする　□しない

　かつて，筆者は，現代家族の個別化はバラバラ化であり，夫婦関係の維持に失敗したケースではないかと述べたことがある（礒田・清水，1991）。事実，配偶者に対して不満をもち，その状況への一つの適応のパターンとして，半ばあきらめの気配をこめて「私は私」を志向するに至ったというコメントをつけてくれた回答者もあった。それはまぎれもなく，個別化の一つのかたちである。

　しかし，そうしたタイプばかりではなく，夫婦関係の維持もしくは家族全体のシステム維持が志向されている中での「私は私」も模索されており，高い共同性を維持したかたちでの個別化も存在する。個別化が必ずしも共同性の低下→崩壊へとつながらないのは，個々の夫婦における統合化の努力があるからと考えられる。

　図6-4は，その統合努力について，各項目ごとに男女別に示したものである。

　妻では，「急に帰宅が遅くなるときには，電話などで，連絡する」「自分が（家族とは別に）旅行したときには，おみやげを買ってくる」等について，「必

ずする」「努めてする」をあわせると，約8割になる。「いたわりや感謝の言葉をかける」「スケジュールを知らせあう」「日曜，休日には家に居る」などの項目でも6割を超す。

　夫においても，同様に「急に帰宅が遅くなるときには，電話などで，連絡する」「自分が（家族とは別に）旅行したときには，おみやげを買ってくる」「スケジュールを知らせあう」等については，約6割が「必ずする」もしくは「努めてする」と答えている。これらは，自分の個別性確保によって共同性を損なうことを避けるための努力とみられる。

　一方，相手の個別性に対する許容という努力もある。「夫／妻が外出するときには，気持ちよく送り出す」は，男女とも8割を超す。

　さて，男女を比べてみると，総じて，女性の方が努力している度合いが高いことが読み取れる。家族の統合のための努力は，表出的役割が女性，家庭にあっては妻／母に期待される役割であったことの反映であろう。

4　多様な家族

（1）規範的モデルと多様な実態

　家族の多様化も，また，現代家族を語るキーワードの一つである。しかしながら，近代以前においても，実態として多様な形態があったことが，歴史研究の中でしだいに明らかになってきた。

　婚姻によらない同棲，婚外の子どもなど，極めて今日的な現象だと思われていることがらのいくつかは，むしろ，近代以前の社会に多くみられる。女性の労働も，一般的なことであった。

　我々は伝統的な家族というモデルがあり，現実はそれを体現していたと考えがちであるが，明治政府が形成しようとしたモデルも，浸透し広まっていくには時間を要した。さらに第二次世界大戦を契機に大きな価値の転換という体験を経て，家族観にもいくつかの修正が加えられた。

　こうしてみていくと，むしろ，家族についての規範が一元化されるのは，近

代，それも，日本においてはマイホーム主義が登場する1960年以降のことと考えるべきであろう。戦後から高度経済成長期に一つの時代的典型として生まれたマイホーム主義は，自立した核家族を前提としている。今日崩壊しつつあるとされる家族の原形は，ほぼここにあると言えよう。そうして，はじめて，日本における近代家族の規範的モデルは一つに収斂したかにみえる。

今またその規範が揺らいでいるとすると，家族が一元的なモデルをもったのは短い時間でしかないことになる。

また，類型（モデル）に従って，時代や地域を分類すれば，その分類を模式的に表わす類型以外にも，多様な形態がみられるという例はいくつもある。核家族化を例にとって直系家族の時代（あるいは地域）と核家族のそれとを分類すれば，直系家族に分類される明治時代の日本や，韓国，アイルランド農民にも，実態としては多くの核家族が存在し，一方，核家族化したとされる現在の日本にも，直系家族は多く存在する。分類を時代に当てはめてみれば，過去にも，現在の類型に合致する形態が存在し，現在もなお，過去の類型を維持する形態が存在することを意味する。今，個別化を通して我々がみるのも，そうした多様化の一側面である。

夫婦であっても「私は私」という声は，しだいに大きくなり，社会に受け入れられつつあるようにみえる。しかし，調査結果をみる限りは，とりわけ個別化にむけての志向性は，対象グループによりかなり異なっている。少なくとも，個別化が一様に同時に進行するものでないことを示している。総合的にみれば，個別化が進行していくとしても，急速に進行する層とそうでない層があって個別化の進行度の違いという多様性が生じる。ミッテラウアー（Mitterauer, M.）が，家族機能の変化について見出したのと同じ「非同時性の同時存在」（ミッテラウアー，1993：82ページ）としての多様性が認められるのである。彼は，階層によって状況が異なることに注目し，「単に，時代の違いについて語ったり，それに地域的な差を加えて『チュダー期のイギリスの家族』と語ることは許されない」と述べるが，同じ関心において，個別化の進行の速度が異なるセクターが存在するということに注目したい。

(2) 私事化・個別化と多様化

　私事化・個別化という視点から，今あらためてみようとするもう一つの多様化の動きは，単に実態としての多様性の増大でなく，規範からの解放による多様化である。私事化・個別化が進行するということは，公に存在する規範的モデルとしての家族観からの解放を意味し，それぞれの「私」の家族観にしたがって家族を営むことを許容するものである。それは形態としても，多様な家族を存在させる。

　本書の第Ⅰ部において，夫婦という関係にこだわらないパートナーシップが取り上げられている。今日的なパートナー関係の有り様をそこにみることができる。これは，広く（公に）存在するモデルからの解放の形態であり，まさしく，男女関係の私事化と捉えることができる。そもそも，男女関係は，極めて私的なことがらとされてきた。多くのカップルは，しかし，二人の関係を私的なままにはおかず，制度に則って婚姻届を出し，周囲に披露して，夫婦となる。結婚の意味が変化し，結婚以外のライフスタイルの選択が可能になった今も，多くの男女が結婚する。

　男女関係の私事化（オルタナティヴの多様化）のみならず，夫婦／家族の私事化は，そうして結婚した夫婦においても（ヴァリエーションの）多様化をもたらすだろう。夫婦をめぐるさまざまな規範から解放されて，個人が設定する自分のルールや様式にしたがって，夫婦を営むことを可能にする。規範が強く内面化され拘束力をもっていたときには，逸脱として，ネガティヴなサンクションを余儀なくされたことが，規範の拘束から逃れて許容されることになる。結果として，多様な形態を派生させる。

　こうして，家族の私事化・個別化は，家族の多様化に二つのインパクトをもつこととなる。一つは，先にみた非同時性と捉えられる多様性，すなわち，個別化の程度における多様性であり，いま一つは，私事化・個別化の結果としての形態の多様性である。前者は，セクター間の差として表われ，後者は，個別化が進行したセクターの中の多様性として表われる。

(3) 規範的モデルと家族研究の私事化

　家族の個別化は，今日的な現象として取り上げられる。その際，しばしば，それは家族の崩壊と同義である。しかし，それを崩壊として否定的に捉える背景には，家族相和しを宗とする家族観が根強くある。夫婦であっても「私は私」という感覚は，そうした日本の家族観に対する意義申し立ての色彩をもつ。

　戦後日本の家族観は，拡大家族から核家族へという移行を受け入れ，既婚女性の6割の家庭外就労を許容してきたが，家族の個別化については，一部にその志向性を認めるものの，望ましいこと（social desirability）として一般化するには至っていない。

　そのことが，個別化志向性にバリエーションを生んでもいる。一方，家族の共同性への志向は広くみられる。これは，共通の価値観として，家族には，高い共同性が求められているということであり，家族の共同性には望ましいこととして価値が付与されていることを示しているのではないだろうか。共同性の維持には，もちろん，個々の内的な欲求としても存在しうるが，個別化が家族の中での「私」の主張であるのに対して，共同性は「公」的期待を帯びたものと考えられよう。

　個別化もまた，広く一般的な価値として受け入れられて，後には逆にそうあるべきという規範的性質を帯びて，家族を拘束する可能性をもつ。

　その意味で，社会が家族に関心を寄せる限り，家族は規範的モデルを押し付けられるというかたちで，いつも，公的介入を余儀なくされる。

　第一次調査の1989年以来，「家族の私事化・個別化」に関する研究を通して，筆者には当初から，いわゆるバラバラ家族ではない，個別化があるのではないかという問題意識があった。夫婦であっても「私は私」という個別化を志向しつつ，家族の情緒的絆を保持したかたちで，満足度の高い夫婦があるだろうと考えてきた。事実，共同性と両立する個別性もありうることを確認した。この問題意識のうちには，共同性と個別性の両立を望ましいと考える，背後仮説をみてとることができる。

　第一には，筆者を含めて共同研究グループのメンバーが大学院卒の「高学

歴」者であり，フルタイムで研究職という「専門職」につくという特殊な社会関係の中にあって，特殊な「家族観」をもっていたのではないか。

第二に，これを「家族観」から自由であると誤解をしていなかったか。確かに，一般の「家族観」からは若干なりとも自由であっただろう。が，自分たちの狭いネットワークにおいて，暗に共有された「家族観」があったこと，その「家族観」からやはり自由でなかったことについて，自覚が足りなかったかもしれない。

経済的な自立と高い移動性を背景に，個別性が強く，私事化度も高いとみてきた身近な夫婦の例にも，それを望ましいと考える小さな社会の公的拘束があったのではないだろうか。

第一次調査の「これじゃ，ただのバラバラ家族じゃないか」という結果からスタートした第二次調査は，筆者と共同研究者に共通した，背後仮説としての「やはり家族はバラバラであってはならない」という思いを映すものであったと言えよう。共同性と両立する個別化志向性は存在しうると考える点に変わりはないが，家族は個別化し，共同性は低いとしても，当人の自尊感情からすれば，それでよいという評価も成り立つ。

高い共同性を維持しつつ，個別性も追求するカップルを身近にみてきた我々が，そのパターンの出現を予測（期待）していたとすれば，私的な（個人の）家族体験が，枠組みに影響を与えたことになる。かつて清水新二が学問の私事化として取り上げた（清水，1992）ことの一端がここにみえるというべきか，あるいは，夫婦／家族が実は私的な存在などではないことを物語っているというべきであろうか。

注
(1) 「私事化」と呼ばれるほか，「私秘化」「私化」という概念も提示された。森岡（1983：130ページ）は「私秘化」を，私生活の拠点がより小さな単位になることと，私生活で追求される価値が「充足」中心になることとして定義し，鈴木（1983）や古城（1986）は，全体社会の中に家族を位置づける視点，家族と外体系との関連を射程に入れて「私化」を定義するが，ここでは，「私事化」とは「公的世界に対す

(2) 「個別化」とは,「個人や集団の欲求充足を図る社会参加活動の単位が選択的により小さいものへと移動すること」と定義する。
(3) 第一次調査は,1989年,長崎県と兵庫県の女子短大の学生の両親1,469組を対象に行われた。自形式質問紙法による。
(4) 第二次調査は,1995年,兵庫県の女子短大の学生の両親,東京下町の夫婦(住民票からのランダムサンプリング)に,有職女性の団体,大学院修了者を対象に行われた。対象は752組。自形式質問紙法による。

引用・参考文献

Coontz, S., 1992, *The Way We Never Were: American Families and the Nostalgia Trap*, Basic Books. (岡村ひとみ訳, 1998『家族という神話——アメリカファミリーの夢と現実』筑摩書房。)

古城利明, 1983「世界社会論的視座と日本社会」日本社会学会編『社会学評論』134, 159-163ページ。

Gurium, J. F., & Holstein J. A., 1990, *What is Family*, Mayfirld Publishing Company (中河伸俊・湯川純幸・鮎川潤訳, 1997『家族とは何か——その言説と現実』新曜社。)

礒田明子・清水新二, 1991「家族の私事化に関する実証的研究」『家族社会学研究』3号, 16-27ページ。

礒田明子, 1994「私事化・個別化と家族の統合」社会分析研究会編『社会分析 22』71-84ページ。

——, 1996「家族の私事化」野々山久也・袖井孝子・篠崎正美編『いま家族に何が起こっているのか』ミネルヴァ書房, 3-27ページ。

礒田明子・清水新二・藤田道代, 1997「家族の私事化・個別化傾向について」日本家族社会学会発表資料。

Mitterauer, M., & Sieder, R., 1977, *Vom Patriarchat zur Partnerschaft: Zum Struturwandel der Familie*, C. H. Beck'schen Verlagsbunchhandlung. (若尾祐司・若尾典子訳, 1996『ヨーロッパ家族社会史——家父長制からパートナー関係へ』名古屋大学出版会。)

森岡清美, 1983「日常生活における私秘化」, 日本社会学会編『社会学評論』134, 130-137ページ。

——, 1993「日本家族の私化過程」森岡清美編『現代家族変動論』ミネルヴァ書房, 129-142ページ。

牟田和恵, 1996『戦略としての家族』新曜社。
長津美代子, 1993「中年夫婦の個別化と統合」家族問題研究会編『家族研究年報 No.18』35-48ページ。
――, 1993「夫婦関係研究のレビューと課題」野々山久也・袖井孝子・篠崎正美編,『いま家族に何が起こっているのか』ミネルヴァ書房, 159-186ページ。
清水新二, 1992「家族研究の私事化傾向をこえて」『家族社会学研究』4号, 31-39ページ。
――, 1997「もうひとつの『家族と文化論』」『家族社会学研究』9号, 3-10ページ。
篠崎正美, 1996「日本家族の現代的変化と家族変動の諸理論」野々山久也・袖井孝子・篠崎正美編,『いま家族に何が起こっているのか』ミネルヴァ書房, 323-357ページ。
Shorter, E., 1975, *Making of the Modern Family*, Basic Books.（田中俊宏・岩崎誠一・見崎恵子・作道潤訳, 1987『近代家族の形成』昭和堂。）

第7章
家計の中の夫婦関係

木村 清美

　家計は，家族成員の所得を取りまとめ，各成員の必要に応じて財・サービスなどの商品を購入する一つの経済単位とされている。家族生活においては，個々人で稼いで個々人で使うのではなく，働ける者が稼ぎ，その所得を働けない者も含めた家族全体の必要のために使う。このように，複数の家族構成員で収支を共同するのが家計の原則である。

　従来の家政学や経済学は，この「家計の共同原則」を前提に家族の経済行動を研究してきた（御船，1990）。家族成員の所得をプールする過程も，各成員の必要を調整・統合する過程も問われない。暗黙のうちに，主婦や世帯主などの代表者によって家計の内部は調整・統合されているとの想定に立ち，家計行動はあたかも代表者一人の行動のように扱われてきた。家計がしばしば「消費者」という個人をあらわす用語で置き換えられるのは，このためである。

　しかし，現実には，家族成員の所得は必ずしも家族全体の必要のために使われているわけではない。むしろ，「家族一人一人が不平等に稼いで不平等に使っている」と言っていいだろう（篭山，1961：41ページ）。各成員の所得は家計に組み込まれることなく成員個人のもとに留まることがある。また，いったんは家族全体のものとして取りまとめられたとしても，すべてが家族成員に平等に使われるわけではない。それにもかかわらず家計の共同原則が成立し得たのは，家族が愛情に基づく「第一次的な福祉志向の集団」[1]とされてきたからである。家族成員の所得は全体のために平等に使われているはずであり，もし仮に家族成員間に不平等があったとしても，成員相互の愛情がそれを問題視しないように働くはずなのである。[2]しかし，フェミニズムの研究蓄積を経て，近代

第7章　家計の中の夫婦関係

家族の「愛」に潜む女性抑圧の問題が家族研究の課題として共有されつつある今日（木本，1995：32ページ），家計を愛情によって統合された一体のものとみなす根拠は乏しい。

　家計の共同原則の問い直しは，1980年代以降，家政学や経済学，経済社会学などの一部で行われ始めており（御船，1990），実証研究も蓄積されつつある。本章では，主に実証研究の成果をもとに，今日の家計の実態を，特に夫妻の所得と支出に焦点を当てて明らかにする。夫の所得はどれだけ妻に渡されているのか。妻の所得はどれだけ家計に繰り入れられるのか。家族内の貨幣は夫妻平等に使われているのか。家計の共同原則の見直しをとおして，家族内の貨幣をめぐる夫婦関係を明らかにしたい。

1　「家計の共同原則」見直しの萌芽

　実態としての家計をありのままに捉えようとする調査研究は，1980年以前にも様々な関心のもとに行われていた。それらの成果が，後で述べるように，80年代には家計内の個人収支の発見，そして共同原則の見直しへと発展していくのである。以下では，80年以前の先駆的研究の中から，所得の取りまとめに関する調査，支出の調整・統合に関する調査を取り上げ，研究視覚の発展の動向をみておこう。

（1）妻に渡すお金

　従来，家政学は，主婦が夫の収入すべてを預かり支出管理する家計を暗黙のうちに想定していた。それに対し家族社会学の分野では，夫の収入がどれだけ妻に渡されるのか，その実態把握に早くから注目している。1956～58年に行われた調査では，都市サラリーマン核家族世帯のうち夫が所得のすべてを妻に渡している世帯が7割という結果を得ている（青井他，1960：137-138ページ）。また，同調査によると，都市サラリーマン世帯では，夫は家庭生活に無関心で，家庭内では妻が大きな発言力を持っていたという。妻が夫の所得すべてを預か

る家計の形態は性別分業と結びついて，高度成長期の初期にはすでに都市サラリーマン世帯にあらわれていたのである。

なお，興味深いのは，この調査結果が「主婦の地位の高さ」を示すものと捉えられたことである。戦後の新しい「近代的家族意識が最もよく形成されつつあると思われる」都市サラリーマン世帯では，主婦がすべての貨幣の「管理権」を持っていると解釈された。しかし，後にこの解釈は姫岡（1970：45-46ページ）によって批判される。生産共同体を兼ねる農家世帯や商工自営世帯では貨幣管理が経営的要素を含むのに比べ，消費共同体にすぎないサラリーマン世帯では，妻に貨幣管理が任されるのは「自然」なことであり，それをもって妻の地位の指標とするには慎重になるべきとの批判である。

両者の指摘は，妻の家庭内での地位をめぐる重要な問題を含んでいる。サラリーマン世帯の貨幣管理が妻の権力につながるのか，妻による管理がなぜ「自然」なことなのか。この問題は夫婦の勢力構造研究に引き継がれていくが，家族社会学の研究分野では，総合的な勢力関係に関心を持っていたため，貨幣管理に焦点を当てた研究は十分には行われてこなかった。貨幣管理と権力に関する研究は，後で述べるように1990年代の家族内貨幣配分研究の発展にともなって近年始められたばかりである。

（2）家計の個別化

家計の共同原則どおりに所得が主婦の手にまとめられたとしても，支出のすべてが主婦に管理されるとは限らない。主婦には使途のみえない支出，小遣いがある。

このみえない支出が，家族全体の必要を調整したうえでのものであり，その額が共同原則からみて無視できるほどの額であれば，その存在は問題にはならない。戦前から，都市サラリーマン世帯の世帯主には「職業費」とも呼ばれる小遣いがあり，職場での交際費やたばこ代などに充てられていたが，そのことが注目されることはなかった。小遣いの存在が問題視されるようになったのは1960年代の高度経済成長期である。「家計調査」（現在は総務庁が実施）が支出項

目のうち「こづかい（使途不明金）[3]」を独立項目にしたのは1961年のことであった。その結果，消費支出に占める「こづかい」比率が，必需的費用である住居費（家賃や光熱費）に匹敵するほどに増大していたことが明らかにされる。使途のみえない支出が無視できないほどの額になっていたことで，小遣いへの関心は急速に高まっていった。特に世帯主の小遣いの使途に注目した国民生活研究所（現国民生活センター）は，1967年に「世帯主こづかい実態調査」を開始する[4]。その結果，世帯主の小遣いは主に飲食費や交際費，レジャー費などに充てられていること，従来の「家計調査」が捉えてきた消費構造は，小遣いからの支出もあわせた消費構造の実態と乖離していることが明らかにされたのである。

さらに，世帯主の小遣いは，妻の知らない収入源泉を持つ「収支」不明金であることも，「世帯主こづかい実態調査」によって明らかにされた。世帯主の所得の一部，特に給与収入以外のアルバイト・内職収入やギャンブル収入などが家計に入らず，小遣いの源泉になっていた。しかも，それらが小遣い収入総額に占める比率は2～3割にもなっていたのである。このことは，家計収入が妻にみえる収入にすぎず，小遣い額もまた妻が知る範囲の額でしかないことを示していた。家族成員個人の所得は必ずしも家計に取りまとめられてはいなかった。こうしたことは以前からあったのかもしれないが，それまではないものとされていた。小遣い調査が家計の共同原則に包まれたブラック・ボックスを開けたのである。

この先駆的研究を経て，1980年代に入ると，収支の個人単位化，家計の個別化が注目されるようになってくる。家計ならぬ「個計」という造語（山口, 1988；1994）まであらわれたのもこの頃である。当時，家計の個別化は，豊かな社会を背景とした収支の個人単位化を示すものとして（山口, 1988），あるいは，家計の共同性を希薄化し家計管理を弱体化する危機のシグナルとして使用された（岩田, 1987）。

これらの研究蓄積によって，家計は家族成員の所得と支出の単なる合算ではないことが認識されるようになる。家族内には，家族全体の必要を賄う貨幣，

すなわち「家計」になる貨幣とならない貨幣がある。家計研究は家族成員個人の所得と「家計」の関係の解明へと発展していった。

2　家族成員の所得と「家計」

(1) 家族内の貨幣の流れ

　家族成員個人の所得と「家計」の関係を初めて体系的に示したのは御船である（御船, 1990）。成員個人の所得として家族内に入ってきた貨幣は、以下に述べるプロセスを経て図7-1に示される「家族家計」「個別家計」「家計管理貨幣」「個人管理貨幣」へと移転・配分されていく。

　成員個人の所得が「家族家計」となるのは、所得の全額が管理者の手元に置かれたときである。夫が給与振込口座の通帳・印鑑もキャッシュ・カードも妻に渡している場合がそれである。妻の所得も、全額が夫の所得とともに家族の貨幣として管理されるときは家族家計となる。これが共同原則に則った家計である。いうまでもなく、このとき妻は個人として貨幣を所有しているのではなく、家族内貨幣の管理担当者として貨幣を預かっている。また、日本では稀であるが、家族家計は夫が管理する場合や夫妻共同で管理する場合もある。

　家族家計は、その管理担当者によって家計費として管理される「家計管理貨幣」と、夫や子どもあるいは妻など家族成員個人の裁量に任される「個人管理貨幣」とに移転・配分される。後者はいわゆる小遣いであり、この場合、使途は個人の裁量に任されているが、その額は家族家計の管理者が把握している。そして、家計管理貨幣は主に共同の消費支出（例えば家賃、公共料金、食材料費などの支払い）や貯蓄に充てられ、個人管理貨幣は主に個人で消費するものや貯蓄に充てられる。家計管理貨幣が個人支出に使われることも、個人管理貨幣が共同支出に使われることもあるが、後者は現実には少ないと思われる。

　一方、個人の所得がすぐには家族家計に入らず、いったん「個別家計」の収入となった後、そのうちの一部が家計管理貨幣に移転・配分される場合もある。夫が給与振込口座を自分で管理し、毎月一定額を家計費として妻に渡している

第7章　家計の中の夫婦関係

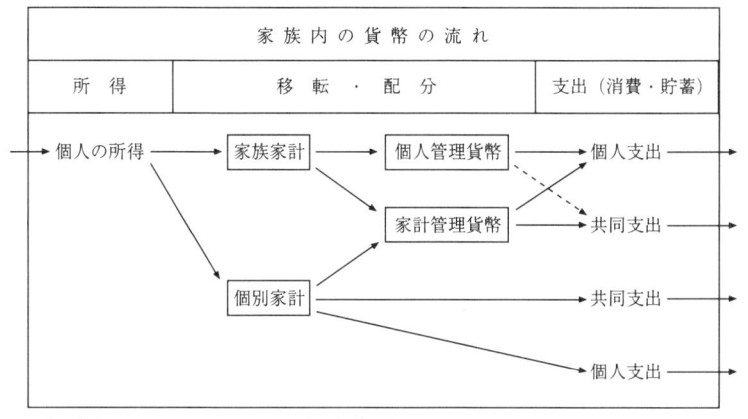

図7-1　家族内の貨幣の流れ

家族内の貨幣の流れ		
所　得	移　転・配　分	支出（消費・貯蓄）
個人の所得 → 家族家計 → 個人管理貨幣 → 個人支出 　　　　　　　　　　→ 家計管理貨幣 → 共同支出 　　　　　→ 個別家計 →　　　　　　　　→ 共同支出 　　　　　　　　　　　　　　　　　　　→ 個人支出		

出典：御船（1992a：26ページ）を筆者が加筆・修正した。

場合がそれである。妻は夫の所得総額を知らないことも多く、その場合は夫の手元に残った額も知らない。国民生活センターが「世帯主こづかい実態調査」で明らかにしたのは、こうした貨幣の存在であった。

　共働きで、妻も一部しか家計費に入れていない場合は、妻の所得もいったんは個別家計となる。つまり、この場合は夫妻ともに各々の所得を個別家計として持ち、その一部ずつを拠出しあって家計管理貨幣を作っていることになる。プールされた家計管理貨幣は妻が管理することが多いので、この場合は、妻は自分の個別家計を妻個人として管理すると同時に、家計管理貨幣も管理担当者として預かっている。個別家計のうち個人の手元に残された貨幣が各々の小遣いとなる。

　個人の所得がいったん個別家計に入った後、家計管理貨幣に全く移転・配分されない場合もある。夫妻それぞれの個別家計から「家賃は夫、家庭内食費は妻」などのように分担して共同支出分を支払う場合で、共働き世帯でのみ可能な形態である。このような形態には、家族家計も家計管理貨幣も存在しない。従来の家計概念では捉えられない新しい形態で、後で述べるように妻の所得が高い共働き世帯にあらわれ始めている。

（2）家族内の貨幣配分タイプ

　図7-1の貨幣の流れに沿って，夫妻それぞれの所得が家族内で移転・配分され支出されるまでのプロセスを類型化したものが図7-2である。図のとおり，類型は9タイプにもおよぶ。妻の所得が追加されることによって，多様な貨幣配分タイプの可能性が生まれている。これに妻の個人管理貨幣の有無を組み込むと13タイプにも増える。また，図は家族家計・家計管理貨幣を夫が管理するタイプや，専業主夫世帯を除外しているが，これらのタイプも加えるとタイプ数はさらに増加する。

　ところで，これらの貨幣配分タイプは「何のための貨幣を誰が管理するか」をあらわす概念である。御船は，さらにその上位に，誰がどのように働いて所得を得るか，所得の管理は誰が行い，どの貨幣配分タイプを採用するかを決定する行為があるとし，これを「家計支配」と呼んでいる（御船，1990：43ページ）。これらの決定は夫だけで行われることもあれば，妻だけ，あるいは夫妻の協議で決定されることもある。このように，個人の所得と「家計」の関係の分析は，誰がどの貨幣を管理するかだけでなく，それを誰が決定するのかも含めて，夫婦関係の側面から家計を捉える道を切り開いていった。

3　家族内の貨幣配分タイプの実態

（1）日本の貨幣配分タイプ

　御船の類型を用いて行われた家計経済研究所の「消費生活に関するパネル調査」[5]から，日本において実際に夫や妻の所得が家族内でどのように移転・配分されているのかをみてみよう。この調査は対象を27〜37歳の女性としているので夫妻の年齢層が限定されるが，貨幣配分に関する全国調査はほかにない。同調査によると，夫が所得のすべてを妻に渡している（家族家計に移転している）世帯は，妻が無職の世帯で7割，有職の世帯で6割であった。専業主婦世帯のほうが，所得のすべてを家族家計として妻に預ける夫がやや多いものの，職業の有無にかかわらず，「財布の紐を握る」妻は一般に言われているほど多

第 7 章　家計の中の夫婦関係

図7-2　貨幣配分タイプ

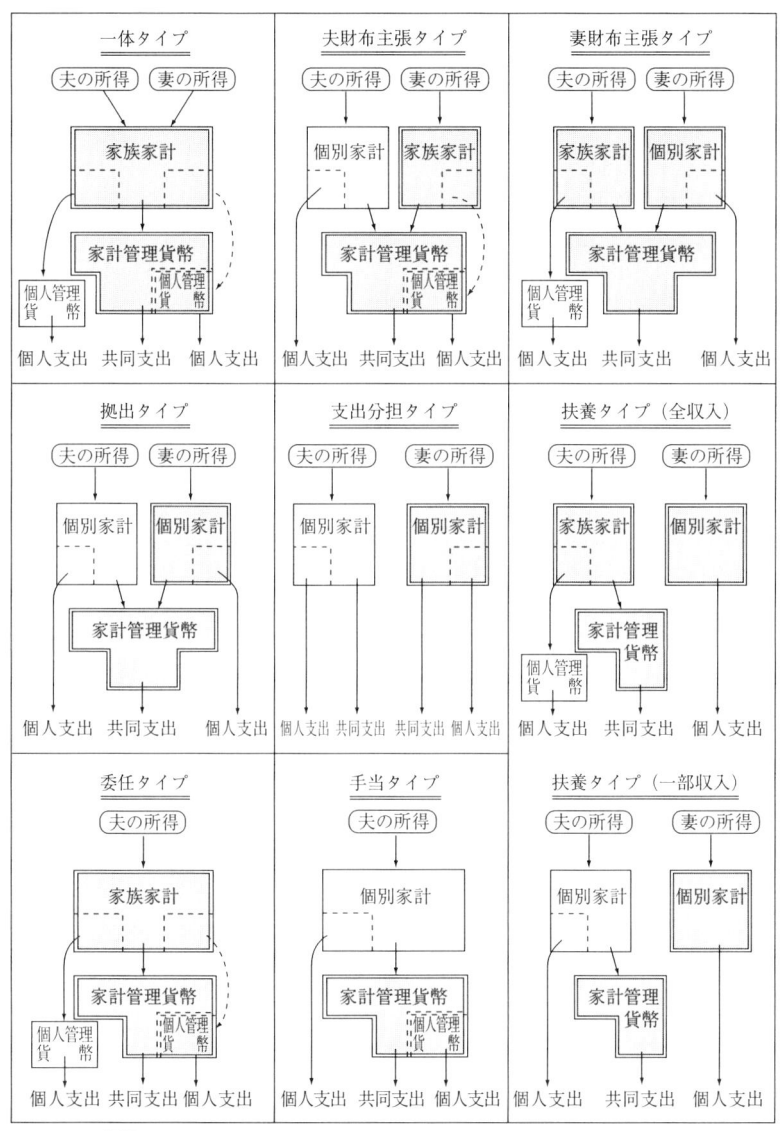

一体タイプ	夫財布主張タイプ	妻財布主張タイプ
拠出タイプ	支出分担タイプ	扶養タイプ（全収入）
委任タイプ	手当タイプ	扶養タイプ（一部収入）

備考：(1)　▭は妻が管理している貨幣を指す。
　　　(2)　家族家計あるいは家計管理貨幣を夫が管理するタイプを除外している。
　　　(3)　妻の所得のみのタイプを除外している。
出典：御船，1997：140ページを筆者が加工した。

表 7-1　貨幣配分タイプ（日本）

(%)

		一体	夫財布主張	妻財布主張	拠出	支出分担	扶養(全収入)	扶養(一部収入)	委任	手当	その他無回答	計
全体		19.3	3.6	1.3	2.0	3.7	6.4	3.3	37.9	13.3	9.0	100.0
妻の就労形態	常勤	41.0	5.6	4.5	7.3	13.5	5.6	5.1	3.4	1.7	12.4	100.0
	パート	37.5	9.1	2.4	2.4	2.9	18.3	6.7	5.8	1.9	13.0	100.0
	自営・家族従業者	35.9	6.8	—	1.9	5.8	10.7	4.9	13.6	6.8	13.6	100.0
	無職	0.8	—	—	—	0.2	1.0	1.0	68.3	23.4	5.4	100.0
妻の年収	なし	2.1	—	0.3	—	0.3	1.3	1.1	70.0	21.1	4.1	100.0
	100万円未満	26.5	7.5	1.7	1.7	1.7	14.9	5.8	22.9	7.9	9.3	100.0
	300万円未満	41.5	4.2	2.4	4.3	7.3	8.5	4.9	9.2	4.3	13.3	100.0
	300万円以上	32.5	7.2	3.6	7.2	15.3	7.2	5.4	6.3	1.7	13.4	100.0
夫の年収	400万円未満	25.2	3.0	2.1	1.7	5.1	5.5	3.0	34.2	9.4	10.7	100.0
	500万円未満	22.1	3.8	1.4	2.4	3.4	6.7	1.4	40.4	9.1	9.1	100.0
	600万円未満	19.2	2.2	1.1	3.4	2.3	6.8	5.6	40.7	11.9	6.9	100.0
	800万円未満	15.3	5.7	1.4	1.9	2.9	9.6	4.3	40.2	12.4	6.2	100.0
	800万円以上	6.6	2.2	—	—	3.3	5.5	4.4	40.7	29.7	7.7	100.0

備考：(1) 貨幣配分タイプと妻の就労形態は調査時のもの，夫・妻の年収は前年の収入。
　　　(2) 「その他」を除き，家族家計あるいは家計管理貨幣は妻が管理している。「その他」は家族家計あるいは家計管理貨幣を夫が管理している世帯，夫妻とも無収入の世帯，妻のみ収入がある世帯。
出典：家計経済研究所（1997）を筆者が加工した。

くはない。

　では，妻の所得はどのように家族内で移転・配分されているのだろうか。有職の妻でその所得の全額を家族家計にしているのは46％で，夫の所得に比べて家族家計に移転する比率は低い。個別家計を家計管理貨幣に移転せず支出分担もしない，つまり家族の必要に全く貢献していない妻も18％いる。

　以上を組み合わせた各貨幣配分タイプの比率は表7-1のとおりである。成員個人の所得が共同原則どおり一つに取りまとめられている（一体タイプと委任タイプ）のは6割弱しかない。実際の家計は従来の家計研究が前提としてきた共同原則に反して，はるかに多様である。

　ところで，この実態は日本特有なのだろうか。イギリスで行われた同種の調査研究をみると，日本とは異なる結果が明らかにされている。

（2）イギリスの貨幣配分タイプ

　イギリスでも，夫の所得がどれだけ，どのように妻に渡されているかといった関心のもとに行われた実態調査は1960年頃からあったという[6]。パール（Pahl, 1980 ; 1983 ; 1989 ; 1995）は，それらの先行研究成果を踏まえて，80年頃から家族内貨幣が夫妻間で配分される形の類型化に取り組み始め，現在は次の5タイプに整理している。

　①　妻が管理する一体タイプ（Female whole wage system）は妻がすべての貨幣を管理する責任を持つ。妻は夫の所得を預かり，自分に所得があればそれも加えて管理する。夫は妻から小遣いをもらうか，自分の所得を妻に渡す前に小遣いをとる。妻は支出の管理についても夫の小遣いを除くすべてに責任を持つ。

　②　夫が管理する一体タイプ（Male whole wage system）は夫がすべての貨幣を管理する責任を持つ。上記の夫と妻が逆転したタイプである。

　③　手当タイプ（Allowance system）は夫が妻に定期的に「手当」を与え，妻に所得がある場合は「手当」に妻の所得が加えられる。妻が支出管理の責任を持つのは特定の費目に限られ，残りの貨幣は夫の管理下に置かれる。家族内貨幣の一部について夫が妻にその管理を委任している形態である。

　④　貨幣共同タイプ（Pooling system）は，夫妻ともに互いの所得にかかわることができ，支出責任は両者にある。多くは共同口座（joint account）あるいは共同の財布をつくり，夫妻の所得はそこに入れられる。後に，この類型は夫婦の共同性イデオロギーを象徴するがゆえに回答にバイアスがかかりやすいとして[7]，パールとヴォグラー（Vogler, C.）は，「家族内の貨幣を組織し，請求書の支払いをする責任を最終的に負っているのは誰か」というチェック項目を用いて，「夫が管理する貨幣共同タイプ」「妻が管理する貨幣共同タイプ」「共同管理タイプ」の三つに再分類している（Vogler, 1994 : pp. 229-230 ; Vogler and Pahl, 1994 : pp. 270-272）。「共同管理タイプ」を除く二つの貨幣共同タイプが一体タイプとどう違うのか疑問であるが，それについて説明はされていない。

　⑤　独立管理タイプ（Independent management system）は，夫妻とも所得を持ち，それぞれの所得を各自が独自に管理する。共同の財布を持たず，夫妻は特

表7-2　貨幣配分タイプ（イギリス）

発表者	パール	ファミリー・ファイナンス・グループ	バーズアイ	グラハム[(1)]	ホーマーなど[(2)]	ヴォグラーとパール	ローリーとローズ
発表年	1989	1983	1983	1985	1985	1994	1994
一体（妻管理）	14	18	14	17	21	26	25
一体（夫管理）	—	—	5	8	22	10	11
手当	22	24	26	41	49	12	11
貨幣共同	56	54	51	31	5	50	49
独立管理	9	4	1	3	4	2	2
その他	—	—	5	—	—	—	1
計（％）	100	100	100	100	100	100	100
計（実数）	102	250	711	64	78	1,211	5,991

注：(1) 未就学児のいる世帯対象。専業主婦世帯が多く，経済問題を抱える世帯が多い。
　　(2) 家庭内（夫による）暴力世帯対象。
出典：Pahl, 1989：p. 78；Laurie and Rose, 1994：p. 228；Vogler and Pahl, 1994：p. 270 より作成。

定の支出項目を分担して責任を持つ。

　パールによるこの類型は，現在イギリスを中心に多くの調査に用いられている。パール自身が整理した先行調査結果に，その後イギリスで行われた調査結果を加えたのが表7-2である。表のとおり，経済問題や暴力問題を抱える世帯を除いて，イギリスでは貨幣共同タイプが最も多く，約半数を占めている。このタイプの特徴は，プールされた夫妻の所得に夫妻ともアクセスできて管理責任を共有しているという点にあるが，夫妻の所得が一つにまとめられるということでは一体タイプと同じである。貨幣共同タイプと妻・夫が管理する一体タイプをあわせると，イギリスの7～9割の家計が所得を一つにまとめていることになる。タイプ分けの方法が異なるので単純に比較はできないが，日本に比べてイギリスのほうが共同原則に則った家計が多いようである。

　ところで，パールの類型は夫の所得が家族内でどのように配分されるかによって分類しているため，妻の所得の配分が明確でない。一体タイプも手当タイプも夫から渡される貨幣に「妻に所得があれば夫から渡される貨幣に妻の所得が加えられる」とするだけで，加えられるのが妻の所得の一部なのか全部なのかが明確でないのである。それは，パールの研究の出発点（Pahl, 1989：p. 1）

が，夫の家庭内暴力に曝された妻子の「見えない貧困」にあったためと思われる。夫から十分な貨幣を与えられないにもかかわらず，夫の所得が貧困水準でない限り，妻子の貧困は社会からみえない。その問題を出発点とするパールの関心は，夫の所得が家族内でどのように配分されるかにあって，妻の所得のそれにはなかった。

4 家族内の貨幣配分タイプと夫婦関係

(1) 貨幣配分タイプを規定する要因

イギリスでは1980年頃までに，所得水準，所得源泉の種類と数，女性の地位や役割にかかわる規範などが貨幣の配分タイプを規定する要因として指摘されていたという（Pahl, 1983 : pp. 251-253）。それらの先行研究成果を踏まえて，パールは貨幣配分タイプの規定要因を①実務的要因（銀行の営業時間や賃金の支給形態など），②性格的要因（貨幣管理の向き不向きなど），③社会経済的要因（所得水準，共働きか片働きか，ライフステージ，社会階層など），④イデオロギー的要因（夫婦や家族に関するイデオロギー）の四つに整理している（Pahl, 1989 : pp. 92-123）。また，ヴォグラーは所得水準，従業上の地位，社会階層，両親の貨幣配分タイプ，世代，学歴，性別分業に関する態度と分業の実態を規定要因として取り上げ，回帰分析を用いて各要因の効果を比較検討している（Vogler, 1994 : pp. 255-260）。その結果，性別分業に関する夫の態度，夫妻の年齢，夫の学歴，夫の社会階層，夫妻それぞれの両親の貨幣配分タイプ，妻の従業上の地位が配分タイプを強く規定し，特に夫側の要因が妻側の要因よりも配分タイプと強い関連性を持つとの結果を導き出している。日本では，家族構成，夫の職業・勤め先規模・所得水準，妻の就労・所得水準，世帯所得水準，夫妻間の学歴・職業・所得水準の差，家計管理意識，性別分業観と貨幣配分タイプとの関連が明らかにされているが（家計経済研究所，1992；御船，1995a, b, c），各要因の効果を比較検討するまでには至っていない。

本章では，日本とイギリス両国で見出されている規定要因のうち，夫の所得

水準,妻の就労形態,妻の所得水準,性別分業観について,日本で行われた調査から詳しく検討してみよう。

前出の表7-1のとおり,夫の所得水準との関連では,所得が高いほど一体タイプが減少し,手当タイプが増大する。すなわち,夫は所得が高くなるほど自らの所得を個別家計として管理し,その中から妻に手当(家計管理貨幣)を渡す傾向がみられる。パールによると,この傾向は今世紀初頭にすでにあったという (Pahl, 1989：pp. 39-40)。

妻の就労や所得水準との関連では,パート就労よりも常勤就労のほうが,そして所得水準の高いほうが支出分担タイプや拠出タイプが多い(表7-1)。

支出分担タイプや拠出タイプは妻が性別分業志向を持たない世帯に多いことも,家計経済研究所の「常勤共働き世帯調査」で明らかになっている(木村,1992：153-156ページ)。それによると,分業志向を持つ妻の8割強が夫の所得を「家族・夫婦のもの」と考えており,実際に夫の所得のすべてを家族家計として管理している妻が最も多い。それに対し,平等志向の妻で夫の所得を「家族・夫婦のもの」と考えている妻は6割で,3割強は夫の所得を「夫のもの」あるいは「半分夫のもの」と考えている。そして,実際にも半数の妻が夫の所得を一部しか,あるいは全く受け取っていない。3割の妻は全く受け取らず,支出分担タイプを採用している。

さらに,「非法律婚カップル調査」でも,カップル関係の平等志向と支出分担タイプ・拠出タイプとの関連を示唆する結果が得られている(善積, 1997：144-150ページ)。同調査によると,非法律婚カップルは男女平等志向が非常に強く,実際の家事分担も法律婚夫婦に比べてはるかに平等性が高い。これらのカップルが採用する貨幣配分タイプは,表7-3のとおり,女性が管理する一体タイプが非常に少ない。すなわち,男性の所得を家族家計として女性が管理するタイプは非法律婚カップルにおいては少数派なのである。多くを占めるのはカップルがそれぞれ個別家計を持つ拠出タイプと支出分担タイプで,あわせて6割強を占めている。しかも,拠出タイプの場合,プールされた家計管理貨幣を管理するのは女性とは限らず,二人で管理するケースも女性が管理する

第7章　家計の中の夫婦関係

表7-3　非法律婚カップルの貨幣配分タイプ

貨幣配分タイプ	管理者[1]	ケース数	%
一　体	女　性	39	13.0
	二人で	7	2.3
	男　性	4	1.3
拠　出	女　性	54	18.1
	二人で	49	16.4
	男　性	9	3.0
支　出　分　担		80	26.8
扶　　　養		23	7.7
委　　　任		5	1.7
手　　　当		11	3.7
そ　の　他[2]		14	4.7
不　　　明		4	1.3
計		299	100.0

注：(1)　家族家計あるいは家計管理貨幣の管理担当者。
　　(2)　女性の収入のみで生活費を賄っているのは、8ケース。
　　　　収入があるのは女性のみが、4ケース。
　　　　収入があるのは男性のみで管理者も男性、2ケース。
出典：善積, 1997：146ページを筆者が加工した。

ケースとほぼ同数ある。このように，非法律婚カップルは，家事分担においても貨幣配分タイプにおいても性別分業にこだわらない傾向を示している。男性の所得は家族の必要を賄うためだけにあるのではなく，「お互いが自分のために稼いで，自分のためにお金を使うのは当然だ」と考えられている（善積, 1997：149ページ）。

　夫を稼ぎ手とする性別分業においては，夫の所得は家族の必要を賄うためにある。家事・育児の担い手である妻は分業の一部として，家事役割の遂行にともなう貨幣の支払いやその管理を引き受ける。性別分業規範は，夫の所得を家族家計あるいは家計管理貨幣とすること，そしてその貨幣を妻が管理することを与件としていると言えよう。しかし，妻の常勤就労と所得水準の上昇，平等意識によって貨幣配分のあり様も変わることを，以上の調査研究は示している。

（2）貨幣配分タイプの決定をめぐる夫婦関係

　貨幣配分タイプが決定される過程で，夫妻それぞれの意見はどの程度採用されているのだろうか。

　配分タイプの決定は，まず，夫妻それぞれの所得を誰が管理するかを決定することから始まる。前出の「常勤共働き世帯調査」によると，夫の所得を管理する者の決定に関しては妻が介入する傾向があるが，妻の所得に関して夫が介入することはあまりない（御船，1992b：41ページ）。

　貨幣配分タイプとの関連でみると，一体タイプや妻財布主張タイプは，妻あるいは夫のどちらか一方が優位に決定することが多いようだ。このタイプは，夫の所得すべてを家族家計とし，それを妻が管理するタイプである。つまり，家計の共同原則に則った家計を性別分業規範に沿って管理することを決定している。共同原則どおりだからこそ，すでに暗黙の合意があり一方的な決定が可能なのかもしれない。

　一方，支出分担タイプや拠出タイプの決定に際しては，夫妻で相談のうえ歩み寄るか，互いの所得を誰が管理するかの決定には互いに介入しない傾向がある。これらのタイプは夫妻それぞれの所得を個別家計とするタイプである。相互不介入か，そうでなければ歩み寄りが必要になったのは，そのような共同原則に反することを夫妻どちらかが希望したからかもしれない。現在のところ貨幣配分タイプの決定に関する研究はまだ少なく，十分な成果が得られていない。さらに検討すべき課題であろう。

（3）妻による管理と「自発的」抑制

　以上のとおり，貨幣配分タイプに関する調査研究は，個人の所得がすべて家族の必要のために取りまとめられるのではないことを明らかにした。さらに，支出においても家族成員それぞれの必要が平等に満たされてはいないことも明らかにしている。日本やイギリスで行われた調査によると，どんな貨幣配分タイプでも夫妻間には支出の不平等があるという。ヴォグラーは，平均的にみてどのタイプでも妻のほうが夫よりも経済的損失を被っており，中でも特に，妻

が管理する一体タイプと妻が管理する貨幣共同タイプで妻の犠牲が最も大きいという。しかも，その夫妻間格差は世帯所得水準が低いほど大きく，それらの層では妻が低所得と夫妻間不平等という二重に不利な立場にいるという（Vogler, 1994：pp. 262-263）。また，御船も，どの配分タイプでも妻のほうが夫よりも自身のために使う貨幣が少ないことを明らかにしている（表7-4参照）。さらに，タイプ別に比較すると，妻がすべての貨幣を管理する一体タイプや委任タイプで，妻自身の生活費は夫の生活費の約3割にすぎず，他のタイプの妻に比べて著しく低い（御船，1995a）。このように，日本・イギリス両調査とも，家族内貨幣のすべてを妻が管理する世帯で，支出の夫妻間格差が最も大きいことを明らかにしている。

支出の格差が最も小さいのは日本では支出分担タイプ，イギリスでは共同管理タイプであった。両国でタイプに違いはあるものの，両タイプとも家族内貨幣の管理を妻が「独り占め」していないという点では共通している。前述のとおり，日本で支出分担タイプが多いのは，妻が常勤で働き性別分業規範に否定的な世帯であった。また，ヴォグラーも貨幣共同タイプ，中でも最も平等性の高い共同管理タイプの増大のためには，妻のパートタイム就労は効果がなく，一つは妻のフルタイム就労，もう一つは「男性＝稼ぎ手」規範への挑戦が必要だと述べている（Vogler, 1994：p. 263）。日本・イギリスともに，妻が貨幣管理を手放すことが支出の平等と関連し，その促進要因として共通に妻の常勤就労と性別分業規範の見直しがあげられていることは注目すべきであろう。

日本では，家族内のほとんどすべての貨幣を管理する妻，いわゆる「財布の紐を握る」妻が家庭内で高い地位にいるとみなされてきた。前述の高度成長初期に行われた研究のほか，例えば上野も，現代日本の都市中流階層の主婦が伝統的主婦権を受け継いで，家族内の貨幣をコントロールしていると捉えていた（Ueno, 1987）。しかし，上記のとおり，支出の不平等に関する調査結果はそれを支持していない。このことに関し，御船は「家計の共同度が高いところ（委任タイプや一体タイプ）で格差が大きいということは，『共同』を支える意識のために格差として認識されていないことも予想される」と述べている（御船，

表7-4　支出の夫妻間格差

貨幣配分タイプ	妻の支出（夫＝100）		
	生活費	貯蓄	生活費＋貯蓄
一　　　　体	33.8	65.8	42.5
拠　　　　出	73.5	86.5	77.9
支　出　分　担	76.1	82.7	78.4
扶　　　　養	42.7	80.7	55.1
委　　　　任	26.6	44.2	30.9
手　　　　当	49.0	45.3	48.0
全　体　平　均	36.5	57.9	42.5

出典：御船，1995a：65ページを筆者が加工した。

1995a：66ページ，括弧内は筆者）。家族内の貨幣を「握る」ことが，支出の格差の認識に至らない「自発的」抑制につながっているとすれば，そのメカニズムの解明が夫妻の権力関係を明らかにするうえで重要だと思われる。イギリスでも，女性は自分のための支出を自ら抑制し，家族の費用に充てる傾向があるとする調査結果が出ている（Morris, 1993：pp. 525-531；Pahl, 1989：pp. 136-137）。女性による貨幣管理は，次項で述べる男性のそれとは明らかに異なる性質を持つようである。

（4）夫による管理と権力

　前述のとおり，夫が自分の所得を自ら管理する傾向は，夫自身の所得が高い場合にみられる。所得水準が低く自由裁量できる貨幣に制約がある状況では，貨幣管理は単に「重荷」や「過酷で面倒な仕事」でしかないが，多額の貨幣になれば権力につながるからである（Vogler, 1994：pp. 243-245）。

　夫が利己的動機によって貨幣を握る例は，他の調査研究によっても明らかにされている。イギリスの家庭内暴力世帯の事例研究によると，一般の世帯に比べて手当タイプや夫が管理する一体タイプが非常に多いという（表7-2参照，Pahl, 1989：pp. 77-78）。夫が自分の所得を握ったまま，妻子の必要を賄えるだけの貨幣を妻に与えない。中には児童給付や出産手当までも奪う夫もいる。妻子は貧困を強いられるが，経済的自立が困難な妻は暴力的な結婚を続けざるを

得ず，表面上の家計が維持されていく。この場合，世帯所得水準が貧困とみなされない限り，妻子の貧困は表面化しない。個人の所得が家族の必要に支払われることを当然視するがゆえに，家族内の経済的不平等がみえないままに放置されてしまうのである。夫の暴力から避難してきた多くの妻たちは，わずかな社会保障給付に頼る現在のほうが，夫のもとにいた頃より暮らし向きがよくなったと感じているという（Pahl, 1989: p. 1）。

家計経済研究所の「離別母子世帯インタビュー調査」では，結婚中，家計の問題を抱えていたケースは手当タイプが多かったことが明らかになっている（木村，1999：64ページ）。夫は妻に十分な生活費を渡さず，自分の趣味や遊興に浪費する。生活費を請求すると暴力をふるう夫もおり，妻は夫の機嫌をうかがいながら，わずかなお金を乞うている。これらの女性の現在の所得は低く，生活保護受給中のケースもあるが，それでも，イギリスの調査と同様，多くの女性が夫との離別によって「妻子の生活水準が上がった」と述べている。

また，主たる稼ぎ手役割を妻と交代した場合，夫は貨幣を握ることで権力を維持しようとするという。スタンプ（Stamp, P.）は，妻が主たる稼ぎ手の世帯では，その経済力からみて当然の権力を妻は控えており，夫を家計にかかわらせようとする傾向を見出している（Stamp, 1985）。また，パールも，かつては夫が主たる稼ぎ手で，現在は妻と立場が逆転している夫妻の事例研究で，所得のない夫が家族内のすべての貨幣を握っているケースを報告している（Pahl, 1989：pp. 112-113）。以前は，稼ぎ手の夫は妻に家計費手当しか渡していなかったのに対し，現在稼ぎ手となった妻はすべてを夫に渡している。この夫はすべての貨幣を握ることで「家族に引き寄せられる」と感じており，まるで，そうしなければ「家族生活の一員になれないかのよう」であるという。パールは，これを「イデオロギーと現実が一致しない場合の複雑な折り合いの付け方」と述べている。

これらの結果は，夫と妻では貨幣を握る際に異なる動機付けを持つことを示唆している。夫は家族内での権力を維持・強化しようとして自分の所得を握る。所得がなくなると，妻の所得を「家計」として握ることで権力を補償する。ま

た，夫婦関係が破綻しているときには，夫は所得を「家計」に移転すること自体を拒否し権力を強化しようとする。権力の維持・強化・補償を動機とする限り，貨幣管理は家族の福祉向上につながらない。妻が自らを抑制して，家族や子どもの費用を優先するのとは対照的である。

5 家計の中の夫婦関係——まとめと今後の課題

「家計」は家族成員の所得の単なる合算ではない。成員個人の所得として家族内に入ってきた貨幣は，必ずしも「家計」にはならない。家族内の貨幣は，夫妻間の決定を経て「家計」になる貨幣とならない貨幣に分けられ，それぞれの貨幣の管理も夫妻間で割り振られる。このように，「家計」が作られる過程では，夫妻間で貨幣をめぐる調整や決定が行われている。このような家族内貨幣をめぐる夫婦関係を顕在化させたことが，家計の共同原則を見直し，現実の家計を把握しようとした近年の家計研究の成果と言えよう。

その結果，現在，日本の若年から中年にかけての世代で共同原則どおりの家計を持つ世帯は6割にすぎないことが明らかとなった。これらの世帯では家族内貨幣はすべて「家計」として妻の管理下にあるが，残りの4割の世帯の貨幣は，夫妻間で様々に配分され管理されている。貨幣配分タイプの多様化は妻の就労にともなう所得源泉の複数化によって促進されるが，妻が常勤就労し所得水準が高く性別分業にこだわらない考えを持っているほど，夫妻が貨幣を拠出しあって意図的に「家計」をプールする拠出タイプや，「家計」をプールしない支出分担タイプが出現する傾向にある。これらのタイプは，誰がどれだけ拠出するのか，どの費用を誰が負担するのかといった夫妻間の調整を不可欠とする。家計の共同原則に反するこのような配分タイプを採用する際には，共同原則に則ったタイプの場合に比べて，夫妻どちらかの意見が一方的に優位になることが少ないという調査結果もある。貨幣配分タイプの決定をめぐる権力関係についてはさらに検討すべき課題と言えよう。

ところで，貨幣配分タイプは，家族内の貨幣が何のための貨幣として，誰の

「管理下」に配分されるかを類型化したもので，誰のために使うのかという視点は含んでいない。そこで，支出の夫妻間不平等を貨幣配分タイプとの関連で分析すると，共同原則どおりの家計で妻の損失が最も大きいことが明らかであった。これまで，共同原則どおりの家計では「妻が財布の紐を握る」と言われ，妻が家族内貨幣の使途の決定権を独占しているかのように語られてきた。しかし，実際には，妻は「自発的」に自分のための支出を抑制している。[11]

以上の結果は，性別分業の容認，貨幣管理役割の引き受け，自発的抑制の連関構造を示唆している。この連関によって夫妻間不平等は「不平等」と認識されることなく受容されていくようである。この連関を断ち切る方策としては，妻の常勤就労と性別分業規範の見直しが日本・イギリス両国で提言されている。しかし，貨幣配分タイプを規定する要因については，まだ十分な分析が行われているとは言いがたい。日本では，貨幣配分タイプに関する調査が継続実施されており，今後の成果が期待できよう。[12]

注

(1) 家族は「夫婦・親子・きょうだいなど少数の近親者を主要な成員とし，成員相互の深い感情的係わりあいで結ばれた，第一次的な福祉志向の集団」である（森岡・望月，1993：3ページ）。1997年発行の四訂版では「幸福（well-being）追求の集団」と書き換えられている（森岡・望月，1997：4ページ）。

(2) 篭山は「けれどもその間の差引計算をしない」のが「家庭経済の特徴」なのであり，そうさせているのは「家族の血縁的な愛情」だとしている（篭山，1961：41ページ）。

(3) 総務庁は全国からランダムサンプリングした世帯に独自の家計簿を配布し，記帳してもらっている。その記帳結果をもとに統計処理した収支データが「家計調査」として公表される。「こづかい」は記帳者にとって使途不明のお金を指す。

(4) 1967年，72年，75年と不定期に実施された後，77年からは86年に終了するまで毎年実施された。

(5) 「消費生活に関するパネル調査」。同調査は1993年から毎年行われているが，本章では1996年調査を使用した。同調査については引用・参考文献（家計経済研究所，1997）を参照のこと。

(6) パールによれば，家族内の貨幣配分に言及した記述は古くからあるが，体系的な

研究の初期のものとしては1961年のツワイク（Zweig, F.）の研究があげられるという（Pahl, 1989：p. 49）。
(7) パールによれば，インタビューに答えるカップルは夫婦関係の共同性・平等性を表現するために，現実とは異なっていても，自らの貨幣配分タイプを「貨幣共同タイプ」と回答する傾向があるという（Pahl, 1989：pp. 83-85）。
(8) イギリスでは金融機関に夫妻共有名義の「共同口座（joint account）」をもつことができる。日本では一部の銀行を除くほとんどの金融機関で共同口座は扱われていない。この制度上の違いも日本とイギリスの差異に影響しているのかもしれない。
(9) 分業志向の妻とは，「お金を稼ぐ」ことは夫が，「家事をする」ことは妻がするべきと回答した妻。平等志向の妻とは，両方とも「協力するべき」または「どちらがしてもかまわない」と回答した妻。
(10) ヴォグラーは，やりくりのために夫妻がそれぞれ節約したり支出を諦めたりした経験の有無を「財務上の剥奪（financial deprivation）」の程度として数量化している（Vogler, 1994：pp. 234-240）。
(11) 本章では触れていないが，夫妻間の経済的不平等はフローの収支面だけでなくストック面にもあるという指摘もある（東京女性財団，1998）。
(12) 日本では1993年から「消費生活に関するパネル調査」（家計経済研究所）が実施されている。

引用・参考文献

青井和夫・田村喜代・岩井弘融, 1960「夫婦関係」小山隆編『現代家族の研究――実態と調整』弘文堂, 121-178ページ。

姫岡勤, 1970「内部構造――夫婦の勢力構造」山室他編『現代家族の社会学――成果と課題』培風館, 41-58ページ。

岩田正美, 1987「現代生活と『見えなくなった家計』」『家計経済研究』創刊号, 家計経済研究所, 26-31ページ。

篭山京, 1961『新版家庭の経営と管理』光生館。

家計経済研究所編, 1992『ザ・現代家計――家計の組織化に関する研究』大蔵省印刷局。

――, 1997『現代女性の暮らしと働き方―消費生活に関するパネル調査（第4年度）』大蔵省印刷局。

木本喜美子, 1995『家族・ジェンダー・企業社会』ミネルヴァ書房。

木村清美, 1992「家計の組織化と性別役割分業観」家計経済研究所編『ザ・現代家計――家計の組織化に関する研究』大蔵省印刷局, 135-170ページ。

木村清美，1999「家計内の不平等と権力」家計経済研究所編『ワンペアレント・ファミリー（離別母子世帯）に関する6カ国調査』大蔵省印刷局，59-68ページ。

Laurie, H. & Rose, D., 1994, "Divisions and allocations within households" in N. Buck et al. (eds.), *Changing Households: The BHPS 1990 to 1992*, ESRC Research Centre on Micro-social Change, pp. 220-242.

御船美智子，1990「家政学における家計管理論」「家計・家計管理概念の再検討」『季刊家計経済研究』通巻第8号，家計経済研究所，5-13，34-48ページ。

——，1992a「家計の個別化について」『季刊家計経済研究』通巻第13号，家計経済研究所，24-31ページ。

——，1992b「家計の組織化」「家計組織化を規定する要因」家計経済研究所編『ザ・現代家計——家計の組織化に関する研究』大蔵省印刷局，31-50，51-80ページ。

——，1995a「家計内経済関係と夫妻間格差」『季刊家計経済研究』通巻第25号，家計経済研究所，57-67ページ。

——，1995b「家計収支と経済関係」家計経済研究所編『消費生活に関するパネル調査（第1年度）』大蔵省印刷局，29-70ページ。

——，1995c「家計収支と家計管理の変化」家計経済研究所編『消費生活に関するパネル調査（第2年度）』大蔵省印刷局，39-73ページ。

——，1997「生活と経済」長津美代子他『現代社会と生活』建帛社，129-151ページ。

森岡清美・望月嵩，1993『新しい家族社会学三訂版』培風館。

——，1997『新しい家族社会学四訂版』培風館。

Morris, L., 1993, "Household finance management and the labour market: a case study in Hartlepool" *The Sociological Review*, 41-3, pp. 506-536.

Pahl, J., 1980, "Patterns of Money Management within Marriage," *Journal of Social Policy*, 9-3, pp. 313-335.

——, 1983, "The allocation of money and the structuring of inequality within marriage," *The Sociological Review*, 31-2, pp. 237-262.

——, 1989, *Money and Marriage*, Macmillan.（室住真麻子・木村清美・御船美智子訳，1994『マネー＆マリッジ』ミネルヴァ書房。）

——, 1995, "His money, her money: Recent research on financial organization in marriage," *Journal of Economic Psychology* 16, pp. 361-376.

Rose, D. & Laurie, H., 1991, "Household Allocative Systems Gender and Class Analysis," Working Papers of the ESRC Research Centre on Micro-social Change, Paper Number 6, University of Essex.

Stamp, P., 1985, "Research note : Balance of financial power in marriage," *Sociological Review*, 33-3, pp. 546-566.

東京女性財団編,1998『財産・共同性・ジェンダー――女性と財産に関する研究』東京女性財団。

Ueno, C., 1987, "The Position of Japanese Women Reconsidered," *Current Anthropology*, Vol. 28, No. 4, pp. 75-84.

Vogler, C., 1994, "Money in the Household," in M. Anderson et al(eds.), *The Social and Political Economy of the Household*, Oxford University Press, pp. 225-266.

Vogler, C. and Pahl, J., 1994, "Money , power and inequality within marriage," *The Sociological Review*, 42-2, pp. 263-288.

山口貴久男,1988「家計の個別化とその周辺」『家計経済研究』第2号,家計経済研究所,75-81ページ。

――,1994『消費構造学入門』中央経済社。

善積京子,1997『〈近代家族〉を超える――非法律婚カップルの声』青木書店。

第8章
セクシュアリティからみた夫婦問題

加藤伊都子

1 夫との問題で相談室を訪れる女性たち

　相談室を訪れる女性の多くは，家族の問題，あるいは家族との関係を主訴として訪れる。その中でも夫との問題を主訴とする女性は多い。それ以外のものでも，背景に夫との関係が深くかかわりのあるものも数えると，相談数全体の半分以上が夫との間に何らかの問題を抱えているものと言える（横浜市女性協会他，1996：36ページ）。

　彼女たちの葛藤の多くは，夫との関係性の中にあり，セクシュアリティそのものが問題とされることはあまり多くはない。セクシュアリティそのものが葛藤の原因となっているケースに関しては後でみることとして，まず相談室で語られる夫婦の葛藤についてみていくこととする。最初に若い夫婦のケースである。

（1）「核のある家庭を作りたかった」

　A子さん（32歳）との面接は「毎日泣いてばかりいるんです」という言葉から始まった。挙式を済ませて2年弱。夫は中堅企業のサラリーマン。仕事の関係で知り合い「さらりとした」付き合いの後に結婚した。A子さんは，ある地方都市の出身。大阪の大学を卒業後，在阪の企画会社の総合職として採用されている。仕事が好きで，結婚指向は強くはなかったが，勤めて5～6年経った頃から仕事に空しさを感じ始める。同期入社の男性が場を与えられ，力をつけ

ていくのを「焦るような気持ちでみていた」。それでも少しずつ責任も重くなり，結婚する前の年には「ほとんどおっさんのような暮らし」をしていたと言う。ちょうどその頃，実家の両親からしばしば電話が入るようになる。「写真を送ってこい」「誰かいい人はいないのか」という電話は，仕事で疲れているA子さんを消耗させた。「このまま働き続けていてどうなるのだろう」「ここらで結婚してしまおうか」でも「田舎に帰るのも厭だ」「仕事を辞めるのも厭だ」等々。この頃が最も気持ちが安定していなくてしんどかったと言う。その不安定な気持ちを聞いてくれていたのが，夫となった彼である。彼は人の気持ちに踏み込んだり自分の考えを押し付けるような人ではなく，結婚後の仕事についても，A子さんが「したいようにしてくれればいい」とのことだった。自分のライフスタイルとして，働き続けることを選択していたいという意志をもっていたA子さんには，この言葉はありがたかった。また，こうして自分の気持ちを話せる相手としての彼は，その頃の彼女にとって大きな安らぎを与えてくれる人だったようである。

　結婚生活はそれぞれ別の生活をもつ二人が「たまたま同居をしている」かのような状態で始まる。彼は，仕事優先の彼女に対して何も言わなかったが，「どういう訳か（そんな彼に対して）申し訳ないような気がしてきた」A子さんは，可能な限り家庭らしい家庭を作ろうと努める。そのことを彼女は「もう少し核のある家庭を作りたかった」と表現している。二人をこの家庭につなぎ止める必然性のようなもののことだろうか。その核を作り出そうとして彼女は疲れていく。A子さんの不調のきっかけとなったのは，結婚して１年目にマンションを購入，転居したことである。最初に，長くなった通勤時間が負担になり始める。夫は「無理して働かなくてもいいんじゃないか」と言い，A子さんは，新しい仕事を探す気力も出ないまま仕事を辞める。その後，何も手につかないまま日にちが過ぎる。「仕事を探さなければ」「家のことをきちんとしなければ」「どうして仕事を辞めてしまったんだろう」「この結婚は間違っていたのではないだろうか」等々。焦慮，疑問，悔恨の堂々巡りに捕らわれ始める。いてもたってもいられなくなり，不眠，倦怠感などのうつ状態の様相を呈し始め

る。最悪の状態から,「どうせ仕事も家事もできないのだから」と若干開き直ったような気持ちになったときに相談室を訪れている。

(2)「何か面白くない」――損をしたような気分になるセックス

　この間,A子さんは,夫に対してありがたいような,申し訳ないような気持ちを感じるとともに「何で私がこうなって,あなたはこうならないのだ」と思っていた。「なぜあなたは仕事を辞めたいと思わないのだ」「なぜ,私が食事を作らなくても平気でいられるのだ」と,ことごとく,彼に対して「なぜ」「なぜ」という気持ちを抱いていた。そして「彼はいつも"いいじゃないか"と言う方だから,どんなときでもいい人でいられる。駄目なのはいつも私の方」という思いを深くしていく。この感じを彼女は,「別にどうということもないのに,何か面白くない」と表現している。

　セックスについてたずねたときに彼女は,「私がこんなだし,彼も無理強いしないから全くない」と言い,「こうなる前も余りしたくはなかった」と言った。その理由を聞くと,「自分でも変だと思うけど,何だかしたあとに損したような気分になるから」と笑った。疲れていてその気もないのだが,相手が無理強いをしないだけに「あまり断っていると悪いような気持ちになる」。その気持ちから応じてみても,何だか釈然としないものが残る。その気持ちが「何だか損したような気分」だそうだ。

　このケースは少しずつ本来の活動性を取り戻したA子さんが,子どもを産んでも働き続けることが可能な仕事につきたいと,マンションの近くの小さな事務所に職を得て終了となった。このケースで私の印象に残っているのは,彼女の語る夫像である。面接が続いている頃,仕事で帰宅時間の遅い夫は,家事ができないA子さんに代わって休みの一日を掃除,洗濯,買い物に使っていた。特に不機嫌な様子もなく,「申し訳ないような気がして」というA子さんが,一人で申し訳なく思っているかのようであった。彼は「別に気にしなくていい」と言うだけである。彼女のとりとめのない愚痴にもよく付き合ってくれ,「あなたはどう思うか」と聞くと,「君がしたいようにしたらいい」と答える。

特に好きなものもなく,「多分仕事が一番好きなようだ」とのこと。彼の方から彼女に話したいことは「別にない」。聞いていて,彼女が投げたボールの全てが,ブラックホールに吸い込まれていくような印象であった。

(3)「できるものなら別れたいんです」——苛立ちから恨みへ

　20年,30年の結婚生活の後に,自分の人生は何だったのか,夫は自分にとって何だったのかを問い返し,果てしない空しさに捕らわれて相談室を訪れる妻たちがいる。その相談は「できるものなら別れたいんです」という言葉で始められる。社会的には何の問題もない夫は,妻には,自分のことしか考えない,人の気持ちのわからない人と映っている。

　B子さん(51歳)は,結婚して30年になる。すでに社会人となった娘と息子とがいる。B子さんが夫との離婚を考え出した直接のきっかけは義母の引き取り問題である。それまでのB子さんは,家事と子どもの教育費のためのパートを中心にした日々をおくっていた。義母は夫に先立たれたあと,義兄夫婦に引き取られていた。何度かの入院に,兄嫁に代わって付き添いをしたことはあったが,次男である夫が義母を引き取ることはないとB子さんは思っていた。その夫が突然母親を引き取ると言い出したのである。浪人をしていた息子の行く先も決まり,肩の荷を下ろした思いでいたB子さんにとって,降って湧いたような話であった。自分に一言の相談もなかったことにB子さんは抗議する。そのときに夫が「いいじゃないか」と言ったことに,「いい,悪いは私が決める」と猛反発。それから夫婦の間で小競り合いの毎日が始まる。この中で夫が言ったいくつかの言葉がB子さんの心にひっかかり続ける。「パートなんか遊びのようなものだ」「誰のお陰で好きにしていられるんだ」「お前は自分のことしか考えていない」等々。こうした言葉が,仕方ないと諦めて葬ってきた過去の数々の出来事を思い出させた(河野,1992)。夫は無断で,兄夫婦に母親を引き取りたいと申し出,さらにB子さんを逆上させる。このことを知った日に,B子さんは家出をする。家出といっても,一人住まいの娘のところに行っただけであるが,そこでB子さんは,娘を相手に夫への怒りをぶちまける。娘は,

「これからは母さんが生きたいように生きたらいい」と言ってくれる。何日かして，気持ちの落ち着いたB子さんは家に帰る。このあと，義兄夫婦から，「もめているところに母親をやるわけにはいかない」という断りが入る。B子さんは，あたかもB子さんのわがままであるかのように兄夫婦に話している夫が許せなかった。また，それ以降の，母親を引き取る話などなかったかのような夫の態度も許せず，憎しみに近いような激しい嫌悪を感じるようになる。この頃から，自分が我慢してきた過去のあれこれを思い出し，「(娘の言った)自分の生きたいように生きるという言葉に取りつかれた」ように別れることばかりを考え始めたという。感情の収拾がつかなくなったB子さんは，「できることなら別れたいのだが，そうした方がいいのか悪いのかわからない」と相談室を訪れた。このときのB子さんは，夫に対する恨みと憎しみでいっぱいになっており，「別れるにしても，この恨みや憎しみを晴らさなければ別れられない」ような気持ちであり，かと言って「どうしたら，この気持ちが晴らせるのかもわからない」という状態だった。

2 ディスコミュニケーション・セクシュアリティ

自分を主張せずに黙々と妻役割をこなしてきて，突然結婚生活に対する疑問と怒りに捕らわれた妻たちは，これからの人生をどう生きたらよいのかの答えを何とかして探そうとする。そうすることで，これからの自分を肯定したいと願うのだが，それは同時に今までの自分の人生の空しさを決定づけるものでもある。その空しさを何と引き換えにしたらよいのか。過ぎ去った時間に対する口惜しさはなかなか癒されない。こうした妻たちに夫とのセックスについてたずねると，考えたこともないといった調子で「何年もありません」という答えが返ってくる。彼女たちにとっては性は「テーマがテーマだからというより，関心事ではなくなっている」(河野，1992：74ページ)のである。ここでは，この問題について比較的詳しく話してくれたC子さんの例を紹介したい。

（1）週刊誌の中の"誰か"とのセックス──妻の気持ちと無関係のセックス

　C子さん（53歳）は，夫とのセックスで「よかったことなど一度もありません」と言い切る。C子さんの夫は，もし彼が今の時代の若者であったなら，A子さんの夫と同じようなタイプの夫になったのではないかと思わせる人である。その夫に対して，C子さんは，「マザコンで，自分では何も決められない人」と辛辣である。この辛辣さは，セックスについても同様であり，「あの人は，私にサービスしているつもりだったかもしれないけど」，そのときはいつも「早く終われとしか思わなかった」と言う。その最中に夫の顔を盗みみて「何を一生懸命になっているのか」としらけたり，「週刊誌みたいなことを」と馬鹿にしたりしていたと言う。この「週刊誌みたいなこと」という言葉は，C子さんが夫のことを語るときによく使われた言葉である。つまり，夫は週刊誌によって仕入れた知識をそのままに信じているとC子さんにはみえていたのである。セックスも「あの人は，私としているのではなく，週刊誌の中の"誰か"とやっていたんですよ」と言う。彼女に対する夫のかかわりも全て，彼女は同じように受け止めている。例えば，誕生日や結婚記念日のプレゼントも，「私が何をほしがっているかなどあの人には関係ないんです。あの人にとっては自分が妻に優しい男だということや，時代遅れの男ではないということの方が大事で，プレゼントもその証明のためにしているんです」と言う。だから，一度として夫からのプレゼントを嬉しいと思ったことはない。一応お礼を言いながら，「こんなもので私が喜ぶと思っているのか」と冷めた気持ちになり，そう感じることで自分自身も傷ついてきた。

　こうした冷やかな気持ちでいながらも，それなりに夫婦を演じてきたC子さんに破綻が訪れたのは，友人の離婚がきっかけだった。同じように冷えきった夫婦関係で，夫の悪口を言い合っていた友人がしばらくの音信不通の後，離婚を報告してきた。そのときは，何て馬鹿なことをする人だろうと思ったものの，そのときの彼女の明るい声の調子やさっぱりしたという言葉，さばさばした表情などが忘れられず，ある日突然にしみじみ羨ましいと感じたそうである。それ以降，自分も別れたいという考えが頭から離れなくなる。

第8章　セクシュアリティからみた夫婦問題

（2）「してくれることはしてほしいことではない」——妻からのセックスレス

「こんなことをいつまでしなければいけないのだろう」と思いながらも，断ることができなかったC子さんは，夜に用事を作り，夫が寝入ったあとにしか布団に入らないことにしていた。それでも断れないことがたまにあったが，はっきりとなくなったのは，C子さんが40代の初めからである。この時期，C子さんは，更年期障害の一つと思われるほてり，のぼせにしばしば襲われ，夜寝ていてもびっしょりと汗をかいて目ざめることがしばしばあったという。このことを理由に「あなたには迷惑をかけられない」という言い方で，夫と寝室を別にしている。このときにC子さんは，それまで2階であった寝室を，寝汗がひどくて夜中にシャワーを浴びたくなるからと，1階にしている。夫も2階から1階に降りてきて，また2階に戻るということをしてまでの欲求がなかったのか，そのときから夫婦の間にセックスはなくなる。以降寝室は別のままである。

C子さんにとって，セックスは「いつでも独りよがり」の夫を相手に，目をつむってやりすごすものであった。この夫の独りよがりに対して，C子さんは自分の欲求を伝えることはしていない。「どんなセックスだったら，あなたも満足できたと思うか」という問いに，C子さんはしばらく考えたあとに，「あの人が相手である限り，満足ということはあり得ないと思います」と答えている。そして，自分にもしてほしいと思うこともあったのだが，「不思議なことに夫がそうすると」途端にそれは自分にとって「してほしいことではなくなり，くだらないことになってしまうのだ」と言う。自分が夫の思うような人間でないことを示すために，自分の感じ方そのものも疎外していっているC子さんの心の姿がみえてくる。C子さんは，夫には自分の気持ちがわからないと言いながら，彼にわかってほしいとも，またわかってくれるとも思っていないのである。そして，夫が「勝手に」自分のことをわかった気でいるが，それとは違うのだという形でしか，自分自身を感じ取れなくなっている。

（3）「くやしくて涙が噴水のように」――妻の意志を無視したセックス

　B子さんもC子さんも，何度も別れたいと思い，その度に踏みとどまってきたと言う。相談室を訪れたときは，その気持ちを自分ではどうすることもできなくなり，かといって，離婚を実行する自信も勇気もないときだった。夫婦のセックスは，両者とも，すでになくなっていた。二人とも，そのことを避けるための生活のずれをわざわざ作り出している。夫自身の欲求も少なくなっていたのかもしれないが，彼らはこうした妻の抵抗をどのように受け取っていたのだろうか。この二人が夫に対して気持ちを閉じたまま30年も夫婦生活を続けてこられたのは，いわゆる妻・母役割を放棄していなかったことと同時に，夫婦の性に対する夫の淡泊さも関係があるように思われる。離婚に至ったケース，あるいは，すでに離婚をしてから相談室を訪れた女性たちの中には，「セックスさえなければ離婚しなかったかもしれない」という人たちがいる。そのうちの一人であるD子さんを紹介しよう。

　D子さん（38歳）は，離婚をしたあとも気持ちの整理がつかないと言って相談室を訪れた。D子さんの結婚生活の詳述は避けるが，始めからうまくいっていなかった。夫は，D子さんによると，「無責任で自分のことしか考えない人，大人としての精神的成長を全くしていない人」だった。その人間性に疑問を抱いていたD子さんにとって，夫との性生活は苦痛以外の何物でもなかった。D子さんは，終始激しい拒否を示しながらも，「他のことにはものぐさなのに，セックスのことだけはまめになる」夫の要求にほとほと疲れていた。毎夜，用もないのに夜更かしをしたり，電話で妹とお喋りをしたりして夫が眠るのを待っていた。外の車の中で時間を過ごしたことも度々あると言う。それでも子どもを抱えての離婚の決心はつかなかった。頼りにもならないし，腹が立つだけの男ではあったが，暴力をふるうわけでもないし，もしかしたらセックスの方も年とともに少しは治まるかもしれないと思っていたと言う。そのD子さんが離婚に踏み切ったのは，覚えのない妊娠をしたときである。何となく胃の調子が悪いと思っていたD子さんは，月経がないことに思い当たり，まさかと思いながら婦人科を受診し，妊娠を知らされる。そのときに，すぐに「あのとき

第8章　セクシュアリティからみた夫婦問題

だと思い当たる日があった」。夫の求めを半分眠ったまま追い払ったような記憶があるが，疲れていたのとつき合いで飲んだお酒のせいとで，いつの間にか寝入ってしまった夜があったそうである。夫が眠っている自分を相手にしたことを思ったとき，D子さんは「体から魂が抜けていくような」気がしたと言う。次の日に，一人で中絶をすませ，子どもを連れて家を出る。「くやしくて涙が噴水のように」あふれてきたと言う。その後D子さんは何の理由も言わずに離婚を申し立てる。夫からも周りからも「わけがわからない」「わがままだ」と言われながら，石のように押し黙ったまま，孤独な戦いのあとに離婚にこぎつけた。

3　妻たちの感情生活

　夫の問題で相談室を訪れる女性たちの中には，夫が浮気をしているのではないかという疑念に苦しむ妻たちがいる。こうした妻たちは，その疑念につき動かされ，夫の行動に目を光らせる。その顔色をはかり，浮気をしているかいないかの証拠を摑もうとする。彼女たちの気持ちには，夫のこと以外入る余地はない。

（1）夫への関心——疑念と不安とのサイクル
　E子さん（39歳）は，そうした妻たちの一人である。彼女は毎回の相談時に夫の行動を克明に記録したメモを持参していた。そのメモには，夫の帰宅時間から就寝時間，食事が進んだか否か，夫からかかった電話の時間とその内容，夫が寝た後に盗みみる財布の中身，手帳の記載事項などが記録されている。また，帰って来たときの夫の様子で気がついたことなどが全て書き留めてある。その頃のE子さんの一日は夫を観察し，夫のことを考えることで埋め尽くされていた。その執拗さには，聞いているこちらが圧倒されそうであったが，E子さんには，夫の行動の全てが浮気の可能性を示しているようにみえていた。疑念が不安を生み，さらにその不安が疑念を生むというサイクルに捕らわれてい

た彼女には，夫から目を離すことなど，とても考えられなかったようである。この頃のE子さんは，夫が仕事以外で自分から離れることを許していない。可能な限りどこにでもついて行き，夫が家にいる間は近所への買い物にも出なかった。夫を一人にしておくと，女性と連絡をとるのではないかと思えたからである。夫が仕事の必要上，ある資格の取得試験を受けたときも，会場入り口まで見送り，終了時間まで向かいの喫茶店から見張り続けている。それでも途中で裏口から出て行ったかもしれないという疑いは消えない。こうした不安な気持ちを，E子さんは，相談室を訪れる前に，母親や姉妹，友人に話している。しかし，他人による否定の言葉はこのようなとき全く力をもたない。E子さんの気持ちは「夫が浮気をしているかもしれない」というところから少しも動かなかったようである。

　このE子さんにとって，夫との間にセックスがあるかないかは非常に重要なことであった。「男の人がそんなに長い間"なし"ですませられるはずがない」し，「男の人は，刺激的なものを見聞きするとしたくなるものだから」長い間ないということは，どこか他でしているに違いないのだと言う。セックスの質云々よりも，とにかく"あるかないか"なのだ。そしてセックスがある場合には，そこから夫が浮気をしているかどうかのサインを読み取ろうとする。しかし，否定にしろ，肯定にしろ，何らかの確信につながるサインが，そこから得られたことはない。E子さんの疑惑のサイクルは，夫の浮気の事実をみない限り終わることはないかのようであった。

（2）その場限りの関係——別の自分になったような快感

　夫との葛藤に苦しむ妻たちは，その孤独から他の男性を求めていく。実際に行動するかどうかは別にしても，多くの妻たちが，話を聞いてくれる人がほしい，恋人がほしいと感じている。その欲求のレベルは様々だが，以前に何らかの付き合いのあった男性に連絡をとり，話を聞いてもらっている妻たちも多い。E子さんも大学時代の友人に電話をかけ，夫のことを話している。こうした例で恋愛に発展していくケースもあり，その相手も，以前の恋人や友人，テレク

第8章 セクシュアリティからみた夫婦問題

ラで知り合った男性と様々である。ここでは，テレクラ中毒とでもいうようなありかたへとつながっていった例を紹介しよう。

F子さん（36歳）は，「我ながら異常だと思う」と相談室を訪れている。彼女の場合も夫との結婚生活はうまくいっていない。夫は社会的な地位があり，F子さんとは10歳の年齢差がある。仕事中毒のような暮らしをしているが，仕事以外のことでは「年齢以上に枯れている」。それでいて年相応の成熟も感じられないというのが，F子さんからみた夫像である。自分たち夫婦のありように不満を感じていたF子さんは，ことごとく夫と対立。夫は，自分を非難するF子さんに苛立ち，暴力をふるうようになる。力で口を封じられた形になったF子さんは，話し相手を求めてテレクラに電話をする。最初は電話で話すだけであったが，あるとき相手の熱心さに会ってみてもいいという気になる。「最初が一番ハードルが高かった」と言うF子さんは，その後，テレクラに電話をしては男たちと会うようになる。受話器を取り上げる瞬間，約束の場所で男を待つ時間，男が現れる瞬間，ラブホテルに二人で入る瞬間。こうした瞬間，瞬間の昂りが好きだと言う。これが最後と思いながら，2～3日も経つとまた電話をしたくなる。一時は毎日のように電話をしていたと言う。F子さんの面接はテレクラでの体験から，夫との関係，自分自身のことへと話が進み，その過程でテレクラへの電話もなくなっていった。優秀で，高い能力をもつF子さんは，嘱託ではあるが，彼女の専門性を活かせる職場をみつけて面接を終了している。

終了に近づいた頃に，テレクラ体験の意味を改めて聞いたことがある。「期待するわりには，どれも同じようなもの」と言うF子さんには，テレクラでの男たちとの出会いもセックスも，特に意味はなかったようである。それよりも，自分と相手が，お互いを探り合う，その緊張感がよかったと言う。自分がどんな女なのかと思いながらみられていることも快感だったし，正体不明の女としてふるまうことにも密かな優越感があった。何よりも，相手に必要以上に配慮しないですむ「その場限りの関係」には「解放感があった」。F子さんによると，テレクラに来る男は「基本的にはもてない男だから，せっかく捕まえた女

を逃がしたくない」。だから，F子さんの機嫌や様子に敏感に反応すると言う。関心をもたれ，しかも自分が主導権を握る関係には「力をもった感じがして，別の自分になったような快感があった」と言う。「あの種の気持ちよさは日頃の暮らしの中にはない」というのが，F子さんの過ぎてみての感想である。

（3）夫，関係，現実の相対化へ

　E子さんとF子さん，一見全く異なってみえる二人を紹介した。E子さんはその感情生活の全てを夫に依拠し，F子さんは自分が有能感をもつために男たちの存在を必要としていた。二人の感情生活には，他者の存在が不可欠である。

　相談室を訪れるまでのE子さんの生活は，夫中心のものである。夫の好みに従い食卓を整え，自分の化粧や衣服から行動まで，全てを夫の意向に合わせていた。夫の生活上の必要の全てを引き受けていたE子さんは，夫の快が自分の快であり，夫からの評価が自分の生きがいであるという生活を送っていた。その頃の夫の行動の全ては自分への愛情を意味していた。そして，その同じ行動に不安を感じるようになり，疑念に捕らわれていく。

　E子さんが，夫の浮気を疑い始めたのは，末子が小学校2年になったときであり，その前年には，彼女の母親が介護していた祖母が亡くなっている。PTA役員や地域の役員も全て，その前年までで終わっている。介護で疲れている母親の体を心配する生活から解放され，時間を拘束される子どもの幼稚園時代も終わり，E子さんはこれから夫との生活を楽しもうと考えていた。夫の趣味は古本屋巡りと考古学。一緒に楽しもうと思い，少し付き合ってみたが，E子さんには全く興味が感じられなかった。その頃にちょっとしたきっかけから夫に疑いをもち始める。E子さんと夫とは熱烈な恋愛結婚で結ばれている。「恋愛の幻想性とは自分の幻想を相手に汲みとってもらい，それを共有化してもらうことに他ならない」（河野，1990：116ページ）。新婚時代と子育て期を経て，もう一度夫との生活を楽しもうと考えたとき，かつて自分に幸せをもたらしてくれた夫がE子さんにはどのような人にみえたのだろうか。E子さんの苦しみは，夫という人を新たに相対化して捉え直すための一種の通過儀礼だったので

第8章　セクシュアリティからみた夫婦問題

はないかと思われる。F子さんの場合も，それが全てとは言わないが，自分の理想とは異なった夫に対する失望から，改めて夫を一人の普通の男として受け入れ直すため，言い換えるならば，理想あるいは幻想とあまりに違ってしまった現実を，現実として捉え直すために必要な行動だったのかもしれない。

4　パワーゲームとしてのセクシュアリティ

相談室で語られる性に関する考え方や知識は偏っている，あるいはステレオタイプ的であるという印象をしばしば受ける。彼女たちの知識は，自分自身やパートナーにたずねて得た知識ではないという意味で，C子さんが言うところの週刊誌情報と変わらない。こうしたステレオタイプの性知識や性に対する様々なタブーは，セクシュアリティにまつわる葛藤に正面から向き合うことを妨げるばかりではなく，夫と妻という二人が向き合うことをも妨げている。

（1）「男の人のセックスについて知りたい」——無知につけこんだセックス

G子さん（35歳）は，「男の人のセックスについて知りたいんです」と言って，相談室を訪れている。詳細は略すが，夫とのセックスはG子さんにとって非常に凌辱的なものであった。相談室に来る2年程前から，要求される行為がG子さんにとって苦痛なものばかりになっていった。G子さんが「こういうのはあまり好きではない」と言うと，夫は「こんなのは普通の夫婦の間なら当たり前のことだ」と言い，ビデオを見せられた。「知らないふりをしてかまととぶっている」とも言われている。他の女の人はこんなことが楽しいのだろうかと思っても，聞いてみる人もなく，夫に「女の人でもこういうことが好きな人がいるのか」と聞いている。夫は，友人の名前をあげ，その妻も積極的にこういう行為を楽しんでいると言い，「ぶつぶつ言うのはお前だけだ」と言う。G子さんには，夫が友人と妻とのセックスについて話をするというのも驚きだったが，それを聞いて，それなら自分の方がおかしいのだろうかと思う。

彼女は，音大受験生対象という，かなりハイグレードなピアノ教師である。

彼女自身演奏家を夢見ていたこともあり，幼い頃からピアノ一色の暮らしだった。短期ではあるが，留学をしたこともあり，現在も自分自身のための練習を欠かさない。彼女の夫のセックスが変わったのは，彼女が母校の教師としての職を得たときからである。つまり，彼女が町の音楽教室のピアノの先生から，非常勤とはいえ，大学の先生になったときからである。そのことが夫のセックスの変化と関係があると思うかという私の問いは，彼女にはピンとこなかったようである。とにかく，夫の行為は次第にエスカレートしていき，彼女が嫌がると「ピアノばかり弾いているから大人の女になりきれていない」と言う。そして，「勉強だ」と言って「妙なビデオ」をみせられて，その後にそのビデオにあったことをさせられると言う。聞いていて胸の悪くなるような話であった。G子さんが相談室を訪れたときには，苦痛だった性生活がさらに恐怖を感じさせるものとなり，脅えで仕事や練習に集中できなくなっていた。実家に行くと家に帰りたくなくなるのだが，こんなことを両親に話すわけにもいかず，どうしたらよいのかわからなくなっていた。また，「もしかしたら夫の方がおかしいのではないか」という気持ちと，「もしそのような性生活が当たり前のものなら，やはり自分がおかしいのだろうか」という気持ちとがあった。面接の中で，自分の感じ方がおかしいのではないこと，嫌なら断ってもいいのだということを，次第に納得していったG子さんは，あるとき実家に帰り，それから夫の待つ家には帰らなかった。

（2）「女としての魅力がないから」——夫からのセックスレス

　H子さん（34歳）は，「夫とのセックスのことで相談したい」と言って相談室を訪れている。相談内容は，長女の出産以降，夫との間にセックスがないことであった。

　H子さんの夫は土地の旧家の長男。家も親が所有する土地内に建ててもらい，夫は親戚の会社に勤めている。両親は土地が産み出すお金で生活しており，夫はそちらからも十分過ぎるほどの副収入を得ている。夫はアウトドアが好きで，結婚前は，それが彼の活動性や男らしさにみえた。H子さんは，長女出産後の

第8章 セクシュアリティからみた夫婦問題

「次は男の子だね」という声に，自分にかけられている期待の中身を改めて知る。こういう声は，嫁であるH子さんに集中し，夫にはかけられない。「どうしてだろうねえ」という周囲の声に，H子さんは悩まされ傷つけられ続けている（フィンレージの会，1994）。その辛さを訴えても夫は「ほっとけ」と言うだけである。排卵日にそれとなく誘いをかけると，「疲れてる」「その気にならない」，果ては「お前に女としての魅力がないからだ」「そんなことばかり考えているのは淫乱だ」と言いたい放題である。そして，「お前が俺をその気にさせたらできなくもない」などと，気をもたせるようなことも言う。「その気にさせる」とは，たてておだてて，至れり尽くせりにして，夫をいい気持ちにさせることだと言う。しかし，話を聞いていると，夫にはそんな気などまるでないことがわかる。その他にも，「女学生みたいな白い下着なんかみると，その気が失せる」とか，「男みたいに短い髪の女とやる気にはならない」とか，本気か冗談かわからないようなことも言う。「くだらないことを」と思いながらも言われると気になり，髪も切れない。また，「もっと色の白い女がいい」「胸が小さすぎる」「足が太い」などと，H子さんにしたら，侮辱としか受け取れないようなことも言う。H子さんもひどいとは思うが，こういうことだけを始終言われているわけでもないので，我慢ができていると言う。

　H子さんは，とにかく男の子さえ生まれれば，後はどうでもいいとさえ思っているのだが，夫にその気はない。長男として両親の期待をどう思っているのか，期待されて辛い妻の気持ちをどう思っているのかを聞いても，「女の魅力論」に話をすり替えられる。H子さんは，夫からは「女として駄目」とされ，男の子を産まないことで，周りからは「嫁として駄目」とされている。彼女が「嫁として駄目」とされる原因の一端は夫にある。夫に対するH子さんの怒りは募るが，妊娠の可能性が遠のくかもしれないと思うと，その怒りも内向せざるを得ない。そして，何とかセックスをと思って，夫の機嫌を取ろうとしている自分にますます惨めになっていくのである。

（3）パワーゲームの舞台となったセクシュアリティ

　この二つのケースは，セックスが夫婦のパワーゲームの舞台となっている。G子さんの場合は，夫の行為が特別なために，その無知が際立ったケースである。

　G子さんの夫は，高校の同級生であり，高校卒業後，専門学校に進んでいる。卒業後の修業生活も終え，一人前の職人として雇われる。同窓会での再会が結婚のきっかけだが，G子さんにはそんな彼がとても大人にみえ，その生活力とバイタリティ，社会人としての自信のようなものに魅かれたと言う。このときは夫に何の葛藤もなかったのだろう。しかし，彼女が母校の教師として職を得たときに，大学の先生になってしまった妻に夫がある屈折した思いを抱いたであろうことは想像に難くない。同年齢の夫が，何をもって妻に対する優位を保つかというときに，性が夫婦のパワーゲームの舞台となり，妻の無知が夫の武器となっている。夫がそのことに意識的だったとも思われないが，このことでG子さんは，確かに頼りない世間知らずのお嬢さんに逆戻りしたのである。

　H子さんの場合は，旧家の嫁としてのH子さんと，その立場を理解しようとしない夫との争いであるが，それが，セックスの"あるなし"の争いに集約されている。H子さんの生活には，旧家の嫁としての様々な制約が課せられているが，夫は跡取りとしての制約などまるで意に介さない。その生活態度の無自覚さは嫁の責任と，非難は常に嫁であるH子さんに向けられる。夫はますますアウトドアライフへと逃げ込み，自分がそうせざるを得ないのは，H子さんの妻としての至らなさ，魅力のなさに原因があると言う。跡取りとしての無自覚さを非難する立場だったH子さんは，夫からのセックスレスとこの論法とで，完全に逆転に追い込まれる。現在も社会に深く内面化されている嫁・妻役割観と女性に対する二重規範から自由にならない限り，この争いでのH子さんの勝ち目はないように思われる。跡取りを産むという周囲からの圧力がなければ，H子さんもここまで追い詰められなかったかもしれない。[2]

第8章　セクシュアリティからみた夫婦問題

5　夫と妻のセクシュアリティ

　相談室で語られた夫婦の関係とそのセクシュアリティとを紹介してきた。日本の夫婦関係でのセクシュアリティの貧困さについては，しばしば語られるが，ここに紹介した例は，その貧困さの表れと言ってもよさそうな例ばかりである。確かに，性的な関係が良好だと感じている夫婦は，自分たちの夫婦関係そのものもまた良好なものと感じている（共同通信「現代社会と性」委員会他，1984）。したがって，夫との葛藤で相談室を訪れる妻たちのセクシュアリティが豊かではないのは当然かもしれない。相談室で語られるセクシュアリティからみえるものについて，最後に考えてみたい。

（1）夫側の関係を作る能力の不足と妻側の自分を規定する力の不足

　村瀬幸治は，「性のもつ意味が，生殖につながるものから，ふれあう喜びを与え合うことによって寂しさを癒し合い，生きがいを分かち合うものへ次第に変わりつつある」（村瀬，1996：14ページ）と言う。その一方で，2節で取り上げたような全くコミュニケーション不在のセクシュアリティがある。なぜ，このようなディスコミュニケーションが起こるのであろうか。

　その一つとして，夫の側の関係を作る能力の不足をあげたい。河野貴代美は情緒的コミュニケーションがうまくいかない亭主関白タイプの夫に対して，「何を考えているのかわからない」夫たちを「不透明タイプ」と名付け，「不透明夫は，コミュニケーションどころか，明らかに情緒的関係から逃げている」と言う（河野，1992：103ページ）。そして，こういう夫をもつ妻たちの不満は「夫の内面生活がない，それが見えない，との不満につながる」（同：118ページ）と言う。A子さんのケースでも，横暴でもなければ話がわからなくもない，穏やかで協力的な夫に対して，A子さんは「なぜ」という苛立ちと「何か面白くない」という気持ちを感じている。この苛立ちや不満は，B子さんやC子さんにも共通している。内面生活のない，情緒的関係から逃げている人と

どのようなコミュニケーションが可能なのか。苛立つのは，A子さん一人だけではない。

　一方，夫たちとは違った意味で，妻たちの内面生活もまた貧しい。感情生活の全てを夫に依拠している例として，E子さんのケースをあげたが，妻たちの多くは，夫や子どもから離れた別個の感情生活をもたない。女性は結婚すると，夫や子どものこと以外に話がなくなると言われる所以である。これは，女性が社会化される過程で，自分固有の世界をもつことを奨励されず，他者をケアするように育てられるためである。その社会的役割期待から，程度の差はあれ，女性は感情生活の多くを他者に依拠している（アイケンバウムとオーバック，1988）。また，その表裏のこととして，F子さんのように，他者から関心を寄せられることで，初めて生き生きとした自分を感じることができるという例がある。彼女は，他者の目と関心にさらされることによって，抑圧的な日常から離脱する。そこで別の自分を生きることで，日常の不充足感を抑圧する。「自分がどんな女なのかと……みられていることは快感だった」というF子さんには，自他の欲望の区別がつかない。もちろん，恋愛や性的関係には，こうした同化作用が少なからずつきまとうものではあるが，「男性の〈まなざし〉によって，……彼らのほしいままに存在を規定されてきた」（河野，1990：81ページ）女性は，日常の関係においても，相手の視線，欲望や欲求を通じて自分自身を規定する。感情生活を他者に依拠し，しかも自分自身を規定する基準が自分の中に見出せないとき，その自己感覚はどこまでも危ういものになる。G子さんとH子さんは，夫の言葉により，自分自身の感覚への確信を失い，その自尊心を失っていく。十分に自己感覚を育てることから遠ざけられている女性には，他者からの恣意的な規定を跳ね返す力は育っていない。

（2）性に対する諦めと無関心——伝え合うことの難しさと苛立ち

　G子さんの例で，性に関する妻の無知を取り上げたが，先に書いたとおり，たまたま夫の要求が特別なためにその無知が際立ったに過ぎず，夫とのセックスに満足していないにもかかわらず，こんなものだと思っているのは，他の大

方の妻たちにも共通である。また，E子さんのように，セックスのあるなしに重大な関心を寄せている場合でも，その性知識はステレオタイプ的である。なぜ，妻たちは，セクシュアリティについて，自分自身に確かめ，夫に確かめることから遠ざけられているのだろうか。

その理由として，女性の他者優先，男女での異なる性規範，性にまつわる神話があげられる。C子さんに限らず，嫌と言えない，断れないという女性は多い（モア・リポート班，1983）。これは，相手の要求に合わせるという女性の対人関係のあり方の現れの一つであり，彼女たちの多くは，夫の欲求を妨げることに罪悪感を感じている。そしてその表裏のこととして，自分の欲求を伝えていない。要求することそのものに，ためらいがある。『モア・リポート』に登場する女性たちは，「受け身の自分から抜け出せない」「『色情狂だな』なんて思われたくない」「もめごとを起こしたくない」（同：549ページ）等々と，その気持ちを様々に表現している。また，「お互いの感じ方を伝えてきたので，不満全くなし」（同：552ページ）という人がいる一方で，様々な理由からオーガズムのふりをする女性の声も報告されている。また，「（男性の側の思い込みには）お手上げ」「さわってほしくないところがあるのに，いつまでたっても覚えない」（同：546ページ）等々，伝え合うことの難しさと苛立ちについての声も数多くある。こうした声は，相談室を訪れる女性の声とも重なる。お互いに伝え合える可能性と，伝え合う意欲があるときにこそ，人はそのことを真剣に考えることができる。伝える内実も，伝え合う姿勢も方法もないときに，そのことについて真剣に考えるのは，自分の無力感をさらに強く感じさせられるだけなのかもしれない。『モア・リポート』では，「結婚の中の性もまた，多くの矛盾を含んでいる。それらについての不満や悩みを語ってきた女性たちは多い。しかしそんな女性たちの中に，結婚そのものの現状を認識し，パートナーとの関係のあり方を考えたり，積極的に変えていこうという姿勢をもつ人は少ない」（同：740ページ）と報告されている。情緒的コミュニケーションが成り立たない夫婦が，性的なコミュニケーションも諦めたとき，残されるのは役割に基づく関係のみである。

（3）性別役割分業に基づく関係――従属する者としての妻たち

　様々な思いを抱えながらも，30年近い夫婦生活を送ってきたB子さんとC子さんだが，その夫も，「家族の生活を経済的に保障すること」（東・小倉，1984：102ページ）という役割は果たし続けている。それぞれの役割をこなしている限り，二人の関係に生じている，生き方やコミュニケーションの齟齬を隠蔽できるのが日本の夫婦関係であるが，こうした夫婦の関係には，権力関係というもう一つの側面がある。

　「（性）行為が生じるコンテクストは，男が女に対し，社会的，経済的，政治的，肉体的権力を握っているコンテクストである」「行為としてのセックスは，しばしば，女に対する男の権力の表現になる」（ドウォーキン，1989：216ページ）。G子さんとH子さんへの虐待を可能にしているのは，結婚というシステムであり，夫婦という関係である。現在のところ，このシステムと関係の中にいる限り，女性は従属する者の位置から逃れられない。このことに敏感な女性は，女性に許された形でその失地回復を図ろうとする。それが，C子さんの夫に対する密かな侮蔑であり，不感であり，セックスレスである（河野，1990）。F子さんの夫との対立，H子さんの夫に対する非難もまた，この中に数えられる。しかし，貶められた自尊心の回復をその関係の中で取り返そうとするとき，女性はますます勝ち目のないパワーゲームに捕らわれていく。女性の側からの支配，コントロールは女性に課せられたケア役割と表裏一体であり，その尊厳はパワーゲームから降りることによってしか取り返せない。不当で偏った役割から降りない限り，女性はより多くを奪われ続け，多過ぎる支払いを取り戻すために，そのセクシュアリティを，少しでも多くを相手から奪うもの，あるいは，与えることを拒否するものとしてしか形作れなくなる。女性が，一方的なケア役割から降りたとき，そして自分で自分を規定するとき，多彩な感情生活をもつことができたとき，そのセクシュアリティは，少しは違ったものになるのだろうか。もちろん，女性が変化するだけでは十分ではない。しかし，固定化された性別役割分業こそが桎梏であると，夫たちが感じるのは一体いつのことなのだろうか。相談室で妻たちの訴えを聞いている限りでは，そう思わざるを得

ないというのが正直な感想である。

　注
⑴　ここで紹介するケースは当然のことながら，相談者のプライバシー保護のため，実在のケースそのままのものではない。いくつかのケースを組み合わせたものであり，紙数の都合上，本章の趣旨に沿った形で内容を簡略化している。また，細部に関しては，私の創作の部分もあることをお断りしておきたい。ただし，ケースの本質的な意味に変質がないように配慮した。
⑵　G子さん，H子さんのケースの本質的な問題は，セクシュアリティではなく，暴力による支配の問題である。このような例は，ドメスティック・バイオレンス（夫・恋人等からの暴力）に見られる精神的暴力，性的暴力の典型的なものである。ドメスティック・バイオレンスに関しては，フェミニストカウンセリング堺ＤＶ研究プロジェクトチーム（1998）『「夫・恋人（パートナー）等からの暴力について」調査報告書』参照。
⑶　実際にこうした支配関係が見られるのは夫婦関係においてのみではない。パートナーからの暴力は，恋人，内縁関係，元夫等，あらゆる親密な関係に存在する。

引用・参考文献

東清和・小倉千加子，1984『性役割の心理』大日本図書。
Dwokin, Andrea, 1987, *Intercourse*, The free press.（寺沢みづほ訳，1989『インターコース』青土社。）
Eichenbaum, Luise, & Orbach, Susie, 1983, *Understanding Women: A Feminist Psychoanalytic Approach*, Basic Books.（長田妙子・長田光展訳，1988『フェミニスト・セラピー』新水社。）
フェミニストカウンセリング堺ＤＶ研究プロジェクトチーム，1998『「夫・恋人（パートナー）等からの暴力について」調査報告書』。
フィンレージの会，1994『レポート不妊』フィンレージの会。
河野貴代美，1990『性幻想』学陽書房。
——，1992『ビジネスマンの夫へ』経済調査会。
共同通信「現代社会と性」委員会，石川弘義・斎藤茂男・我妻洋，1984『日本人の性』文藝春秋。
村瀬幸浩，1996『ニュー・セクソロジー・ノート』東山書房。
モア・リポート班編，1983『モア・リポート』集英社。
横浜市女性協会，横浜市婦人相談，かながわ・女のスペース"みずら"，1996『横浜市女性相談ニーズ調査報告書Ⅰ』横浜市女性協会。

第❾章
夫婦関係の終結のあり方
──離婚をめぐる諸問題──

榊原富士子

　日本の離婚の数は，大きな流れでみれば1960年代の後半以降約40年間近くおおむね上昇カーブを描いてきた。84年からいったんやや減少したが，91年からは再び増加している（図9-1参照）。1999年の日本の離婚件数は年間24万9000件（推計），離婚率は1.98である。同年の結婚件数が77万3000件であるので，「3組に1組の割合で離婚」ということになる。長年欧米に比べれば低率であると言われてきたが，1998年には，欧米の低率の国と同程度になった。

　離婚調停の申立ての7割は女性からであり，未成年の子がいる離婚は約60％，離婚後の親権者は78％が妻，しかし養育料を支払い続けている夫は約15％にすぎず，別居している親が送る養育料の平均は子ども1人あたり月額約3万円で，離婚母子の平均年収は200万円程度である。

　こうした数字からは，女性から離婚を求めることの方が多く，子どもと別れるのは夫であり，いったん別れた後は子どもと夫の関係は疎遠になり，母子家庭の生活は大変苦しい，しかしそれでも離婚は増え続ける──といったようなおおざっぱな離婚の様相がみえる。

　一方では元気な離婚といったイメージも描かれるようになってきたが，実際には，多くの人は一度は悩んで眠れない夜を重ねて苦しんだり，体重も落ち，時には死ぬことも考えた末に離婚にふみきるのである。あきらめずに人生を切り開く意欲，一人暮らしの淋しさやこわさよりも風通しよく胸をはって生きることを選ぶ勇気がなければ，離婚を自分から決心することはなかなかできない。離婚の増加から，家庭の崩壊だけではなく，家庭を再生しよりよい人生を生きようとする意欲的な傾向も読みとるべきであると思う。

第 9 章　夫婦関係の終結のあり方

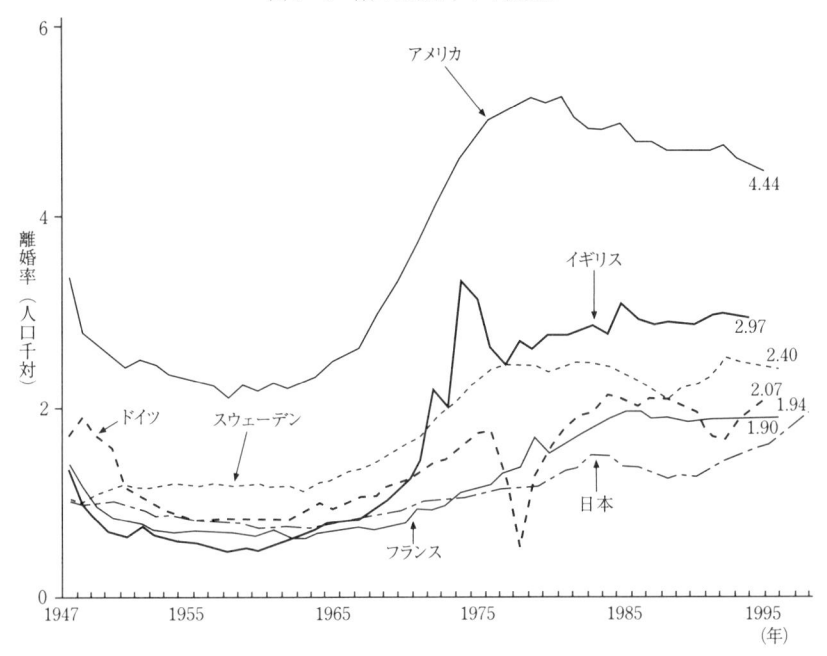

図 9-1　各国の離婚率の年次推移

注：(1) イギリスは1970年まではイングランド・ウェールズである。
　　(2) ドイツは1990年までは旧西ドイツである。
資料：国連「世界人口年鑑」，厚生省「人口動態統計」。

本章では，現在の離婚の概要を把握して，調停や裁判等の実務にたずさわる者として普段感じている問題点を考えてみたい。

1　最近の離婚の概要

(1) 離婚年齢

別居時の年齢については，夫婦とも20代後半という組み合わせの離婚が最も多く，数としては依然として若年の離婚が多い。

一方，中高年離婚の伸び率も高く，同居期間20年を超える夫婦の離婚の割合は1970年代後半から増え，47年に離婚全体の3.1％であったものが97年には

15.7％に増えている。子育て終了前後に離婚する中高年離婚が増えていることがわかる。

一方，離婚の増加にあわせて高齢者どうしの再婚も確実に増えている。男女とも60歳以上という高齢再婚は，85年からの10年間で2倍に伸び，95年では1,338件である。離婚後に男性は10人に7人，女性では10人に6人が再婚をしており，とくに女性の再婚率が伸び男性に近づいてきた。人生を意欲的にやり直そうとする傾向の一つの表われである。

（2）離婚の方法

離婚の方法には，協議，調停，審判，判決の4通りがある。1997年でみれば，協議離婚がほとんどであり90.9％，調停離婚が8.2％，審判離婚が0.0％（あまりに少ないので％にはならないが件数では81件），判決離婚が0.8％である。この割合は調停制度が定着した1960年代以降ほとんど変わっていない。ただし，地方裁判所の離婚事件のうち31.2％，高等裁判所の離婚事件のうち40.1％が和解で終わっており，そのほとんどは和解して協議離婚するというケースであるとみられるので，実際には裁判にまでいたったケースは，1％よりもう少し多いと思われる。

（3）夫婦のいずれが申し立てているか

離婚の調停を申し立てるのは，法律婚では71.30％が妻からであり，事実婚では73.35％が妻からである。法律婚でみれば，1986年の75％をピークに妻からの申立て割合はわずかずつ減ってきている。60歳以上では夫からの申立てが増えつつあり，46.8％（1995年）と5割近くになっている。

しかし，最初に離婚を求めたのはどちら側であるのかというのは実際には微妙な問題である。家を出たが離婚の意思まではなかったとか，出ていけと言ったが相手に反省してもらうためであったなど，さまざまである。

妻からの申立ての方が多いのは，離婚を拒んでいるのは夫の側であるという単純なことではなく，資産が男性名義になっていることが多いので，妻の側か

ら離婚給付を求めることの方が多く，離婚自体には異論はなくても離婚給付の協議がまとまらず調停にいたるという数もある程度含まれているからであると思われる。

（4）離婚の理由

　離婚調停の申立書には，「申立の動機」という欄がある。ここから離婚の原因がある程度推測できる。男女とも「性格が合わない」をあげる人が最も多く，妻側は次いで「暴力をふるう」「異性関係」「生活費を渡さない」の順であり，夫側は「異性関係」「家族・親族と折合いが悪い」「同居に応じない」の順である。複数の理由を申告できるので，すべての理由を吸収してしまう「性格が合わない」（つまり性格の不一致）が最も多いというのは当然であるが，年々「性格が合わない」が増えており，1961年に男女あわせて30％であったものが，97年には51.7％になっている。女性で暴力を理由にあげる人の割合は78年をピークに少しずつ下がってきており，97年は30.1％である。夫婦間暴力は，最近真正面から社会問題として取り上げられるようになり着目されているが，夫の暴力件数が増えてきたというよりは，長い間問題が潜在化していて重要視されていなかっただけであるということができよう。

　「性格が合わない」というのは必ずしも適切な表現ではない。もともと性格が違う者どうしが結婚するのである。「価値観が合わない」といった方が正確であろう。何でもこの「性格が合わない」という項目に吸収されてきたきらいがある。最近の動向を知るには，「夫婦の役割についての意見が合わない」，「威圧的態度（支配的態度）」などの新しい項目も検討すべきであろう。

（5）事実婚（非届出婚）の離婚

　事実婚の離婚は，もともと結婚の届出がないから，別れの処理も比較的簡単である。家庭裁判所では事実婚の解消も調停事件として扱う。戦前から判例は一貫して「内縁」という名称で事実婚を法的に保護し，民法の法律婚の規定を準用してきた。慰謝料も財産分与も，法律婚に準じて法的に追及することは可

法律婚と違うのは，事実婚の離婚調停申立件数が年々減っていることである。1970年には申立てが2643件，うち離婚成立が1173件であったが，97年には申立て608件，離婚成立が218件である。戦後，婚姻届出の早期励行が定着し，事実婚が激減していったから離婚の申立ても減っていったとみるべきであろう。一方最近は，事実婚を積極的に選択する例がやや増えつつあるが，積極的に事実婚を選んだ者の離婚では，裁判所に頼らない当事者自身での解決能力も高いとみるべきなのだろうか。

　離婚の申立ての73.4％が女性からであり，この点は法律婚での71.3％に近い。法律婚と異なるのは，民法の婚姻の規定が準用されるといっても，慰謝料や財産分与などの権利請求には消極的になりがちであること，夫婦関係の終了がはっきりしないため，破綻して別居していてもいつまでも関係がすっきりしないという悩みもあることなどである。事実婚では子どもについては単独親権にせざるをえないから，軽い意識で親権者を夫としておいたところ，離婚後，現実に養育しているのは妻であるのに親権者を夫から妻に変更するのに大変な苦労をするという例もある。事実婚では離婚は概して簡単，しかしいったんこじれると面倒さは法律婚に劣らない。

（6）欧米との比較

　戦後まもなくは，戦争の影響によってどの国も離婚率が高かったが（図9-1参照），その後，一様に離婚率が低下し，おおむね1955年から60年頃を底にしその後再び上昇している。日本も同様である。

　その要因として各国に共通するのは，高度経済成長による都市化，工業化，女性の社会進出などの経済的社会的要因と，女性の自立と自由の尊重，固定的性別役割分業への批判，離婚に対するタブー視の弱化などの文化的要因があげられている（利谷，1996：69ページ）。

　欧米では日本に比べて離婚率の上昇カーブが急であったが92年頃からやや落ちつきをみせている。最近ではアメリカが4.44（1995年），イギリス2.97（1994

年), スウェーデン2.54 (1995年), ドイツ2.07 (1995年), フランス2.01 (1995年) である (図9-1参照)。

　日本は98年には欧米の離婚率の低い国並にまで上昇したが, それでも欧米と比べると戦後から一貫して低率である。この違いをもたらす要因としては, 次のような点が考えられる。

(7) 欧米の離婚制度の破綻主義化

　まず欧米では破綻主義がすすんだことがあげられる。かつて有責主義立法のもとで協議離婚制度のない欧米では, 形骸化した婚姻を多く生み出した。離婚に合意している当事者は, やむなく有責原因を偽装してまで裁判所に申し立て離婚した。そこで欧米では, 1960年代から70年代にかけて, 離婚原因の破綻主義化がすすみ, 離婚の増加をさらに促した。もっとも, 離婚の増加が法改正を促したのであり, 法改正が離婚の増加の真の原因ではない。

　現在, 欧米では一定の別居期間が存在することを破綻とみて離婚を認める国が多いが, フランスでは6年の別居, ドイツでは1年の別居 (別居合意があるとき) あるいは3年の別居 (合意のないとき), アメリカでは州により異なるが, 短いところでは6カ月 (カリフォルニア州) の別居を離婚の要件としており, 破綻主義化がすすんでいる。

(8) 男女の賃金格差

　次に, 先進諸国の中では, 日本の性別役割分業観は根強く, 男女の賃金格差の解消が遅れていることがあげられる。

　男性の賃金に対する女性の賃金比率は, たとえばアメリカ75.5 (1995年), イギリス71.2 (1993年), フランス80.8 (1993年) であり, 欧米ではおおむね70%を超えているのに対し, 日本は63.5 (1996年) と極端に低い。このため, 日本の女性は離婚後の就業・収入に展望がもちにくく, 破綻しても離婚にはつながらず家庭内離婚にとどめている夫婦が少なくない。すなわち, 離婚率の低さは, ただちに家庭の安定を示しているわけではない。世界価値観調査によれば, 調

査対象となった世界33カ国の中で，日本の夫婦の価値観の共有度は際立って低く最低である。とくに，性については25.4％しか一致しておらず，低い方から二番目のロシアの45.9％からも大きく引き離されている。[12] 日本人は，価値観が合わなくても夫婦でい続けることができるから離婚が少なかったともいえるのである。

2　日本における離婚増加の原因

(1) 経済的要因

　離婚が増え続ける原因としては，一般的には次のような要因が指摘されている。

　第一には，経済的な要因である。女性の雇用機会が増え，児童扶養手当等の社会保障制度が一応整備され，離婚後の生活への不安感が減少してきていること，とくに，離婚しても女性が子どもをひきとれるだけの経済条件がなんとか確保できるようになったことは，離婚増加の大きな要因である。1965年を境に，子の親権者になる者の割合が夫婦で逆転し妻の割合が伸びたが（図9－2参照），ちょうど同時期から離婚率は上昇をはじめている。

　女性の経済力の上昇により離婚が増えたということは，結婚を維持するうえで経済的な理由の比率が下がり，愛情・信頼といった情緒面が重視されるようになってきたということでもある。

　とはいっても，離婚母子家庭の平均年収は202万円（1993年）[13] という低さであるから，「離婚しても飢え死にすることはまずない」と言える状況にはなっているというレベルでの経済的な地位の上昇である。

　一方夫の収入に関しては，非常にアバウトな言い方だが，夫の収入が少ない場合ほど離婚の決断が簡単である。女性からみると，結婚していても別れても経済的苦しさは同じなら，別れの方を選びやすくなる。慰謝料や財産分与が争点にならないだけ，手続きは簡単である。どちらも裁判費用を負担する力がないから，せいぜい調停までで紛争が終わり長期化しない。離婚紛争が長期間続

第 9 章　夫婦関係の終結のあり方

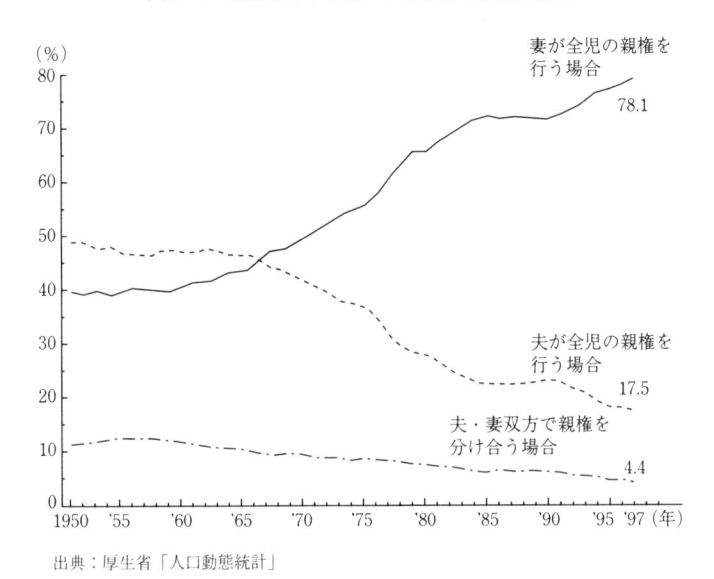

図 9-2　親権を行う者別にみた離婚件数構成割合

妻が全児の親権を行う場合　78.1
夫が全児の親権を行う場合　17.5
夫・妻双方で親権を分け合う場合　4.4

出典：厚生省「人口動態統計」

くケースの中に，双方が貧しいケースはほとんどみられない。

（2）結婚観・離婚観の変化

　第二の離婚増加の要因として，結婚観，離婚観の変化がある。1972年に総理府が実施した意識調査では，「相手に満足できないときは離婚すればよい」という考え方について，「共鳴できる」または「ある程度理解できる」と答えた者が男性では21％，女性では21.4％であったが，97年では，「賛成」または「どちらかといえば賛成」と答えた者が男性では53.0％，女性では55.1％と，飛躍的に増え，賛成が反対を大きく上回っている（図9-3参照）。こういった家族観の面では，夫婦別姓と同じく男女差よりも世代間ギャップの方が大きい。97年の「賛成」または「どちらかといえば賛成」は，20代女性では63.9％にのぼるのに対し，60歳以上の女性では41.5％である。

219

図9-3 「結婚しても相手に満足できないときは離婚すればよい」という考え方について

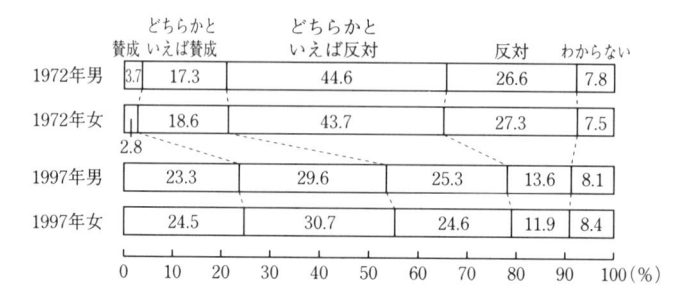

	賛成	どちらかといえば賛成	どちらかといえば反対	反対	わからない
1972年男	3.7	17.3	44.6	26.6	7.8
1972年女	2.8	18.6	43.7	27.3	7.5
1997年男	23.3		29.6	25.3	13.6	8.1
1997年女	24.5		30.7	24.6	11.9	8.4

資料：総理府「婦人に関する意識調査」1972年10月，「男女共同参画社会に関する世論調査」1997年9月。

（3）ライフサイクルの変化

第三の要因としてライフサイクルの変化があげられる。同居期間20年以上の夫婦の離婚の割合が増えつつある。長寿化により婚姻期間が長くなり，一方，少子化によって子育てから早期に解放され，夫婦二人で向かい合わなければならない時間が増えた。子育て中は潜在化していた価値観の不一致や意思疎通のなさが，子育て終了後顕在化する。子育てから解放されるのが，40代の後半あるいは50代であるから，やり直しはまだきく，自由に第二の人生を歩みたいと考えるようになる。

（4）核家族化と祖父母家庭の受け入れ能力

このほか，前述の各要因とも関連するが，核家族化，少子化によって，中流以上の階層では祖父母の家庭が離婚母子あるいは離婚父子を受けいれる能力が高まっていることがあげられる。祖父は停年前後で資力はあり，子どもが出たあと部屋もあまっている。祖母は主婦としてまだまだエネルギーを余しており，娘，息子や孫の世話はかっこうな生きがいになる。妻が親権者になる割合が高いことから，妻が小さい子どもを連れて実家に戻り妻の親と三世代同居をする例が多い。

祖父母は娘に昔のように「いったん○○家の嫁になったのだから我慢しなさい」とはアドバイスせず，辛いと訴えられると，「早く戻っておいで。一緒に子育てしてあげる」とアドバイスする。娘や孫との同居で，祖父母二人の味けない生活が一転してにぎやかになり，離婚した娘は，仕事と子育ての両立が容易になる。家事や育児を分担してくれない夫といるよりは，実家に戻る方が経済的にも物理的にも豊かである。親娘双方の利害が一致して，再生家族としては非常に安定する。「出戻り」という世間の偏見も減少している。

（5）性別役割分業への批判の強まり

　第五に家庭内での固定的な性別役割分業への批判の強まりがあげられる。結婚の途中で，役割分業から離脱しようとするのは多くは女性側である。「病気で寝ていても夫は食事の世話もしてくれなかった」という文章が，妻の裁判所向け陳述書にしばしば出てくる。

　婚姻後に互いの価値観が変わり破綻にいたることはよくあることだが，役割分業に関しては，女性は変わったが男性は従前のままで変わらなかったという形でギャップがおきることが多く，「性格の不一致」という離婚理由の中に，「役割分業についての価値観の不一致」がかなり含まれている。

　若い夫婦では，もともと家事・育児についての双方の考えが十分一致していないことを自覚しないまま結婚し，とくに子育てが開始したのちに，女性がその家事労働の妻へのかたより，仕事と家事育児の両立の困難さにイライラがつのり離婚にいたるというパターンがある。子育ては夫婦の「かすがい」ではなく，「破綻のひきがね」にもなりつつある。

　割合は少ないが，男性が先に役割分業婚を離脱しようとすることもある。1997年でみれば，「男は仕事，女は家庭」という考え方について，男性で反対する者は30.8％であり，1979年の17.4％からは大きく増えている。[16]若くて給料も少なく仕事があわず転職を悩んでいる男性が，一方で自分に課せられた主人という役割とプレッシャーに苦しんで家庭から逃亡するというケースなどがある。従来の見方でいえば，夫が家族を「遺棄」し破綻原因を作ったと認定され

てしまうのだが，苦しむ夫に対し「一家の主人なのだからしっかりしてよ」と責めてばかりいた妻も「夫の役割」に過度にとらわれていたのであって，半分原因があるように思える。

3　離婚給付の現状

（1）低下傾向

　調停及び審判離婚において，慰謝料あるいは財産分与の取り決めがある場合の平均額は，1997年で382.9万円である。若年の離婚ほど給付額は低く，同居期間1年以上5年未満の離婚についてみれば平均201.4万円，同じく5年以上10年未満の離婚についてみれば平均315.0万円である[17]（1997年）。未成年子をかかえる離婚後の単親家庭の生活水準の低さを十分補うだけの給付額にはなっていない。調停及び審判離婚でも，離婚給付の取り決めのあるケースは57％程度であり，この10年間その割合は増えていない。[18]

　給付額は戦後漸増したが，バブル期がすぎた1992年からは，むしろ下がりつつある。不動産価格が低下したことや，その処分が困難になっていることが給付額を押し下げる大きな要因の一つである。不動産を購入してまもない30〜40歳代の離婚では，不動産の時価よりもローンの残高の方が上回ることがあるが，マイナス資産をどう分配するかという困難な紛争が考えている。

（2）財産分与の2分の1ルール

　財産分与について，婚姻後に蓄えた財産は名義のいかんを問わず，原則半分ずつに平等に分けるという考え方は，ここ10年の間に裁判所でもかなり定着してきた。10年以上前であれば，判決でも専業主婦の場合は3分の1程度ということが多かった。

　1996年に法務省が発表した民法改正案に，「寄与の程度は，その異なることが明らかでないときは平等とする」という条項が盛りこまれたことによって，[19]改正前であっても平等分割の解釈はさらに定着した。とはいっても過渡期であ

るから，当事者が裁判所の変化についていけず，分与すべき側（多くは男性）が平等分割に反対し，無用に裁判を長引かせてしまう事例も少なくない。

(3) 慰謝料

　離婚給付のうち慰謝料は，配偶者の一方に主たる破綻原因があるときに認められる。有責配偶者からの離婚認容例があらわれたことに伴い，1500万円という高額慰謝料を認めた判決もあるが，これは例外である。判決では離婚の慰謝料の最高限は500万円というのが相場であり，判決件数の多いのは100万円から200万円である。

　またここ約20年，慰謝料額は上昇せず低いままである。物価の上昇に対比すれば，むしろ慰謝料の相場は下がっているともいえる。慰謝料額が低迷しているのは，日本の判例では，離婚に限らず精神的苦痛に対する慰謝料額が低い（セクシュアルハラスメントなどではアメリカの判例と2桁も違っていたりする）ことにもよる。しかし，欧米では破綻主義化に伴い，慰謝料自体廃止される方向に向かっており，日本でも，喧嘩両成敗的で破綻の認定に重点をおく判例が増える傾向にあることが，慰謝料額を上昇させない原因でもあると思われる。

　方向としては，本来慰謝料よりも財産分与として十分な離婚給付がなされることが望ましい。慰謝料の認定のためには，非難の応酬の道を通り関係をより悪化させて離婚せざるをえず，とくに今後協力をしあわなければならないはずの子どものいる夫婦にはマイナス面も大きい。形成した財産がなくとも離婚後の扶養のためという名目の財産分与は実務上可能であり，その方が男性も気持ちよく支払う傾向がある。しかし，日本では離婚後扶養の明確な法的根拠がないため，裁判所はまだまだ消極的であり，従来通り，慰謝料という名目で離婚給付を補うのもやむをえないという現状である。

4 離婚の態様

(1) 協議離婚

　夫婦二人の協議と届出のみで簡単に離婚が成立する協議離婚の制度は，世界でも珍しい日本特有の制度である。諸外国では，離婚にはおおむね何らかの裁判所のチェックを必要とする。協議離婚は，ある意味では高度に当事者の自律を尊重するすぐれた制度である。家庭裁判所であれ裁判所の敷居は高く，紙一枚で決することのできるこの制度は国民に定着している。協議離婚は離婚の9割をしめる。

　しかし，公平さを担保するものがないため，慰謝料や財産分与等が適切になされない，養育料の取り決めがないなどの弊害がある。とくに，5節で述べる養育料の支払率の低さの原因の一つは，当事者の力関係に左右され，権利行使が十分なしえない協議離婚制度にある。しかし，一方で別れることさえできれば養育料もいらない，子どもにも今後一切会ってほしくないという女性も少なくない。養育料の取り決めがないのは，男性のせいばかりではない。妻が夫を嫌悪し縁を切りたいという一心で，子どもの権利を放棄してしまうケースも少なくないのである。

(2) 調停離婚

　その点，調停では裁判のような負担もなく，かつ中立の立場である調停員からのサポートを受けることができ，適切な離婚給付の合意をしやすい。調停または審判の離婚での養育料取り決め率は年々上がっており，1997年に母が監護者となったケースでは80.8％に達している。[20] 全離婚における養育料支払率が約15％ときわめて低いことと対比すれば，調停の有用性がわかる。

　不払いとなった養育料について，家庭裁判所が履行勧告や履行命令を発する制度がある点も調停のメリットである。1997年の履行勧告数は10687件であり，これによって全部または一部が履行されたのは6550件，約64％である。[21]

ただし，当事者の調停員に対する不服は継続的にある。調停の報酬は少額であるにもかかわらず，困難な事件についても忍耐強く調整の努力がなされており，頭の下がる思いがすることの方が多い。しかし一方，威圧的な話し方をされた，怒鳴られた，話をきいてくれないといった当事者からの不満も絶えない。当事者には，どうしてもうまくいかないときは取り下げて，土俵を変えるという手段もある。しかし，裁判所において調停員を適切に評価し，委任，解任がもう少し合理的な方法で行われる工夫する余地はあるのではないかと思われる。

調停はきわめて人間的な作業をする場所である。当事者の人生に見知らぬ他人が突然深く立ち入ってサポートする。短時間の間に深い共感や信頼が生まれることもあるし，笑い声でつつまれたり，これからの人生の励みになる調停もあり，一つの楽しみな出会いの場でもある。

（3）審判離婚

家庭裁判所の審判離婚という方法は，ほとんど知られていないし使われていない。1997年で年間81件にすぎない。裁判の一つだが，当事者の一方が異議の申立てをすれば効力を失うというやや弱い制度である。裁判所からみると，異議を出されたら無駄になり，あるいは審判に適した事件か否かの判断が難しいので，あまりこの方法は利用されていないし，当事者は制度をよく知らないので審判を積極的に希望することもほとんどない。

しかし，費用や時間の面で当事者には負担が少ないので，離婚はほぼ合意できるが親権についてのみ争いがある場合などには，もっと利用する価値があるように思われる。

（4）判決離婚と判例の変化

協議離婚も調停離婚も成立しないとき，離婚をする最後の手段が判決離婚である。判決離婚は離婚全体の1％に満たないが，どのような場合に離婚が認められるのか，慰謝料，財産分与，養育料はいくらかなど離婚の重要な部分について，残りの99％の離婚をリードする役割を果たしている。

離婚の増加に伴い，離婚判例は，法改正を待たず解釈の変化によって，次第に破綻主義的な方向に変化してきた。また，離婚判例の変化が先行して，離婚法改正の動きにつながってきたとも言える。相手方に不貞など有責原因があるときにのみ離婚請求を認めるという有責主義立法から，破綻したときには当事者の有責・無責を問わず離婚を認めるという破綻主義立法への移行が，世界的な流れである。

日本では，戦後1947年に，民法の親族・相続編が全面的に改正されたときに，現在の民法770条の離婚原因の規定ができ，以来半世紀以上改正はない。この規定はもともとある程度柔軟性をもった形になっている。1項1号の「不貞」と2号の「悪意の遺棄」は有責的な離婚原因，3号の「3年以上の生死不明」と4号の「回復の見込みのない強度の精神病」は破綻主義的な離婚原因，5号の「婚姻を継続しがたい重大な事由」が抽象的な破綻条項という構成になっている。

そして5号の解釈を変化させることによって，時代の要請に応じた判例を生み出してきた。1952年，これから本格的に日本経済を復活させようという高度経済成長の直前期には，有責配偶者からの離婚請求は認めないという最高裁判例が出て，結婚に経済的基盤をおく主婦の地位を強化した。当時の女性には歓迎されたが，結婚の永久就職性を保障し性別役割分業を強化する役割も果たした。

しかしそれから35年を経た1987年に，最高裁自身がこの判例を変更し，別居期間36年におよぶ夫婦のケースについて，有責配偶者からの離婚請求も一定の条件が整ったときには認めるとした。破綻主義的解釈を一歩すすめたのである。この判決の中では，「婚姻の本質は両性が永続的な精神的及び肉体的結合を目的として真摯な意思をもって共同生活を営むことにある」と述べられている。この定義にもさまざまな異論はあろうが，少なくとも「経済的結合」を結婚の本質の中に含めなかったことは画期的である。

この一定の条件とは，①別居期間が両当時者の年齢及び同居期間との対比において相当の長期間に及び，②未成熟の子がおらず，③相手方配偶者が離婚に

より精神的・社会的・経済的にきわめて苛酷な状態におかれる等，離婚請求を認容することが著しく社会正義に反するといえるような特段の事情のないこと（いわゆる苛酷条項）である。

この3条件をめぐり，その後も判例が積み重ねられ，たとえば高校生の子がいても離婚が認められたり，別居期間8年弱で認めるなど，判例は徐々に解釈をゆるめ，離婚を認めやすい方向へと変化してきた。こういった流れをうけて，法務省の民法改正案には，5年別居を離婚原因の一つとする条項が盛りこまれたが，国会での改正の動きはすすんでいない。離婚後の生活基盤についての条件整備のための政策を並行させるべきであるとの意見も強い。

(5) 離婚実務の簡素化

判例の内容だけではなく，離婚の裁判実務も年々簡素化している。裁判の負担が軽くなるほど裁判に踏み切りやすくなり，裁判をしてでも離婚したいと考えるようになる。そういった一方の決意の強さが，話し合いによる決着を推進しているという面もある。

離婚事件は，すすめ方についても裁判官の個人的な価値観にかなり左右されやすく，一律ではない。

しかし，平均でみれば，裁判終了までに要する期間は年々短くなってきている。1975年には，一審の裁判終了までに2年以上の長期を要したものが14％しめていたが，97年には7.3％まで減っている。それにしても，97年ですら地裁の審理を終えるのに3年を超える期間を要したものが，年間144件もあるのだから驚きである。

当事者にとって裁判の中で最も負担の大きい本人尋問も，以前は夫婦それぞれにつき2，3回の裁判期日を要することもあったが，今は，陳述書という書面の証拠で多くをまかなう。尋問はそれぞれに45分〜1時間程度，時にはそれぞれ30分，合計して1時間と短くし，双方の合意があれば尋問を省略し陳述書だけで審理するという例すらある。民事訴訟法の改正により，98年1月からは，最高裁判所への上告理由が憲法違反等重要なものに制限されることになった。

従来，ほとんど勝ち目のない単なる離婚の引き延ばしとしか言いようのない上告も多かったが，今後は，離婚事件も原則高等裁判所までということになり，さらに期間が短縮されるであろう。

5　離婚と子ども

(1) 離婚と子ども

　離婚の増加に伴い離婚を経験する未成年の子どもの数も増え続け，1996年には年間20万人を超えた。離婚事件を扱っていて最も難しいと感じるのは，別居している親と子どもの関係の調整である。時には子を奪ったり奪われたりの凄絶な紛争をする。また，裁判上で互いに相手の人格を非難しあっていると，子どものことは二の次になり，夫としてあるいは妻としての感情の決着に主力をつぎ込むというようなことになりがちである。有責主義的色彩を残している日本の離婚制度の弊害である。「過去のことは水に流して父母として仲良く」というのは理想だが，実際には容易ではない。しかし容易ではない「冷静な大人として協力しあう父母になる」ことの実現をいかに支援できるかというのが，これからの離婚制度の最大の課題であり，実務にかかわる者の力量が問われるところでもあると思う。

(2) 親権のかたより

　日本の民法では，婚姻中は父母の共同親権，離婚後はどちらか一方の単独親権となる。事実婚では単独親権にせざるをえない。戦後しばらくは夫が親権者になるケースの方が多かった。家制度をひきずり子は跡継ぎであったし，実際にも三世代同居が多かったので父には離婚後も子を育てられる環境があり，母は母子家庭として生計をたてていくことがまだ困難であった。しかしその後，ちょうど高度経済成長のはじまる1965（昭和40）年に数字は逆転し，その後は母が親権者となる割合が増え続けている（図9-2参照）。核家族化がすすむと長時間労働をする男性は子育ての条件を失い，逆に女性は次第に経済力を強め

子を養育する力をそなえたのである。

　1997年では78.1％が親権者は母である。このかたよりは女性のたくましさの表れであるとともに，性別役割分業社会のひずみを示すものでもある。裁判で両親が親権を争った場合に使われる「母親尊重の基準」というものがある。1965年の「子の幼児期における生育には，母の愛情と監護が，父のそれにもまして不可欠である」という判例が今も生きているのである。せっかく自分の手で子育てをしたいという男性も少しずつ増えつつあるのに，この基準でその希望は断たれてしまう。また，逆に子どもをおいて出た母への人格評価は厳しく，性の二重基準が生きている。

　アメリカでは1980年代の半ばまでに，ほとんどの州でこの母性神話が見直され，今では「性的に中立な子どもの最善の利益基準」が採用されている。日本でも離婚の際の母性神話を克服することは，これからの大きな課題である。それは結局，離婚後も父母双方が子にかかわりあっていく方向につながり，子の利益にもなるし，男女共同参画社会を志向する方向とも一致する。

(3) 面接交渉

　子と別居している親との面接交渉について，まだ民法には明文はないが，1964年に家庭裁判所ではじめて面接を命ずる審判が下されて以来，実務では「権利」として定着してきた。今では親の権利であり義務であると同時に子どもの権利でもあり，両者が対立するときには子どもの利益を第一に考えるべきだとすることにほぼ異論はない。民法改正案にも面会交流の明文化が含まれている。1969年の調査では，離婚後別居親と面接しているケースは20％程度にすぎなかったが，96年には約50％に増えており（棚村，1997：56ページ），日本でも定着しつつあることがわかる。

　しかし，暴力をふるったり威嚇的な態度をとっていた夫に対する妻の嫌悪感や恐怖心が根強い場合，妻は面会に否定的であり，それを反映して子も父に会いたがらないことがよくある。母親から頼まれなくても，子は自分で緊張関係を回避し面会を拒むことがある。一方，父は母が子どもとの交流を妨害してい

ると決めつけ母を非難し，面接を求めながら自分で面接を困難にする行動をとってしまったりする。他方，母子の側では父に面接してほしいのに父が会いたがらないという悩みもある。

　面接交渉や親どうしの協力をなごやかに行うことができれば，それは実質共同監護の状態にも近くなり，いずれが親権者かという不毛の争いをする必要をなくすこともできる。養育料は支払われやすくなるし，離婚するにも円満な合意を得やすく，あるいは別居を解消し元のさやにおさまる可能性をもひらく。

　外国では「親権」をあらため，「親の配慮」（ドイツ，1979年）としたり「親責任」（イギリス，1989年）におきかえたりしている。権利よりも子に対する義務を強調しようとするのである。そして共同監護の選択肢をもうけ，同居親には別居親に対する子の監護についての報告義務を課したり（ドイツ），子どもの成績など子の情報に関するアクセス権を認めたり（アメリカ）して，離婚後の親子の交流を援助している。月1回の面接すら認めてもらえないある男性が，インターネットで外国人と交信していて，日本は何と遅れた国かと驚かれたという。面接に関しては日本はまだこれからといったところである。

（4）養育料・児童扶養手当

　1993年の離別母子家庭の平均年収は202万円であり，全世帯の平均648万円の3分の1以下である。しかし，養育料の額は低く，家裁の調停または審判で取り決められたケースでも，子ども1人あたり月額2万円から4万円というのが平均的なところである（図9-4参照，『司法統計年報』1997年）。さらに実際に支払いを受けている人の数は少なく，「現在支払いを受けている」が14.9％，「受けたことがある」が16.4％，「受けたことがない」が68.7％にのぼる。中には恵まれた離婚も存在するが，全体でみれば離婚による貧困化は深刻である。

　その母子家庭の低い所得を補っているのが，児童扶養手当である。受給者は1998年で約65万人におよび，うち離別母子世帯は87.8％をしめている。児童扶養手当は離婚前の別居中は受給しにくいなどさまざまな矛盾の多い制度ではあるが（二宮・榊原，1996：141ページ），母子家庭の命綱の役割を果たしている。

第 9 章　夫婦関係の終結のあり方

この手当があるために，生活保護を受給せず自立をめざして頑張れるという面もある。

欧米ではおおむね，国の手当とリンクさせ，別居親からの養育料を当事者にかわって強力に取り立てる制度が取りいれられている。日本でも1985年にそのような提案がなされたことがある。(30) 本来親は扶養義務を果たすべきであり，それを強力に推進する制度は，国の財政支出削減にもつながり望ましいことであるが，日本の女性の賃金レベルを考慮すれば，た

図 9-4　養育料支払い額

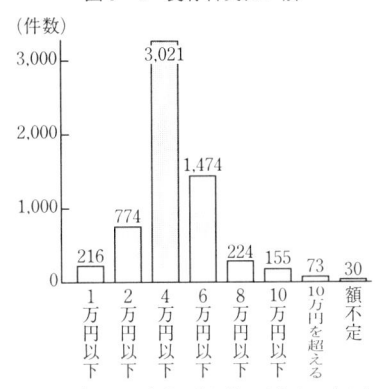

(件数)
- 1万円以下: 216
- 2万円以下: 774
- 4万円以下: 3,021
- 6万円以下: 1,474
- 8万円以下: 224
- 10万円以下: 155
- 10万円を超える: 73
- 額不定: 30

注：調停または審判で取り決められた，夫から妻への養育料月額支払額(子ども1人の場合)。
資料：『司法統計年報』1997年より。

だちに手当と父からの養育料をリンクさせる（手当の支給を受ければ，その範囲で養育料請求権を失う）ことは危険である。国の手当，父からの送金，自分の少ない賃金をあわせてようやく生計を維持している家庭が少なくないからである。1997年にも中央児童福祉審議会においてこの手当の見直しがなされているが，そこでもまず就労機会の確保など母子家庭の自立支援策を充実させることの必要性が論議されている。

一方，離婚届用紙に養育料の取り決め欄をもうけ，その用紙を利用して簡易な支払い命令を裁判所が発する等の，協議離婚の良さをそこなわずに養育料の取り決めを促進する制度の工夫も必要である。(31) また，現在の家庭裁判所の調停や審判での養育料の取り決めは，迅速性を欠き（審判までに1年以上かかることすらある），当事者に裁判所の敷居を高くさせているが，制度の改変以前に実務の改革によって養育料の取立率はかなり上げられるはずである。

6　離婚のサポート

離婚の増加に伴い，離婚にいたる過程や離婚後の単親家庭をサポートするシ

ステムも少しずつ充実してきた。1975年の国連国際婦人年の年に、日本政府は「婦人問題企画推進本部」を設置したが、以来、各地の自治体でも両性平等の推進施策が広がった。その中の一つとして、法律相談を含む女性のための公的な無料相談システムが充実するようになったことがある。日本の弁護士の数は、人口比でみれば約7700人に1人であり、アメリカの26分の1、イギリスの12分の1にすぎず（1997年）、身近な存在ではない。保険制度がないので相談費用もかさむ。自治体での援助の役割は大きい。

ちなみに、東京女性財団（都が出資）で実施されている法律相談では、1996年の123件の相談のうち、離婚に関するものが61.8％をしめている。私が担当させていただいている東京都豊島区の男女平等推進センター（通称エポック10）の法律相談の例でみれば、離婚手続きの初めから終わりまで同一の弁護士から継続して無料でアドバイスをうけることができる（自治体の一般の無料相談では、相談に行くごとに弁護士がかわり最初から話さなければならない）。調停までならば、相談を上手に利用して自分自身で離婚手続きをすべて適切にのりこえることもできる。1996年現在、地方公共団体あるいは公益法人が設置している全国の97の婦人会館・女性会館のうち、相談事業を実施しているのは64カ所にのぼっている。どうしても離婚裁判が必要だが、所得が低く裁判費用が捻出できないという場合には、財団法人法律扶助協会の援助を得ることもできる。

一方、民間の相談機関も各地に広がっている。1993年には、家庭裁判所の調査官経験者らによって社団法人家庭問題情報センターが作られ、裁判所ではフォローしきれない子どもの面接交渉の継続的な立ち会いなどのサポートも行っている。離婚の相談機会に関しては、男性の方が恵まれておらず孤立しがちである。プライベートな悩みを率直に打ち明け、頼ることのできる友人を有しているかということになると、女性の方が圧倒的に強い。しかし、離婚紛争を泥沼化させず、離婚後子どもにとって望ましい協力関係を築くためには、男性もまた早期に適切なアドバイスを得る必要がある。1982年にはホームヘルパーの派遣が父子家庭にも認められるようになり、95年には父子家庭を念頭においたホームフレンド事業がはじまった。

7 今後の方向

　有責主義的色彩を残した日本の離婚制度は，女性の貧困化を若干くいとめる役割を果たしてはいるが，一方で性別役割分業を固定化し，男女共同参画社会を実現するうえではネックになる制度でもある。いずれは葬り去って，完全な破綻主義を志向する積極性が必要である。それには何より離婚後の雇用機会の増大，賃金格差の解消が必要である。

　相手がいかに悪かったか，自分がいかに誠意をつくしたかを主張しないと離婚できないという今の制度を完全にひっくりかえして，逆に自分のいたらなかった点，相手に感謝すべき点を述べあわなければ離婚できないという制度にすれば（空想的だが），離婚後の子どもは今よりどんなにか幸せになるのにと思う。今後の離婚制度のあり方として，離婚家庭への支援を念頭におきつつ，男女双方が被害者的発想を超えて，前に向かって生きることをサポートできるシステムが望ましい。

注
(1)　人口1000人に対する離婚件数の割合。
(2)　厚生省『人口動態統計』1999年。
(3)　厚生省『人口動態統計』1995年。
(4)　厚生省『厚生白書』1996年度。
(5)　厚生省『人口動態統計』1997年。
(6)(7)(8)　最高裁判所『司法統計年報』1997年。
(9)　結婚の届出をしていないが事実上夫婦生活をおくっている形態の名称について，内縁から事実婚と変化しつつあり，さらに最近では，非届出婚という言い方もされるようになってきている。非届出婚はまだなじみが薄いのでここでは事実婚とする。
(10)　最高裁判所『司法統計年報』1970年および1997年。
(11)　経済企画庁『国民生活白書』1997年。日本の数字はパートタイム労働を含んでいない。
(12)　電通総研・余暇開発センター「世界価値観調査」1995年1月。調査期間は1989〜

92年。政治，社会，道徳，宗教，性の分野にわけて価値観の一致度が調査されている。
(13) 厚生省「母子世帯調査」1993年。1998年にも調査が実施されているが，本書執筆時は未公表。
(14) 総理府「婦人に関する意識調査」1972年。
(15) 総理府「男女共同参画社会に関する世論調査」1997年。
(16) 総理府「婦人に関する世論調査」1979年。同「男女参画社会に関する世論調査」1997年。
(17)(18) 最高裁判所『司法統計年報』1997年。
(19) 法務省民事局参事官室「民法の一部を改正する法律案要綱」1996年。
(20) 最高裁判所『司法統計年報』1997年。
(21) 最高裁判所『司法統計年報』1997年，養育料だけではなく婚姻中の生活費等のケースも含んでいる。
(22) 最高裁1952年2月19日判決，最高裁民事判例集6巻2号110頁。
(23) 最高裁1987年9月2日判決，最高裁民事判例集41巻6号1423頁。
(24) 最高裁判所『司法統計年報』1997年。
(25) 厚生省『人口動態統計』1997年。
(26) 静岡家裁沼津支部審判1965年10月7日，家裁月報18巻3号81頁。
(27)(28) 厚生省「全国母子世帯調査」1993年。
(29) 額は全部支給で月4万2130円（1998年）。
(30) 厚生省離婚制度研究会「離婚制度等研究会報告書」『判例タイムズ』576号，判例タイムズ社，96頁。
(31) 日本弁護士連合会「養育費支払い確保に関する意見書」1992年。
(32) 全国婦人会館協議会「婦人・女性会館の現況」1996年。

引用・参考文献

有地亨，1993『家族は変わったか』有斐閣。
Belsky, Jay, ph. D., & Kelly, John, 1994, *The Transition to Parenthood*, Delacorte Press.（安次嶺佳子訳，1995『子供をもつと夫婦に何が起きるか』草思社。）
Benedek, Elissa P., & Brown, Catherine F., 1995, *How to help your child overcome your divorce*, American Psychiatric Press.（高田裕子訳，1999『離婚しても子どもを幸せにする方法』日本評論社。）
婚姻法改正を考える会，1995『ゼミナール婚姻法改正』日本評論社。
二宮周平・榊原富士子，1994『離婚判例ガイド』有斐閣。

——, 1996『21世紀親子法へ』有斐閣。
しんぐるまざぁず・ふぉーらむ，1994『母子家庭に乾杯！』現代書館。
鈴木眞次，1992『離婚給付の決定基準』弘文堂。
棚村政行，1997「離婚と父母による面接交渉」『判例タイムズ』952号，判例タイムズ社。
利谷信義，1996『家族と法』有斐閣。
利谷信義・江守五夫・稲本洋之助編，1988『離婚の法社会学』東京大学出版会。

第 Ⅲ 部

変動する社会と結婚

第10章
中国における夫婦のパートナー関係

徐　安琪
松川　昭子訳

　中国の伝統社会における婚姻関係は，階級制を前提としていた。家庭内の夫による妻の支配は，国家における君子による臣民支配の基礎とされていた。夫の妻に対する統治は，その天賦の性別によって決定され，法律によってもそのことが規定されていた。妻自身には自活し家族を扶養する能力がなかった。そのため妻は，家計をきりもりし，家事や子育てに専念することを本分とし，それで満足するしかなかった。一方，夫は，妻に対して支配権をもち，妻を教え導き，監督・保護する権利を有し，一方的に離婚することもできた。男尊女卑の思想に基づく封建的な礼法と道徳観により，夫婦の間に衝突が起きた場合，夫婦関係は妻の側が譲歩し折れることで修復されるべきだという原則が確立されていた。こうした妻の譲歩によって，家族の団結が維持され，夫の主導的地位が保証され，また強化されてもいたのである。

　その当時，血統を継承することが結婚の主要な目的とされ，結婚は一族の栄枯盛衰や社会の安定を左右する一大事と考えられていた。男女間の愛情は婚姻の本質的な要件ではなく，その愛情の有無によって婚姻が成立したり解消されたりすることはなかった。多くの婚姻が親の取り決めによって成立し，夫婦の間の親密な情緒的結びつきは重視されなかった。婚姻の安定性を維持するために，夫婦間の愛情が必要であるといった発想はまったくなく，それどころか，夫婦が親密な感情を抱くようになれば，二人が所属する大家族に対する義務遂行に支障をきたしかねないとさえ考えられていた。したがって，夫婦関係は，つかず離れずの状態で維持されることが奨励され，一定の儀礼を重んじた関係こそが最良と考えられていたのである。

そこで、「相敬如賓」や「挙案斉眉」という言葉で象徴される夫婦関係が、伝統社会における婚姻の理想的モデルとして積極的に提唱されることになった。「相敬如賓」とは、夫婦はあまりなれなれしくせず、互いに賓客をもてなすような態度をとるべきであるという意味である。「挙案斉眉」という成語は、漢代に実在した孟光という女性が夫に食事を出すとき、お盆を目の高さまで高くささげもつことによって夫に対する敬意を表わしたという故事に由来している。後世の人びとはこうした故事から、夫婦が互いに尊敬しあう姿を肯定的に描き出した。しかし、実際には夫に対する妻の恭順を説くばかりで、妻への恭順を夫に対して同様に求めるものではない。夫婦が日々互いに賓客をもてなすようにして暮らすことは、封建的な儀礼を失することなく、夫婦間の感情を希薄化させる巧妙なやり方だった。

　この百年来、中国の政治、経済、社会は天地をくつがえすといっても過言ではないほどの変化を遂げた。男女の家庭内における役割や地位の変化もまた、人びとの耳目を集めるところとなっている。とりわけ都市に住む夫婦では、「男性を主、女性を従」とする伝統的な夫婦関係モデルはすでにあまりみられなくなっており、平等かつ独立的なパートナー関係が主流となっている。そこでまず、今日の中国における夫婦関係をいくつかの側面からみていこう。

1　中国における夫婦関係

（1）家事分担からみた夫婦関係

　中国の夫婦は大多数が共働きであり、そのために、夫も家庭内で比較的多くの家事を行っている。陶春芳らが全国11の省や直轄市で実施した調査によると、男性は1日当たり平均2時間以上家事を行っており（陶，1993：183頁）、また沙吉才らが六つの省や直轄市で実施した別の調査では、夫は家事に従事する時間が妻よりも1日当たり平均1時間短いという結果がでている（沙，1995：242頁）。さらに盧漢龍らが上海市の1200人の住民を対象に、1週間の生活時間を記録した調査によると、男性が家事労働に従事する時間は1週間当たり14.96時間で、

第 10 章　中国における夫婦のパートナー関係

それは女性（27.65時間）の約2分の1に相当する（盧，1990：71頁）。現在でも女性のほうが多くの家事を担当しているが，しかしこのことをもって，「男権的モデルが依然として支配的である」と即断することはできない。

　筆者らが四つの省と直轄市で6400人あまりの既婚男女を対象に行った調査によると，都市住民の家庭においては，「妻が主に家事を行っている」と答えた家庭が22.8％，「妻が比較的多く行っている」が37.6％，「夫と妻がほとんど同じくらい」が27.6％に達し，「夫が比較的多く行っている」家庭は8.5％，「主に夫が行っている」はわずか3.4％であった。ところが，女性の78.5％は家事分担が「大変公平に分担されている」あるいは「比較的公平に分担されている」と答え，「多少不公平」と感じている人は17.6％，「非常に不公平」と感じている人はわずか3.9％にすぎない。女性がこうした分担の現実を受け入れているのは，「家事は妻の職務」とみなす社会が依然として存在することがもちろん背景の一つとなっている。しかし，さらに次のような状況が深く関連している。

　妻は夫と同じように毎日混雑したバスに乗って通勤しているにもかかわらず，社会的な領域では今も脇役を演じている女性が多い。仕事をする上でリスクを冒したり，体力をつかったり，高度な科学技術に関連した仕事や管理部門の仕事をする女性は明らかに男性より少ない。また女性は，職業上あるいは職場での地位によってもたらされる緊張やプレッシャーの度合いが，男性よりも低い。前述した筆者らの調査では，夫の仕事は「非常に忙しい」もしくは「やや忙しい」と認めた妻は45.4％であるが，自分の仕事については「非常に忙しい」あるいは「やや忙しい」と答えた人は21.1％であった。また，「夫の方が自分よりも仕事上成功している」と思う女性は32.6％，「自分の方が仕事上成功している」と思う女性はわずか8.6％であった（その他は「ほとんど同じ」と回答している）。こうした事情から，多くの女性は夫の家事分担が自分よりも少ないことに対して理解を示し，寛容な態度をとっているのである。

（2）権力配分からみた夫婦関係

夫婦間の権力配分に関する研究では，設定されたある具体的な事柄に関して夫婦のどちらにその決定権があるのかを調べる研究方法もあれば，夫婦のどちらがより実権を握っているかを総合的に把握していく研究方法もある。

具体的な事柄を権力配分の指標としている研究者の間でも，その設定される具体的な事柄はさまざまである。にもかかわらず，それらの調査結果は基本的には同じような傾向を示している。すなわち，家庭内の事柄を夫婦共同で決定する割合がもっとも高い。さらに，夫婦の決定領域の違いをみると，妻は経済面を取り仕切り，家事の分担や休日の過ごし方，対外的な交際について夫よりも強い決定権をもっている。夫は住宅の選択や家屋の内装・修理，子どもの進学や職業選択の領域で妻よりも強い決定権を握っている[3]。

総合的な権力モデルでは，「夫婦が平等に権力を有している家庭」の割合がもっとも多く，次に「妻の実権が強い家庭」が「夫の実権が強い家庭」よりも多いことが，近年実施された多くの研究で明らかにされている。

むろん，こうした傾向は都市に限られた現象であり，農村においては夫が家庭内の実権を握っていることが多い。また農村でも，内陸部の未開発な農村のほうが，沿海部の開発された農村よりも，夫権の強い家庭が多く存在する[4]。

日本を含めた他の諸外国と夫婦の権力関係を比較した表10-1と表10-2をみると，中国の都市部での家庭内における夫婦の地位は，全般的にかなり平等的で，女性の地位のほうが男性よりもいくぶん高くさえなっており，諸外国に比べても女性の地位は高い。

（3）情緒面からみた夫婦関係

配偶者から自分が尊重され理解されているという認識，夫婦の平等性や結婚生活における個人としての独立性の意識，さらに結婚生活での幸福感は，夫や妻が心の中で配偶者をどのように位置づけているのかを明示するとともに，彼らの結婚生活の質を照射する指標にもなる。

陶春芳らの1990年の調査によると，市街地では，「夫から軽視されていると

第 10 章　中国における夫婦のパートナー関係

表10-1　家庭内で実権をもっている人　(％)

	日本	韓国	フィリピン	アメリカ	イギリス	フランス	ドイツ	スウェーデン	中国
夫	62.4	45.4	65.6	20.9	21.5	21.7	8.0	12.5	20.4
妻	12.4	12.1	7.9	19.0	26.3	10.0	11.9	8.3	30.7
夫婦	19.1	37.8	24.8	56.6	51.3	67.2	71.9	72.7	44.1
家族全員	2.4	1.9	0.3	3.3	0.8	1.1	6.1	5.0	0
その他	3.2	2.6	1.4	0.2	0.1	0	0.1	0.1	4.8
不明	0.5	0.2	0	0	0	0	2.0	1.3	0
合計	100	100	100	100	100	100	100	100	100
総数（人）	1,560	802	774	611	611	710	700	781	5,339

注：日本など8カ国については都市部のみである。
出典：日本など8カ国の資料については東京都生活文化局編，1994『女性問題に関する国際比較調査』：22-38頁を参考にした。中国に関する資料は，沈崇麟・楊善華主編，1995『当代中国城市家庭研究』：363頁を参考にした。

表10-2　家庭生活における男女の地位　(％)

	日本	韓国	フィリピン	アメリカ	イギリス	フランス	ドイツ	スウェーデン	中国
男性がかなり高い	16.8	17.3	32.8	20.0	19.3	11.5	6.4	0.9	1.8
男性が比較的高い	47.0	54.9	7.1	31.4	32.4	26.0	20.4	9.1	15.8
男女平等	29.1	23.5	53.3	32.4	32.6	53.8	53.0	77.1	60.2
女性が比較的高い	3.9	3.1	3.8	11.0	8.3	5.1	11.5	7.7	20.9
女性がかなり高い	0.6	0.2	3.0	3.3	3.3	0.7	2.0	1.6	1.1
わからない	2.7	1.0	0	1.9	4.1	2.9	6.6	3.7	0.1
合計	100	100	100	100	100	100	100	100	100
総数（人）	1,971	1,000	1,000	1,016	1,064	1,041	1,041	1,013	5,832

注：表10-1と同じ。
出典：日本など8カ国については表10-1同様，東京生活文化局の資料に基づいた。中国については，陶（1993：460-462頁）を参考にした。

感じたことはない」と答えた妻の割合と「妻から軽視されていると感じたことはない」と答えた夫の割合とほとんど差がみられなかった。しかし農村部では，相手から軽視されていると感じたことのない人の割合が，妻は夫よりもいくぶん低かった（表10-3参照）。

　1996年に筆者らが実施した調査でも，同様の傾向がみとめられた（表10-4参照）。この調査では，尊重，理解，信頼感，おもいやり，夫婦の平等性，個人としての独立性，結婚生活による幸福感という七つの指標を用いて，結婚生活に対する満足度を夫婦各々に評価してもらうという手法を用いた。その結果を

第Ⅲ部　変動する社会と結婚

表10-3　夫婦の会話の中で相手から軽視されていると感じた経験 (%)

軽視されている と感じた経験	都　市		農　村		合　計
	夫回答	妻回答	夫回答	妻回答	
しばしば感じる	1.7	2.1	2.1	2.7	2.3
ときどき感じる	5.0	5.1	5.3	5.8	5.5
たまに感じる	9.5	9.0	9.8	11.8	10.6
1度もない	83.8	83.9	83.0	79.7	81.6
合　計	100.0	100.0	100.0	100.0	100.0

出典：陶，1993：440頁。

表10-4　都市と農村の夫婦の婚姻関係に対する満足度 (点)

	都　市			農　村		
	夫の回答	妻の回答	性別による差のZ検定	夫の回答	妻の回答	性別による差のZ検定
尊　重	5.68	5.67	1.33	5.71	5.40	5.08***
理　解	5.55	5.46	1.11	5.54	5.37	2.55*
信頼感	5.99	6.02	0.43	5.73	5.58	3.88**
おもいやり	5.84	5.50	4.66***	5.76	5.42	5.57***
夫婦の平等性	6.14	6.12	0.32	5.76	5.66	1.81
個人としての独立性	5.73	5.78	0.70	5.11	5.02	1.30
結婚生活による幸福感	5.91	5.78	1.87	5.60	5.46	2.16*

＊$P<0.05$，＊＊$P<0.01$，＊＊＊$P<0.001$

$$Z = \frac{夫の平均値^2 - 妻の平均値^2}{\sqrt{\frac{夫の標準偏差^2 \times 妻N数 + 妻の標準偏差^2 \times 夫N数}{夫N数 \times 妻N数}}}$$

出典：徐（1997：57-65頁）。

みると，〈夫婦の平等性〉の指標では，女性の自己評価は男性とほぼ同じであるばかりか，他の指標よりも満足度が高かった。都市の女性の平均満足得点（7点が「非常に満足」，1点が「非常に不満」）が6.12点で，1～3点をつけて不満感をあらわす妻は都市ではわずか3.7％であった（農村では7.3％）。都市に住む女性は，「家庭内における夫婦の地位はおおむね平等である」と満足していることが窺える。

　さらに筆者らの調査では，都市に住む女性の夫婦関係を，配偶者から得られている尊重，信頼，おもいやり，理解の程度，個人としての独立性，夫婦の平等性，生活に対する満足度（生活を情緒的・物質的・余暇的・性的な四つの側

面から測定）といった要因から捉え，こうした要因を独立変数として，結婚によってもたらされる幸福感を従属変数として，重回帰分析を行った。その結果，個人の幸福感には，第一に「情緒的生活への満足度」が，次に「夫婦の平等性」が大きな影響力をもっていることが明らかになった。

　両性の平等性は，男女が互いに敬いあい，愛しあい，譲りあえるパートナー関係を築くための前提要件であり，夫婦の仲むつまじい生活や個人の幸福感を招来する前奏曲である。女性が夫婦の平等性に対して非常に満足しているというこうした調査結果は，夫婦関係のあり方に根本的な変化が起きていることを示している。

　ではどうして中国において，数千年の歴史を有する男尊女卑的，夫唱婦随的な東洋の男権社会が崩れ，女性の家庭内地位が比較的短期間のうちに飛躍的に改善されたのであろうか。夫に依存し夫の言いつけに従ってきた妻が，夫とともに仕事と家庭という二つの役割を担い，夫と共同で家庭内の事柄を決定するという，対等なパートナー関係がどのようにして形成されたのであろうか。

　中国女性の家庭内における地位が急速に向上した背景には，欧米や日本などの先進諸国とは異なる歴史的プロセスや社会的要因が存在している。次に，この点について述べよう。

2　中国特有の歴史的プロセスと社会的要因

（1）中国の女性解放運動の特徴

　旧中国社会は，封建的家父長制がもっとも完全なかたちで維持された典型的な男尊女卑的，かつ長幼の序を重視する父権社会であった。女性は最下層として抑圧され，多くの男子も，父による子の支配を基本とした家父長専制や親の命令による結婚によって，弊害を被っていた。それゆえに，中国の女性解放運動はその初期において，目覚めた男性知識人によって組織・主導され，女性が共同参加していくかたちで進められた。さらに外国からの帝国主義による政治・経済・文化への侵略行為や，国内の地主・官僚・資本家による苛酷な圧迫

と搾取は，男女の間に横たわる矛盾よりも中華民族とそれ以外の民族との間の矛盾を激化させた。女性解放運動は，その勃興期から全国的規模の政治・文化運動と一体となって展開され，民族解放と階級解放を求める運動の一部分であった。そのために，中国の女性解放運動には，以下のような特徴がみられる。

第一に，女性解放運動の矛先は直接男性に対して向けられるのではなく，封建的な文化や家父長制，たとえば纏足や女の嬰児を溺死させる悪習や，「男女授受不親」（男女の間では直接物の受け渡しをしてはならないという意），「女子無才便是徳」（女子は才能や才覚がないのが美徳であるという意）という考え方，親の命令による結婚や妻妾制などに向けられた。運動の主要な目標は，女性の自立と自主性を促進することにあり，男性との間で権利の争奪を行うことではなかった。このことが，女性の権利獲得の闘争において，男性と対立したり，男性から妨害に遭うことを少なくした。そして，男性と強い同盟関係を結び仲間として協力しあうことを容易にさせたのである。

第二に，女性解放運動は，単に少数の女権拡張主義者の叫びによって局地的に組織された運動ではなく，広範囲な広がりをもった男女がともに参加する大衆運動であった。それは，男性の代弁者によって先導され，時には政府の主導によって進められた。大きな運動としては，五四時期の新文化運動（1919年に起こった五四運動をきっかけに広がった学術思想界の革新運動），建国（1949年）初期の「婚姻法」の徹底をめざした全民的教育運動，さらに女性の生産労働への参加を呼びかけた運動の高まりなどがあげられる。

こうした大衆運動は，男女平等意識を人びとに植えつけ，女性に合法的な権利を与えるという点で，女性解放の視点からも意義深いものであった。全国的に，下から上へ，あるいは上から下へ向かって展開された女性解放運動は中国全土に広まり，その影響は人びとの心の奥深くにまで浸透していった。このようなかたちの運動は，世界の女性解放運動史上ほとんどみられないものである。中国の女性解放運動は，女性の自意識を覚醒させたばかりか，長い間男性の深層心理にひそんでいた男権意識を払拭し，男女の家庭内における地位の平等を確立するための礎を築いたのである。

(2) 女性の継続的就業モデルの優越性

　各国の女性の就業率に関する統計資料をみると，中国の都市では20歳から49歳までの結婚・出産年齢にある女性の就業率は90％に達し，日本，韓国，アメリカ，フランス，イギリスなどの国よりはるかに高い就業率を有し，その就業率は男女同権の国家として世界中に知られるスウェーデンに近似している。中国の都市家庭において男女平等のレベルが比較的高いことと，女性が結婚後も継続して仕事をする就業モデルとの間には密接な関連があると考えてさしつかえないであろう。

　日本のようなM字型の段階的就業モデルは，子どもをもつ若い女性労働者が抱える仕事と家事の両立から生じる負担を軽減し，子どもの教育にとって有利に働くが，長期的にみた場合，女性自身の解放にとっては多くの弊害をもたらす。もう一方で継続的就業モデルは，女性自身のもつ資源を効率的に活用することを可能にし，男女間の格差を最大限に縮小させる。男女間にこうした平等な就業モデルがあってこそ，はじめて男女間に実質的な平等が実現されるのである。

　つまり，女性の継続的就労は，第一に，「男性は高く，女性は低い」といわれる職業的地位の改善に役立つ。一方，段階的就労は，社会的領域における女性の劣勢状況をより強化することになる。女性の職業的な能力は，仕事を中断して数年も経過すると必然的に低下し，女性にとって再就職して多忙な仕事のリズムや厳しい社会競争に適応することは難しい。その上再就職では，勤務条件の比較的良好な自分の専門に合致した仕事をみつけるのは容易なことではない。多くの女性は，家族の世話をするために職場が自宅から近い，フルタイムではない，非技術的な仕事あるいはパートタイムや契約社員の仕事を選択しがちである。それゆえ職業的地位や給与，労働保障，福利厚生といった面で男性との距離は一層拡大せざるをえない。たとえば，段階的就労が一般的に行われている日本や韓国の女性労働者の給料は，男性労働者の50％前後しかない。継続的就労が一般的なアイスランド，デンマーク，オーストラリア，スウェーデン，中国などの国の女性の給料は男性の80％前後である。[5]

第二に，女性の継続的就労は，「夫が主で，妻が補う」というかたちの家族扶養方式を改善するのに有効である。段階的就労では，妻の夫への従属的地位をより強化することになる。「資源論」の観点からすれば，資源をより多く有する者が往々にして威信や発言権をもつ。結婚後も継続して仕事をもつ妻は，夫との賃金格差が比較的小さく，安定した経済的財源をもち，夫と同様に家族の扶養責任を負っている。そのことによって，夫への妻の経済的依存度は弱まり，「一家の長」として妻を支配する夫の権力基盤が崩され，夫婦の権力構造に変化をもたらすことになる。

　ところがM字型の就労形態では，妻は一時期専業主婦の役割をとり，夫の扶養に依存することになる。たとえ後に再就職したとしても，その仕事の職業的地位は低く，職種も理想的なものではなく，就労年数も短く，収入は夫よりもはるかに少なく，労働保障や福利厚生の待遇面でも劣ることが多い。たとえば日本の場合，女性労働者の20歳のときの給料は同年齢の男性労働者の90％であるが，30歳では約70％になり，40歳ではもはや60％に達せず，50～54歳で最低となり，50％前後しか支払われない。多くの場合，家庭経済の中で妻の収入の占める地位は補助的なもので，夫が家族の生活を支える大黒柱である。こうした家族扶養方式をとっていれば，妻が夫への経済的依存から脱却するのは難しく，妻が夫に従うかたちの因習的な権力構造を根本的に変えることはおのずと困難である。

　一方，中国の都市に住む夫婦では，夫と妻の収入格差は年齢とともに増加することはまったくなく，格差はむしろ縮小する傾向を示している。妻は，夫とともに家族を養う責任を担い，その上に大部分の家事をこなし，家庭をきりもりする能力も夫より高い。家庭内における妻の活動は自主的かつ独立的で，妻は夫よりも強い決定権をもっている。

　第三に，段階的就労は伝統的な家庭内性役割分業を維持する方向に作用するが，継続的就労は「男は外，女は内」という社会的規範を改善するのに有効である。妻が夫と同様に社会的な役割を担いながら，さらにあらゆる家事を引き受けることは，体力的にも精神的にも困難である。そのために夫は子どもの世

話や家事に協力せざるをえない。夫は妻と家事や育児の責任を分担しあうことで,「手をぶらぶらさせている夫」(家庭内で何もしない夫の意)と呼ばれるような伝統的な男性像は塗り変えられ,男性は生活面の自活能力を習得するようになる。

　男性が生活上の自活能力を獲得することと女性が経済的な自立能力を高めることは,双方ともに画期的な歴史的・現実的な意義をもっている。このことは,男女が家庭や社会という領域に平等に参画し,パートナーシップを結びあう基礎でもある。また,男女が人間としての自由を獲得する上で重要な要素であり,男女関係に質的変化が起きていることを物語っている。

　男性が家事に参加することが比較的一般的な上海では,多くの夫がエプロンをつけて台所仕事をこなしている。それ以外にも伝統的に女性の仕事とみなされてきたおむつ洗い,トイレ掃除,妻の下着の洗濯といった類の「下賎」といわれた汚れ仕事も泰然とこなす夫の姿がみられる。社会意識に現代化や進歩の波がおとずれ,夫婦の平等性や親密性が重要視されてきている。

(3) 法律と国家による政策的保障

　中華人民共和国の成立後,はじめて公布された法律が「婚姻法」であり,この法律によって婚姻の自由,一夫一婦制,男女平等の婚姻制度が確立された。その後公布された憲法では,政治・経済・文化・社会・家庭生活などのあらゆる領域において,女性が男性と同等の権利を有することを保障している。法律の制定以上に実質的な有効性を発揮したのは,国家によって実施された一連の現実的な政策的措置であった。こうした政策の推進によって,男女平等が現実の生活の中で実現されていった。たとえば,行政的な手段(男女の比率面から女性に対して優遇措置をとる)を講じることによって,女性の就労と政治参加を保障し,男女同一労働・同一賃金制を実行し,福利厚生という形式をとって子どもの託児所や幼稚園への入所(園)を保証し,「五期」(月経期,妊娠期,出産期,授乳期,更年期)の女性労働者に対する保護的就労環境の整備を行った。こうした施策の実行によって,男女の間に横たわる文化水準や職業的地位,

第Ⅲ部　変動する社会と結婚

表10-5　各領域における男女の地位の平等に関する国際比較（女性回答者）（%）

	日本	韓国	フィリピン	アメリカ	イギリス	フランス	ドイツ	スウェーデン	中国
政治的地位	8.9	6.4	31.7	9.1	9.3	10.8	11.9	14.5	49.9
法律上の権利	30.8	8.4	45.3	28.1	22.9	32.1	46.4	33.0	82.6
職業的地位	16.6	11.1	39.7	15.9	15.7	25.5	18.9	35.3	56.5
家庭生活	29.1	23.5	53.3	32.4	32.6	53.8	53.0	77.1	60.2
社会意識	12.1	6.4	61.2	21.5	19.1	26.1	31.2	25.2	42.4

注：表10-1と同じ。
出典：日本など8カ国は表10-1同様，東京都生活文化局の資料に基づいた。中国については陶，1993：460-462頁を参考にした。

賃金収入，年金などの面での格差が大幅に是正され，家庭内における男女の実質的平等の基礎が築かれた。

　国際比較の統計資料をみると，中国の都市の女性は，自分が政治・法律・職業・家庭・社会意識の各領域で「男性と平等な権利を獲得しているか」という設問に対し，日本，韓国，アメリカ，イギリスなどの国に比べてはるかに肯定的な回答をしている（表10-5参照）。とはいえ，全国的レベルからみると，いまだに多くの女性は男性と対等の地位を獲得しているとはいいがたく，また経済改革の進展の中で新たな問題も起こっている。

3　中国女性が直面する課題

（1）農村女性の現状

　中国の農村女性は，都市に住む女性に比べて就業率が低いわけではなく，都市女性よりも早くから仕事の世界に参入し，さらに高齢になるまで仕事を続けていることが多い。にもかかわらず，農村女性の家族内での地位はまだ低く，都市女性が達成したレベルにはおよばない。

　前述した多くの研究によっても証明されたように，農村家族における夫唱婦随的な風習は依然として存在し，この男性中心主義は男女がパートナーシップを築こうとする際の隠れた障壁になっている。筆者らが1996年に6400人の都市と農村に住む既婚者に対して行った調査の結果でも，都市の既婚男性が「家庭

内の実権をにぎっている」割合は13.7％であるが，農村では50.9％にも達している。農村の男性は，「妻よりも多く，あるいは同等に家事を分担している」の割合はわずか18.3％（都市の場合は41％）で，かれらの個人消費は明らかに妻よりも多かった。もし家においしい食べ物があれば夫に供され，食事の残り物は妻が片づけ，夫婦の間に言い争いが起きた場合に妻が譲歩する傾向は都市よりも明らかに強かった（表10-6参照）。結婚生活において夫から信頼され，尊重され，平等に扱われていると感じる度合いや結婚生活から得られる幸福感の得点が，農村女性は都市女性よりも低い（表10-4参照）。このことは農村女性の置かれている境遇が劣っていることを暗に示す一例といえよう。

中国の農村女性の家庭内における地位が都市女性より低い理由としては，農村において伝統的な観念や習慣がはるか昔から続いているという歴史的要因以外に，次のような要因が考えられる。

第一に，農村女性は，価値の測れない無報酬の労働に従事しており，長期間仕事をしていても報酬を手にすることができない。労働点数制が導入されていた「人民公社化」の時代においても，年末の賃金分配は世帯を単位としてなされ，それゆえ，男性の家長が家族を代表して全成員の報酬を受け取っていた。さらに農業の生産効率が低いために，家族成員の収入は家長によって集中的に管理され，また一元的に支出されていた。未婚の子どもは自らの所得を自由に管理・支出する権利をもたず（ひどい場合にはこづかい銭すら手にすることができなかった），多くの既婚女性は日常的な家計を管理する権利を与えられるのみで，一家の主は依然として夫もしくは夫の父であった。

第二に，農作業は単純かつ重労働であるため，体力面において男性に劣る女性は補助的な労働に従事することが多く，たとえ男子と同じ作業をしても労働点数では男子より低いことが普通だった。農村における男女同一労働・同一賃金制の政策的実施は都市ほど進まず，「男10点，女8点」，さらに低い場合は「男10点，女6点」という点数モデルが習慣として長く用いられていた。こうした慣習は，家庭生産請負制が導入された後にやっと自然消滅した。

このように男子は終始一貫して農業生産の主力であり，家庭経済の大黒柱で

表10-6 都市と農村における夫婦の家庭環境の比較 (%)

	都　市			農　村			都市と農村間のχ^2検定
	夫	同じくらい	妻	夫	同じくらい	妻	
個人的出費が多い	23.4	56.9	19.7	54.8	37.2	8.0	***
おいしい物をだれに先に食べさせるか	25.4	49.1	25.5	26.3	65.4	8.2	***
残り物を片づける	28.4	42.8	28.8	6.4	52.8	40.8	***
家事労働の責任者	12.8	28.2	59.0	4.4	14.0	81.7	***
性生活をリードする人	23.4	62.1	14.5	45.5	48.7	5.9	***
けんかの後で先に譲歩する人	47.6	39.6	12.9	30.9	41.4	27.6	***
家庭内の実権をにぎっている人	13.7	60.2	26.1	50.9	44.1	5.0	***

*** $P<0.001$
出典：徐・葉，1999：265頁。

あった。しかし，農業生産が家庭経営に委ねられたことによって，多くの女性は自分の潜在的な能力を開発することができるようになり，中には家庭生産経営を中心的に請け負う女性も登場するようになった。また，労働効率の向上と収入の増大は，多くの女性に対して独立した経済的基盤と自分の労働所得を自由にする権利をもたらした。しかし男性は転職機会の面で明らかに女性より恵まれており，夫が非農業的仕事に従事する割合は妻よりもはるかに高く，男性は社会に出て経験を積み，見識を深め，能力をのばすようになっている。しかし，多くの女性は農業に従事しながら，家庭内では高齢者の世話や子育てを引き受け，農作業と家事労働という二つの仕事をこなしているにもかかわらず，手にいれる有形の労働報酬は明らかに夫よりも少ない。1996年に実施した筆者の調査によると，夫に経済的に依存している妻は農村では62.8%に達している（都市では31%）。経済的な独立性に欠ける妻が，夫に服従を強いられたり，管理されたりするのは自然の成り行きである。

　第三に，農村では社会保障制度が普及していないために，高齢者の多くが息子の扶養に依存している。それゆえに「養児防老」（息子を育てることによって老後に備える）や「多子多福」（子どもが多ければ多いほど幸せになれる）といった因習的な観念は農村では根強く残っており，そのために女子は軽んじられたり，見下されたりする。女子は，教育を受ける機会も男子より少ないば

かりか，結婚を自主的に決める権利や財産継承権も男子より弱い。農村では女の嬰児を溺死させたり，あるいは遺棄したり，さらには二家ないし三家の間で互いの家の女子を相手の家の男子に嫁がせる交換婚や，女性を誘拐して売りとばすなどの陋習が後を絶たない。このことも，女性に相続権や高齢者を扶養する資格がないことと密接に結びついている。さまざまな形態の経営体，とりわけ郷鎮企業が勢いを増すにつれて，農村の経済活動は飛躍的な発展をとげた。郷鎮企業とは，1984年に解体した人民公社や生産隊によってかつて経営されていた企業が，郷（農村地域）や鎮（町部）の集団所有制企業として再編されることにより誕生した企業である。こうした企業のめざましい発展にともない，農村社会が高齢者を扶養するための経済的責任を一部負担するようになってきた（一部の裕福な郷村では全責任を負う場合も出てきている）。こうした現象は農村における「養児防老」という伝統的観念や，男尊女卑的なものの見方や習慣を変える上で重要な意義をもっている。しかし，地域による発展の不均衡や伝統文化の惰性的維持によって，農村での男女の意識変革と女性の平等な権利獲得の歩みは依然として緩慢なものである。中国は農村人口が総人口の大部分を占めており，家庭内での男女平等を実現するために解決すべき課題は多く，その道のりは依然として遠いといわざるをえない。

（2）都市女性の現状

　一方，都市では夫婦の地位は比較的平等になり，家庭内で夫よりも影響力や決定権をもっている妻も少なくない。マス・メディアは弱い立場の男性を称して，「陰盛陽衰」（「陰気盛んにて陽気衰う」という意味で，女性が男性よりも強いことを表す）や「気管炎」（気管支炎の意：「気管炎」の中国語の発音と「妻の管理が厳しい」という意味の中国語「妻子的管理很厳」の傍点部分の発音がほぼ同じことに由来するもじり言葉で，「自分は気管支炎を患っている」といえば，「自分は恐妻家である」という意味になる）と呼ぶことがある。実際に都市に住む女性の家庭内地位は比較的高く，また女性たちを取りまく社会環境は比較的整備されている。都市女性は，国家による女性労働者に対する結

婚後も引き続き仕事をすることを奨励する政策や，男女同一労働・同一賃金制の保証，男尊女卑や「夫が主，妻は従」といった思想に基づく伝統文化に対する社会世論の攻撃などの恩恵を最大限に享受している。とはいえ，「陰盛陽衰」と評される家庭内役割の表象の背後に潜み，こうした表象を生み出す社会的導因やそのマイナス効果について，注意深く観察する必要がある。

第一に，中国の女性が結婚後も引き続き働く第一の動機は，生きていくために必要だからであり，夫一人の仕事に依存して家族を養っていくのが難しいからである。ゆえに継続的就労は生計の維持に迫られての選択であり，ある意味では受け身的な就労であるということもできる。

いくつかの先進諸外国では，女性たちは子どもを賢く産んで賢く育てることを重視し，夫の労働の負担は重いが収入は比較的多く，M字型の段階的就労は妻たちが自ら望んで選択した結果であることが多い。これらの国の女性たちは，中国の女性と比較して，自分の人生設計や生活様式の選択に関して比較的高い自由度を有しているといえる。

第二に，女性が家庭という舞台の上で主役を演じることが比較的多いのは，女性は一般的に社会的領域で脇役をつとめがちであるため，家庭という領域においては女性としての特徴を活かそうとする，一種の反動行為あるいは転移現象とみることができる。現代の中国社会でも女性に対して，職業上の役割よりも家庭における役割が期待されているため，妻が仕事を重視して子どもや夫のめんどうを十分にみられないと，女性としての役割規範に合わないとみなされ，しばしば非難の対象とされる。また，妻が仕事上夫よりも成功しているとしても，夫の励ましや援助が得られているとは限らない。多くの女性は，結婚を生涯のうちでもっとも重要な事業とみなし，夫が仕事で成功するために，あるいは家族のめんどうをみるために，職場での地位は脇役に甘んじているのである。したがって，いわゆる「陰盛陽衰」や一部の女性の「かかあ天下」ぶりは，実際は女性たちが社会的活動の面で挫折させられたり，仕事上の業績が平々凡々であるために，家庭に心理的な代償を求める一種の自衛行為であって，決して女性解放の広がりや浸透度が理想的なレベルに達したことを意味するのではな

い。

　第三に，いくつかの先進諸国と比較すると，中国の都市女性は教育レベルや職業面における技能，競争力，自意識などの点でまだ大きな開きがみられる。政府が女性のために採用している一連の制度的保障は計画経済体制の産物であり，市場経済体制が進展するにしたがい，行政的手段によって女性のために施行されてきたこれまでの優遇政策が，さまざまな経営形態や所有形態によって運営される企業において今後推進されることは難しいだろう。

　現在，「婦女権益保障法」も実施段階での有効性が低下してきている。マス・メディアによっても報道されているが，いくつかの学校が成績のよい女子学生の入学を拒否したり，企業や政府機関が女性社員や女性公務員の採用を中止する事件が起こっている。ひどい場合は，裁判所に起訴しても却下されるケースも少なからずみられる。中国社会でも，女性が結婚前に安定した職業に就き，結婚後も働き続けられる環境を法律によって保障することが事実上困難になっている。

　また，女性が家事を受けもつことによる制約も大きい。労働の場で女性労働者に優遇措置が施されているため，労働力市場において女性労働者が劣位に置かれている面がある。たとえば，妊娠7カ月以降は毎日職場で1時間の休憩，出産後は90日間の完全有給休暇，生まれた子どもが一人っ子の場合は15日間の休暇日数の追加，出産後1年以内の授乳期は毎日1時間の授乳時間の保障，妊娠中の検査費用や出産費用はすべて職場から支給される上，妊娠・出産・哺乳期間中に基本給を下げたり労働契約を解除してはならない，という優遇的措置がある。

　現在，30歳以下の未婚女性のみを採用し，結婚や出産する時期になる前に労働契約を打ち切る方針をとっている企業が少なくない。さらに経済体制の軌道修正の過程で行われる産業構造の調整によって，一部の女性が一時帰休（企業から医療・年金などの福利待遇はそのままに，少ない手当を生活費として支給されて在宅を命じられる）に追い込まれる事態が発生している。

　国家統計局が1997年3月に発表した調査によると，全労働者数の中で女性労

働者が占める割合は39％であるが，全失業者中に占める割合は59％にのぼっている。中高年女性は，市場経済の競争原理の導入により，まさに新たな挑戦を受け，危機に直面している。

　筆者らの1996年の調査では，都市の既婚女性で一時帰休した人は10.9％であったが，既婚男性では4.5％であった。それ以外に2.4％の既婚女性が無職のためもっぱら家事に従事していた。30歳以下の既婚女性の中で専業主婦の占める割合は4.9％ともっとも高く，31〜50歳の既婚女性のうち専業主婦は1.4％であった。夫の仕事が忙しく収入も高いために自らすすんで専業主婦になっている一部の女性を除き，大部分の女性は固定的な仕事がないために一時的に在宅を余儀なくされている。相関分析によると，夫との平等性や結婚に対する満足度は，現段階では，専業主婦や自宅待機中の女性と有職女性の間に統計的な有意差はみられなかった。

　さらに「女性は社会的な競争力が欠けているので，やはり多くの精力を家庭に傾けるべきだ」という考え方に賛同するかどうかの設問では，専業主婦でこうした考え方に肯定的な態度を示した人は，有職の既婚女性に比べて明らかに少なかった（専業主婦は39.5％，有職の既婚女性は52.5％）。こうした結果は，現在仕事に就いていない妻たちは決して自ら望んで主婦という役割を選択しているのではないことを示唆しているといえる（このような考え方を肯定した女性が必ずしも主婦という役割を甘んじて引き受けているとは限らないが，夫婦共働きという枠組みの中で夫の職業的役割を重視し，妻の家庭的役割を重視したいと考えていると思われる）。しかし，若い女性の中には「仕事での成功よりも，幸せな結婚生活がなによりも重要」と信じている女性はすでに特殊ではなくなっており，一部には家庭の中で主役を演じることに喜びをおぼえ，果ては夫に寄りかかり安閑とした専業主婦としての生活を夢みる女性すら出てきている。こうした傾向は将来，単に男性に対する家族の扶養責任へのプレッシャーを増大させるだけでなく，職業や収入面における男女間の格差をさらに拡大させる可能性がある。筆者の研究によると，すでに若い世代では妻と夫との収入格差は広がってきている。こうした傾向がさらに強まっていくとすれば，

第 10 章　中国における夫婦のパートナー関係

これまでの夫婦の家庭内の役割関係や夫婦間の心理的バランスが崩れ，夫婦関係に微妙な変化が起きることは避けられず，女性の家庭や社会における地位は新たなる挑戦にさらされることになるであろう。

注
(1) 『後漢書・梁鴻伝』，『春秋左氏伝・僖公三十三年』を参照のこと。
(2) 直轄市とは，中国の行政区分上，省や自治区同様，中央政府（国務院）に直接管理・指導を受ける市のことをいう。調査実施当時は北京市，天津市，上海市の3市が直轄市であったが，その後四川省重慶市が直轄市に昇格したため，現在では全部で四つの直轄市が存在する。
(3) 陶，1993，432-437頁；沙，1995，264頁；章黎明主編，1995『上海婦女社会地位調査』中国婦女出版社，143頁；盧淑華「家務承担男女有別　権力分配各有側重」『中国婦女報』1997年7月5日付の新聞記事より。
(4) 李銀河，1997「北京市婚姻質量的調査与分析」『中国社会科学季刊』夏季号，（香港）；徐安琪主編，1997『世紀之交中国人的愛情与婚姻』中国社会科学出版社，167，246頁；沈崇麟・楊善華主編，1995『当代中国城市家庭研究』中国社会科学出版社，36，368頁；費涓洪，1991「従華漕郷看農村婦女家庭角色的変化」『社会学』第2期，上海社会科学院社会学研究所，20頁。
(5) 東京都生活文化局女性青少年部女性計画課編，1994『女性問題に関する国際比較調査』東京都生活文化局，180ページ；中華全国婦女連合会等編，1991『中国婦女統計資料（1949～1989年）』中国統計出版社，322頁；国際連合経済社会事務部・統計局・女性発展基金・人口基金・児童基金会等主編，1993『1970～1990年世界婦女状況』（中国語版），国連出版物。
(6) 労働省婦人少年局編，1993『働く女性の実情』大蔵省印刷局，48ページ。
(7) 『中国婦女報』1995年3月6日付記事「深圳拒絶女性!?――招考公務員引出的話題」；1996年5月26日付記事「録用是否択優？」；1996年6月12日付記事「状元縁何落第」；1996年6月14日付記事「遭拒収，女生失踪，失女児，父母上訴」；1996年7月23日付記事「可憐天下学子心」など。
(8) 『中国婦女報』1997年3月6日付記事「半辺天就業比例上昇」。

引用・参考文献
陳顧遠，1984『中国婚姻史』上海書店。
Eshleman, J. Ross, 1985, *The Family: an Introduction*, Allyn and Bacon.（潘允康等

訳，1991『家庭導論』中国社会科学出版社。)

盧漢龍，1990「来自個体的社会報告」『社会学研究』第1期，中国社会科学院社会学研究所，71-91頁。

瞿同祖，1981『中国法律与中国社会』中華書局。

沙吉才主編，1995『当代中国婦女家庭地位研究』天津人民出版社。

陶春芳主編，1993『中国婦女社会地位概観』中国婦女出版社。

徐安琪・葉文振，1999『中国婚姻質量研究』中国社会科学出版社。

第11章
アメリカにおける結婚とパートナー関係

岩井　八郎
岩井　紀子

1 The Family と Families

　1970年代後半，カーター政権がホワイトハウスにおいて，家族問題に関する会議の開催を提案したとき，家族は複数形で Families と表記されていた。この表記をめぐって，保守派は，単数形の The Family を用いるべきだと強く要望し，保守派とリベラル派が真っ向から対立した。保守派にとっては，あるべき家族の形態は一つであり，夫が稼ぎ手で妻が家事や育児を担うという性別役割分業型の核家族こそが，いわゆる「アメリカ家族」である。もちろんリベラル派は強く批判し，最終的には複数形が用いられた（Cherlin, 1996：p. 15）。

　これは単に表記上の問題ではなく，1970年代のアメリカの家族の変化に対する評価と関係している。70年代のアメリカでは，初婚年齢の上昇，子ども数の減少，離婚率の上昇，既婚女性の雇用労働化の進展，夫婦以外の世帯の増加など，今日のアメリカの家族や世帯の特徴とされる現象が顕著になってきていた。保守派は，これらの現象はアメリカの伝統的な秩序を崩壊させるものだと考えたが，リベラル派にとっては，自由と平等，個人主義といったアメリカ的価値の新たな展開を意味した。今日では，ほとんどの家族社会学者は Families や Households と複数形を用いて，多様性を前提とした研究や議論を行っている。多様性こそが，アメリカの家族や世帯さらにパートナー関係をもっともうまく表現する言葉であろう。しかし性別役割分業型の核家族を理想とする保守派の論調は，現実との乖離がさらに大きくなってきても，根強く残っており，80年

代のレーガン政権，ブッシュ政権の政策にも現れていたし，社会問題に対する保守派の批判の中にも色濃く影を落としている。

さて保守派が The Family と認めた，性別役割分業に基づく夫婦と子どもからなる核家族は，1950年代のアメリカで多数を占めていた家族形態である。また保守派に限らず，今日「伝統的家族」という言葉が用いられるときには，たいていの場合，この家族形態をさしている。第二次大戦後，とりわけ50年代において，アメリカは世界で最初に豊かな産業社会を実現した。この時期は，「家族のルネサンス」とも呼ばれているように，性別役割分業に基づく夫婦家族の価値が再生し，若い世代が次々と家族を形成した時期である。1940年代後半から50年代にかけて成人した男女は，若くして結婚し，皆婚傾向があり，前の世代よりも多くの子どもをもった。そして，これらの人口学的な変化を背景にして，パーソンズの核家族論のように，世界的な影響力をもった家族論も登場した。

今日「アメリカの家族の変化」が語られる場合，離婚率の上昇，既婚女性の就業行動の変化，再婚世帯，同棲世帯や同性世帯の増加といった，時代の先端ともいえる現象に関心が向けられる傾向がある。しかし，変化を認識するための基準になっているのは，1950年代の家族である点が重要であろう。すなわち，「アメリカの家族の変化」は，50年代において多数派であった家族形態からの「ずれ」として記述される場合が多い。50年代のアメリカ家族は，現在においてもなお，保守派にとっては理想像であり，リベラル派にとっては虚構性を暴くべき対象になっている（Coontz, 1997）。

本章では，まず次節で，1950年代のアメリカ家族の特徴とその後の変化を概括する。とくに50年代に定着した性別役割分業型の核家族が，第二次大戦後のいくつかの例外的な条件が重なり合った結果として形成された，特殊な時代的産物であった点を強調する。3節では，60年代以降に生じた変化の背景として，もっとも大きな役割を果たしたと思われる二つの要因——既婚女性の雇用労働化と自己達成感を求める個人主義——に着目して，これらが今日の結婚やパートナー関係にどのような影響を与えてきたかについて検討する。そして4節に

おいて，アメリカにおける結婚とパートナー関係の今日的特徴をいくつかの側面から整理する。結婚についての男女の意識や夫婦関係，結婚・離婚・再婚といったイベントの複雑化，ライフコースにおける同棲の新しい位置づけ，ゲイやレズビアンなどの新しいパートナー関係の登場について具体的に取り上げたい。5節では，今日のアメリカの結婚とパートナー関係が提起している問題について，そして最後に，「結婚と家族」の意味をめぐる教科書論争について紹介する。1950年代の家族形態を特殊な歴史的産物と見るならば，現代のアメリカにおける家族や世帯の多様性は，むしろ必然的な形態とも考えられるであろう。[1]

2 1950年代のアメリカ家族とその後

(1) 世帯構成の推移

まず世帯構成の推移に関するデータに基づいて，アメリカにおける結婚やパートナー関係の変化を概観しよう。表11-1は，1950年，70年，90年，95年の4時点における世帯構成を実数と構成比によって示したものである。世帯とは個別の生活単位であり，この表では，親族世帯（世帯主と一人以上の血縁・婚姻・養子関係をもつ人間からなる世帯）と親族以外の世帯（単独世帯もしくは血縁・婚姻・養子関係のない複数の人間からなる世帯）に区分されている。1950年から95年までに，世帯総数が大幅に増加している中で，夫婦のみまたは子どものいる世帯の構成比が，かなり低下している。これらの世帯は，1950年には全世帯の78％を占めていたが，95年には54％にまで減少している。親族世帯の割合が全体として減少している一方，女性を世帯主とする親族世帯はかなり増加している。その割合は，95年には親族世帯の18％，全世帯の12％になっている。また，親族以外の世帯も大幅に増加しており，単独世帯は95年には全世帯の25％を占めている。親族以外の複数の成員からなる世帯（ルーム・メイト同士，同性カップルなど）や異性の同棲カップルの世帯も，全体としては少ないものの増加傾向にある。

第Ⅲ部　変動する社会と結婚

表11-1　アメリカにおける世帯数と世帯構成の推移

	世　帯　数（1,000世帯）				構　成　比（％）			
	1950	1970	1990	1995	1950	1970	1990	1995
世帯総数	43,554	63,401	93,347	98,990	100.0	100.0	100.0	100.0
親族世帯	38,838	51,456	66,090	69,305	89.2	81.2	70.8	70.0
夫婦のいる世帯	34,075	44,728	52,317	53,858	78.2	70.5	56.0	54.4
女性世帯主*	3,594	5,500	10,890	12,220	8.3	8.7	11.7	12.3
男性世帯主*	1,169	1,228	2,884	3,226	2.7	1.9	3.1	3.3
非親族世帯	4,716	11,945	27,257	29,686	10.8	18.8	29.2	30.0
単独世帯	3,954	10,851	22,999	24,732	9.1	17.1	24.6	25.0
複数の世帯員	762	1,094	4,258	4,954	1.7	1.7	4.6	5.0
未婚カップル	—	523	2,856	3,668	—	0.8	3.1	3.7

注：＊現在，配偶者のいない者。
資料：Wetzel (1990：p. 7) の Table 1 を基に作成。*Current Population Reports*, U. S. Bureau of the Census.

　女性を世帯主とする世帯や親族以外の世帯の増加は，晩婚化，婚外出産の増加，離婚の増加，同棲の増加，夫と死別した高齢女性の増加などと密接に関係している。晩婚化と高齢化は，単独世帯の増加をもたらしており，婚外出産や離婚の増加は，女性を世帯主とする親族世帯の増加をもたらしている。1995年の場合，女性を世帯主とする親族世帯の81％は，未婚，別居，離婚など，夫との死別以外の要因で，女性が世帯主となったケースである。以上のような世帯構成の推移は，1950年以後，結婚の比重が急速に低下してきていることを示している。

（2）初婚年齢と家族形態

　次に，1950年代の結婚と家族形態の特徴を明確にしておこう。図11-1は，1890年から1995年までにおける，20～24歳の男女に占める未婚者（結婚歴なし）の割合の推移を示している。未婚率は，1890年から1940年までは変化が小さいが，1940年から60年にかけては急激に低下し，24歳までに結婚している者の割合が増加している。1960年代以後は，未婚率が急激に上昇し，晩婚化が進んでいる。1890年からの100年間を通してみると，第二次大戦後の一時期，とくに1950年代に限って，初婚年齢が低いことがわかる。そしてその時期が，戦

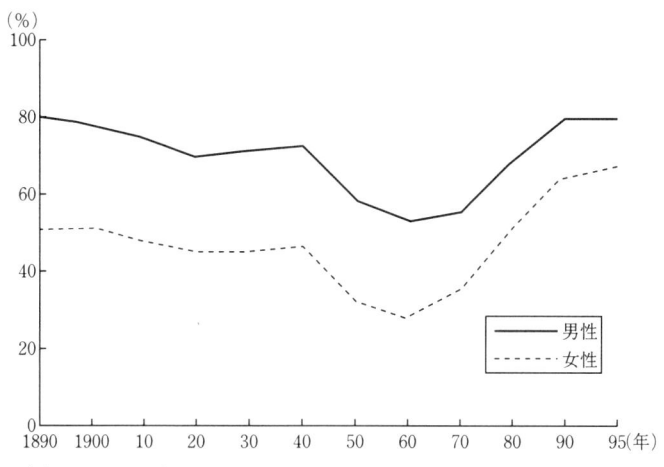

図 11-1　20〜24歳における未婚者の割合の推移（1890〜1995年）

資料：1890〜1970年は，*Historical Statistics of the United States*, U. S. Department of Commerce. 1980〜95年は，『世界人口年鑑』国際連合。

後のベビーブーム期であり，出生率が一時的に上昇した時期である。

　このように1950年代には，アメリカ人は，今世紀におけるどの時期よりも若くして結婚し，子どもを多くもった。そのときの家族形態の特徴は，図11-2によってさらに鮮明になる。図11-2は，0歳から17歳までの子どもが暮らしている家族を四つのタイプに分類して，それぞれのタイプで暮らしている子どもの割合の推移を1790年から1989年まで示したものである。第一のタイプは，親と暮らしていない子どもたちであり，その割合は一貫して低いが，現在に至るまで減少してはいない。祖父母と暮らしている子どもたちなどが，このタイプに分類される。第二のタイプは，父母と暮らす農村家族の子どもたちである。19世紀の半ばまでは，このタイプの家族が大半であったが，その後，急速に減少している。第三のタイプが，農村家族以外で，夫を稼ぎ手とし妻を家事の担い手とする性別役割分業型の家族である。このタイプは，19世紀の後半から増加し，1930年頃にいったんピークをむかえ，大恐慌期にやや減少し，50年代に頂点に達して，60年以降は急速に減少している。最後の四番目のタイプは，農村家族以外で両親が共に働いている家族もしくは単親家族である。これは，

第Ⅲ部　変動する社会と結婚

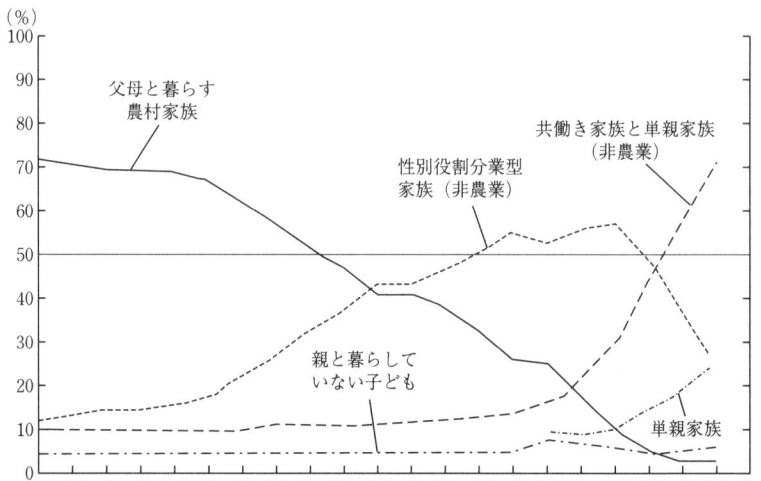

図 11-2　四つのタイプの家族＊のもとで暮らす 0 〜17歳の子どもの割合の推移（1790〜1989年）

注：＊1940年以降、四つの分類に加えて、単親家族のみの割合を再掲している。
資料：Census PUMS for 1940-1980, CPS for 1980 and 1989, and Appendix 4.1.
出典：reprinted from *America's Children* by Donald Hernandez, p. 103, Figure 4.1. © 1993 Russell Sage Foundation, New York.

1950年代から増加し、60年代から70年代に急増して、89年には全体の3分の2を占めるまでになっている。

以上のことから、アメリカにおいて「伝統的家族」と呼ばれる性別役割分業型の夫婦家族は、20世紀前半に優勢であった家族形態であり、1950年代に一時的な隆盛を見た後、急速に減少したことがわかる。

（3）1950年代の特殊性

なぜ、戦後の一時期に性別役割分業型の夫婦家族の形成が進んだのか。この問題に関しては、現在いくつかの説明がなされている。たとえば、イースタリン（Easterlin, 1987）は、1940年代後半から50年代に成人となった世代に固有の特徴から、50年代の家族形成を説明している。1920年代から30年代に生まれ、1940年代後半から50年代に成人となった世代は、大恐慌世代と呼ばれ、人口規

模が小さく,青年期までに大恐慌による経済的な困窮を経験した。この世代は,大恐慌のために物質的な願望が低いまま成人したが,アメリカの戦後の経済的な繁栄の下で,人口規模が小さいがゆえに雇用機会に恵まれ,性別役割分業に基づく安定した家庭生活を営むことができた。イースタリンによれば,人口規模と経済変動のダイナミズムが,50年代に特有の家族形成を進めたことになる。

　もちろん,イースタリン理論だけですべてを説明できるものではない。この時期には,マスメディアが家庭と女性の伝統的な役割を改めて強調していたし,連邦政府は都市郊外に大規模な住宅地を開発し,帰還兵士を主な対象として安価な一戸建て住宅を提供した。郊外の一戸建てで,都市や町に車で通勤する夫と専業主婦と子どもたちが,ゆとりのある家庭生活を営むという「アメリカン・ドリーム」が,中流階級のみならず,労働者階級にも手の届くところとなっていた（Mintz & Kellog, 1988；Coontz, 1992；岩井八郎, 1997）。

　パーソンズ（Parsons, 1955）は,当時,次のような核家族論を展開した。家族は産業化の過程において大きく変化している。産業化のもっとも重要な影響は,社会における制度の分化である。ある制度によって担われていた機能が,いくつかの制度に分かれて担われるようになった。家族は経済的,教育的機能を失ったが,これまでになかった機能を担うようになった。焦点になるのは,個人の自己実現であり,パーソナリティのための機能である。家族は子どもの社会化と成人のパーソナリティの安定に寄与する,専門化した機関へと転換している。男性は家庭外での仕事によって生計を維持する役割を担い,女性は家庭で母として,夫の伴侶として,家計のマネージャーとしての役割を担う。そして夫婦間の役割の補完性がパーソナリティの安定につながる。しかしながら,パーソンズのこの理論は,1950年代の特殊な家族形成を背景として登場し,産業社会にとって普遍的な家族モデルとみなされるようになった点に,注意する必要があるだろう。

（4）1960年代以降の変化

　1950年代に優勢であった性別役割分業型家族の特徴は,60年代から急速に見

られなくなる。初婚年齢は上昇し，離婚数が増加し，子ども数は減少した。そして，既婚女性の雇用労働化が著しく進展した。

晩婚化については，図11-1からも明らかなように，男女とも初婚年齢が1960年代から上昇し，70年代後半には20世紀初頭の水準に戻り，80年代以降もさらに上昇を続けている。高学歴化，女性の就業機会の拡大，避妊技術の進歩，70年代以降の経済状況の悪化などが，晩婚化の要因として指摘されている。

アメリカの平均初婚年齢が20世紀初頭の水準に戻ったといっても，若者の行動が20世紀初頭の様式に戻ったわけではない。20世紀前半までたいていの若者は，結婚するまでは親か親族とともに暮らしていた。しかし1960年代以降，結婚や大学進学のためばかりではなく，独立して生活するために，若い年齢で親元を離れる傾向が強くなった。その結果，表11-1で見たように，親族以外の世帯が増加しており，それが若者層における同棲の増加にも結びついている。

アメリカの離婚率の高さは，すでによく知られている。19世紀の半ば以来，戦争や不況による一時的な変動と1950年代を除いて，離婚率は常にゆるやかに上昇してきたが，62年の2.22（人口1000人対の普通離婚率）から79年にかけてはねあがり，81年には5.27を記録した。近年は4.70前後を推移しており，これは，2組の結婚のうち1組が離婚に終わる水準である。図11-3は，1920年から94年までの婚姻数と離婚数，ならびに婚姻率と離婚率の推移を示している。60年から70年代にかけて，婚姻数も離婚数も離婚率も上昇した。しかしながら，婚姻率は，70年代以降も低下を続けている。

1960年代後半から70年代までに，アメリカでは離婚に対して世論が寛容になった。それに対応して多くの州では，夫婦のいずれかに不貞行為などの責任がある場合に離婚を認める有責主義から，結婚生活が事実上破綻している場合に，どちらにも責任を問うことなく結婚の解消を認める破綻主義へと法改正が行われた（Weitzman, 1985；岩井紀子，1997）。近年，離婚率が停滞しているとはいえ，結婚の安定性が高まったわけではない。婚姻率の低下に見られるように，若者は結婚を延期しており，離婚した者は再婚を延期している。また同棲の増加も婚姻率の低下と関連している。

第 11 章 アメリカにおける結婚とパートナー関係

図 11 - 3 アメリカにおける婚姻数,離婚数,婚姻率,離婚率 (1920〜1994年)
(1) 婚姻件数と離婚件数の年次推移

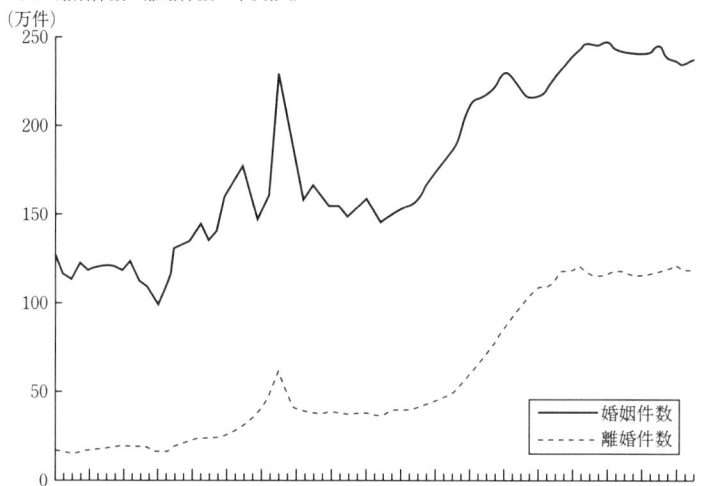

注:1978年以降の婚姻件数は,カリフォルニア州で届出のあった,婚姻許可証なしの結婚も含む。

(2) 婚姻率と離婚率の年次推移

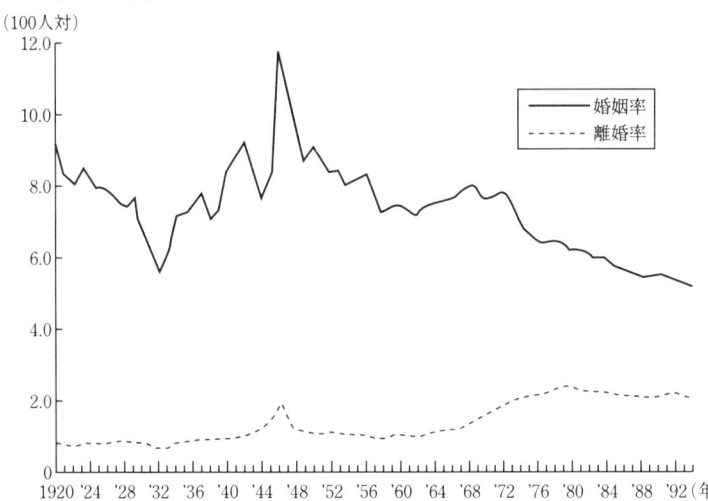

注:婚姻率　15歳以上の結婚していない女性100人に対する割合。
　　離婚率　15歳以上の既婚女性100人に対する割合。

資料: *Vital Statistics of the United States*, U. S. Department of Health and Human Services.

出生率も，1957年の3.71人（合計特殊出生率）をピークとして，60年代から低下してきており，80年代後半にわずかに上昇したが，1995年では2.02人である。戦後のベビーブーム期に生まれ，性別役割分業型の家族の下で成長した，人口規模の大きい世代が年齢を重ねるにつれて，晩婚化が進み，離婚率が上昇し，子ども数も減少した。つまりアメリカでは，戦後のベビーブーム世代が，自らを育んできた家族形態を崩す結果になっている。

以上のような家族の変化は，しばしば女性の就業機会の拡大と関連づけて取り上げられている。もちろん女性の雇用労働化の進展が，それぞれの現象の主たる原因だということはできない。しかし既婚女性の就業率は，この時期に上昇を続け，結婚やパートナー関係に重要な影響を及ぼしてきた。次節では，変化の背景として，まず女性の就労の変化に注目し，さらにアメリカの個人主義と恋愛観の特徴について検討しておこう。

3　変化の背景

（1）女性の就労

年齢を横軸にとった女性の労働力率プロファイルは，アメリカの場合，1970年代までは，20歳代後半から30歳代前半にかけて比率が低下するというM字型を描いていた。しかしそれ以後，M字型が徐々に崩れて，現在では男性と類似した台形型になっている。50年代においては，女性の多くは結婚や出産を契機として仕事をやめていた。ただし，この時期にすでに既婚女性の就業率が上昇していた点は，しばしば見落とされている事実である。図11-2の家族形態の推移に関するグラフの中で，両親が共に働いている家族もしくは単親家族の割合は，50年あたりから増加しているのである。就学前の子どもをもつ既婚女性の就業率の推移を見ると，50年では10％程度であったが，それ以後一貫して上昇し，90年には60％になっている。

1950年代から60年代における既婚女性の雇用労働化の進展に関しては，産業構造の変化と人口動態の影響が大きい。第二次大戦後の経済的繁栄の結果，産

業構造が転換し，ホワイトカラー職の需要が拡大した。しかし成人期をむかえた大恐慌世代の人口規模は小さく，女性は結婚や出産を前にして退職する傾向が強かったので，労働力不足が生じ，それを補うために，子育てを終えた既婚女性が事務職に雇用されるようになった。当時の就労の中心にあった層は，大学卒よりも高校卒の女性である。大学卒女性の多くが，公民権運動やフェミニズムの影響を受けて，就業を継続し，職業的キャリアを重視するようになるのは，70年代になってからであり，戦後のベビーブーマーが大学を卒業した後の時期である（岩井，1998）。

女性の就業機会の拡大と晩婚化や離婚率の上昇は，並行して生じている。しかし原因と結果の関係を特定することは難しい。経済学者ベッカー（Becker, 1991）の結婚市場モデルは，未婚の男女を取引の相手と考え，それぞれが未婚のままでいるよりも，結婚によって得ることが大きければ，結婚すると仮定する。他の取引と同じように，結婚市場における男女の取引は，それぞれ提供できるものに違いがあることから，交換による利益が発生する。生物学的な差異に基づく投資と社会化過程の結果，相対的に，女性は男性よりも家事・育児能力が高く，男性は労働市場における稼得能力が高い。このモデルにおいては，パートナーに結婚への動機づけを与えるのは，性別の分業であり，両性間の相互依存性であるため，1950年代の結婚がうまく説明されている。

しかしこのモデルはまた，女性の労働市場への参加が進み，収入が増大すると，結婚による利益が低下することも予想する。確かに，良い仕事の機会があれば，それだけ結婚の魅力がなくなり，結婚までの期間は長くなるであろう。また女性の就業機会が拡大すれば，不幸な結婚ならば別れることも可能になる。

では，経済力のない女性ほど結婚しているのであろうか。最近の研究によれば，むしろ反対の結果になっている。教育レベルが高い女性ほど，また就業機会に恵まれている女性ほど，結婚する傾向が強い。1970年代の経済不況によって，アメリカ人の男性，とくに高校卒男性の経済的地位が悪化し，大学卒男性とそれ以外との所得格差が拡大した。一方，男女の所得格差は，60年代から70年代にかけてなかなか縮小しなかった（フルタイム雇用者の場合，女性の平均

所得は男性の60％）が，80年代に縮まり始め，1992年には71％となっている。その原因は，女性の所得が向上した結果というよりも，大学卒以外の男性の所得が伸びていないためである（Bianchi, 1995）。70年代以降，結婚生活において女性の経済力の重要性が高まっている。つまり女性の就労は，結婚を延期させ，離婚を増加させる側面もあるが，現在では，中流階級の水準の結婚生活を維持するために不可欠でもある。オッペンハイマー（Oppenheimer, 1994）は，妻の就労は家族にとって，70年代以降の経済状況への新たな適応の戦略であると述べている。ただし女性の高学歴化や就業機会の拡大は，女性の間での格差を生じさせており，経済力のない層では，未婚の母が増加している。アメリカ社会全体として，貧困の女性化（feminization of poverty）が進んでいる点を忘れてはならない。

（2）個人主義と恋愛観

アメリカ文化の核心となっている原理は，いうまでもなく，個人主義である。個人を行為の基本的な単位として，その総和を国家とするという観点からすれば，すべての近代国家の原理は個人主義だといえるかもしれない。しかしとりわけ現在のアメリカの個人主義の下では，個人は自己を発展させる機会を存分に提供されているはずであるから，個人はもっぱら，自己の達成感を基準にして自分の経験の意味を判断することが強く求められている。個人主義自体の意味や実践形態も，20世紀において大きく変化しており，それは結婚やパートナー関係の変化とも密接に関係している。

アメリカにおける結婚は，制度型から友愛型へ，そして自立型へと変化してきたといわれている。制度的結婚（institutional marriage）とは，家父長制的な権威や義務，社会規範に従う結婚のことであり，アメリカでは20世紀初頭まで支配的であった。一方，友愛的結婚（companionship marriage）は，男女相互の愛情や友情，性的満足を重視する結婚形態である（Burgess & Locke, 1945）。友愛的結婚は，1920年代に若者の間で顕在化していたが，性別役割分業を前提とした結婚であって，男性は女性に対して，情緒的，性的満足感と家庭内での役

第11章 アメリカにおける結婚とパートナー関係

割の両方を求める傾向が強かった（Mintz & Kellog, 1988）。

1950年代のアメリカに広く浸透していた性別役割分業型の核家族は，友愛的結婚によって形成された家族である。パーソンズの核家族論やベッカーの結婚市場モデルに見られるように，そこでは結婚生活における満足感は，対等な関係にある男女が，性別によって異なる役割を果たすことから導かれると考えられていた。友愛的結婚は，個人主義を前提とした上での，役割の相互補完性を強調した結婚観といえる。しかし友愛的結婚には，夫婦の対等な関係と役割の分業という矛盾をはらむ要素が含まれていたことも明らかである。

今日のアメリカにおいて，結婚やパートナー関係を正当化するイデオロギーは，愛情だといえる。恋愛と結婚の関係を概念的にとらえると，恋愛には，自己のアイデンティティや満足感を探求するという側面があるが，結婚に至ると，役割やパートナー関係が固定化されるという側面が強い。性別役割分業型の結婚では，パートナーを獲得し結婚に至る時点で，愛情は最高点に達する。そして結婚後はその愛情が永続すると仮定されている。日常生活において，仕事や家事，子育てなどの特定の役割を果たすのは，愛情の結果であるとみなされる。この場合，結婚は，恋愛による自己の探求の終わりや性的関係の固定化を意味することになり，成人期における人生の安定性の源になるであろう。

しかしこのような恋愛観は，1960年代半ば以降，急速に衰えることになる。アメリカでは，60年代から，女性の高学歴化，既婚女性の雇用労働化の進展，公民権運動やフェミニズムの高揚，性革命などの社会変化が進行し，晩婚化，子ども数の減少，子育て期間の短縮と子育て後の長期化，離婚の急増などの人口学的な変化も生じた。これらの変化が進むと，成人期の役割は流動化を余儀なくされる。とくに女性の地位の独立性が高まれば，性別によって固定された役割の達成だけでは，結婚生活の満足感を高めることはできない。個人の達成感が，人生の多様な側面において求められることになる。役割を固定する友愛型の結婚から，自己の達成感を絶えず追求し，男女の役割関係の柔軟性を求める自立型の結婚への変化は，アメリカにおける個人主義的な背景から見れば，必然的な道筋であろう。自立型の結婚では，自己のアイデンティティや達成感

の探求は,結婚前のみならず,結婚後も続き,就職前ばかりでなく職業生活を通して継続するのである。

スウィドラー(Swidler, 1980)によれば,現在のアメリカ文化の下では,恋愛は,もはや一時期に成就され,成人期を安定した方向へと導く人生の出来事とはみなされていない。成人期において,愛情が危機に転じ,破局へと向かう確率が高まっている。また一方で,新しいパートナーを選択できる可能性が大きくなっている。そして,さらなる努力によって,より親密な人間関係やより大きな人生の喜びを獲得できる機会も増している。現在のアメリカ人にとって,成人期は,恋愛を通して(あるいは仕事を通して),自己の模索を続ける時期へと変化している。同棲,結婚,離婚,同棲,再婚,離婚…と繰り返される背景には,このような新しい恋愛観がある。またその結果として,結婚生活においては,夫婦間でより親密なコミュニケーションをはかり,性別に限定されない分担あるいは協業が必要になっている。

4 結婚とパートナー関係の現在

(1) 結婚の意味

1950年代以降における世帯構成や初婚年齢,婚姻率,離婚率などの推移が示すように,アメリカの成人生活の中で,結婚の比重は急速に低下してきている。従来は,離婚の増加に対して,再婚も多いという事実があったために,結婚の意義が低下したとは考えられていなかった。しかし現在では,前掲の図11-3が示しているように婚姻率が低下しており,アメリカ人は,結婚を望む感情は強いものの,結婚を延期するという行動をとっている。最近のアメリカにおける結婚の特徴について整理しておこう。

チェーリン(Cherlin, 1992:p. 125)によると,アメリカにおける現在の結婚は,文化的規範としての意味を失いつつあり,経済的な必要性も低下している。しかし男女の結びつき(unions)の好ましい形態として感情的に受け入れられており,とくに子どもがいる場合には,望ましい形態であると考えられている。

第11章 アメリカにおける結婚とパートナー関係

　文化的規範については，大規模な調査データを吟味したいくつかの研究により，1960年代から70年代までの間に，アメリカにおける結婚に対する態度に大きな変化が生じたことが示されている。結婚しないこと，離婚すること，子どもをもたないことなどに関して，アメリカ人の意識は70年代にかなり寛容になった。また男女間の性役割の平等を求める意識もますます強くなっている（Thornton, 1989）。これは，従来の結婚に対する規範の力が弱まっていることを意味しており，アメリカ文化が，個人の自立と成長を求め続ける方向へと変化していることの現れでもある。

　経済的な必要性からの結婚も明らかに少なくなっている。産業化の初期の段階にあったような，生計を維持するために結婚して，子どもを含む家族全員が働く必要性は，もはや労働者階級においても見られない。1970年代により顕著になった既婚女性の就業は，家計の補助のためという側面がかなりあるが，経済的必要性の意味が変化していることに注意しなければならない。一つには，結婚の不安定さが増す中で，女性が地位の独立性を維持するために，収入の手段を保持しておくという側面がある。また既婚女性が働いている場合，前節で指摘したように，中流階級的な生活様式を維持するためという側面がある（Oppenheimer, 1994）。

　規範の力が弱まり，経済的な必要性が低下して，現在の結婚は個人の選択の問題となっている。現在のアメリカ人は結婚を決断する場合，最終的には，自己達成という単一の基準で判断する傾向が強い。結婚するかどうか，誰と結婚するか，子どもをもつか，どのような家庭生活を送るかなどについて，自己の利益と達成感を基にして選択が行われる。結婚も選択の結果である。そうなると，結婚していることにも理由が必要になってくる。結婚生活に対する規範の力も経済的必要性も失われてしまい，自己の達成感だけが結婚生活を評価する基準になってしまうと，自己を中心とした判断は変わりやすいため，否定的な評価はすぐに離婚へとつながることになる（Swidler, 1980）。

　では現在のアメリカで，結婚生活がうまくいっているとはどのような状態であろうか。自己の達成感が唯一の評価基準になると，日常的な活動が自分の希

望と一致しているかどうかが問題になる。実際の活動の事実よりも，それに対する夫婦間の判断の一致と不一致が，結婚の成功と失敗に関係するようになっている。次の言葉がこの状態をうまく表現している。「結婚生活の温度を調節するサーモスタットが備わっているとしよう。最も快適な室温があるわけではない。むしろ重要なのは，夫と妻がその室温に合意しているかどうかである」(Cherlin, 1996 : p. 271)。

　離婚が多いにもかかわらず，既婚のアメリカ人の結婚満足度は，国際比較調査ではかなり高い（兵庫県家庭問題研究所，1989；総務庁青少年対策本部，1996）。これは，アメリカでは結婚していること自体，結婚に満足していることを意味しているからであろう。1970年代以降，結婚についての規範的な意識が弱まったことと並行して，性道徳についても大きな変化が生じた。未婚者が複数のパートナーと性的関係をもつことや婚前交渉に対して，人々はより寛容になった。しかし70年代後半以降，既婚者にとって性的パートナーは一人であるべきだという意識が強くなり，実際の行動もそれを裏づけている（Greeley, et al., 1990）。これもまた，自己の達成感が結婚生活の基準であることを表している。

　1970年代以降，既婚女性の就業者が急速に増加し，男女の平等を求める意識も高まってきた。性役割についての平等観がますます強くなっている。しかし家事分担の平等という点に関しては，実際の行動に大きな変化が生じていないことが，しばしば指摘されている。ホックシールド（Hochschild, 1989）は，妻の就労に対して夫が対応できない状態を「立ち往生した革命（stalled revolution）」と呼んだ。夫婦がともに働いている場合，妻は家事時間を減らしているが，夫の家事時間はあまり増加していない（Shelton & John, 1996）。とくに子育てへの夫の参加が見られない場合には，仕事をもつ妻の不満が高まることが知られている（Ross & Mirowsky, 1988）。

（2）同棲の新しい位置づけ

　法律婚関係にはないが，性的関係をもつ男女のカップルが，多少とも継続的に同居することを，一般に同棲（cohabitation）という（善積，1996；1997）。[2]

1970年代までは，同棲はもっぱら貧困層に多く見られ，中流階級では許容されていなかった。1970年代以降，同棲に関する意識と行動が急速に変化した。これまで述べてきたように，アメリカでは多くの若い男女が結婚を延期している。しかしながら，パートナーとの親密な関係をもつことまで，延期しているわけではない。

図11-4は，1987年から88年に実施された「全米家族世帯調査（National Survey of Families and Households）」の個人の生活史データを用いて，出生コーホート別，教育レベル別に，25歳までにどれくらいの人々が同棲をしたことがあるかをグラフにしたものである。1930年前後に生まれた人々（1950年代に成人期に達している）の間では，同棲は非常に少なかった。また大学卒の人々の間では，極めてまれであった。しかし1950年前後に生まれた戦後のベビーブーマー（1970年代前半頃に成人期に達する）あたりから，どの教育レベルでも増加し，1960年前後に出生したコーホートになると，大幅に増加している。

このように同棲は，かつては大学卒以外の人々の間に見られたパートナー関係であったが，戦後生まれになって，ライフスタイルの一つとして大学卒にも広がった。したがって，戦後生まれの大学卒が新しいパートナー関係を生み出したわけではないが，彼らの意識と行動によって，同棲の評価がポジティブなものへと変わってきたといえる。同棲に対する世論の寛容度の高まりは，大学卒における同棲の増加に対応している。

1970年代から現在までの間に，同棲は，未婚者のみならず結婚歴のある者にも，また20歳代ばかりでなく年長層にも拡大してきている。80年と90年のセンサスの結果を比べると，25〜34歳の未婚者層でも，35〜44歳の未婚者層でも，同棲している者の割合は増加している。80年には，35〜44歳の未婚男性の10.9％，未婚女性の5.1％が同棲していたが，90年になると同棲率は，未婚男性では13.9％，未婚女性では10.1％になっている（McLanahan & Casper, 1995）。高齢者についても，1960年には60歳以上で同棲している者は9600人で，その割合は0.1％であったが，90年には40万7000人，2.4％に増加した（Chevan, 1996）。

パートナー関係のダイナミズムをさらに詳しく知るために，最近の研究では，

第Ⅲ部　変動する社会と結婚

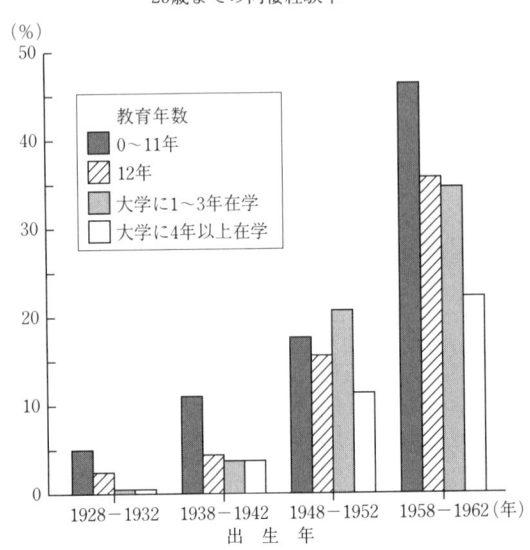

図11-4　出生コーホート別，学歴別にみた
25歳までの同棲経験率

教育年数
- 0～11年
- 12年
- 大学に1～3年在学
- 大学に4年以上在学

出生年：1928-1932／1938-1942／1948-1952／1958-1962（年）

資料：Bumpass, Sweet & Cherlin, 1991 "The Role of Cohabitation in Declining Rates of Marriage," *Journal of Marriage and the Family* 53: pp. 913-927.

出典：reprinted from *Marriage, Divorce, and Remarriage* by Andrew J. Cherlin, p. 12, Figure 1-2. © 1981, 1992 by the President and Fellows of Harvard College. Reprinted by permisson of Harvard University Press.

同棲率や同棲経験率に加えて，初婚前同棲率，再婚前同棲率なども調べられている。「全米家族世帯調査」によると，1975～79年に結婚した初婚者の中で同棲の経験をもつ者は，32％であったのに対して，1980～84年に結婚した初婚者の中では，44％に増加している。また離婚した者が，新しいパートナーと同棲するケースも増えている。1970年前後に離婚した者の中で，5年以内に再婚した者は49％であるが，再婚はしていないが同棲を経験した者を加えると，離婚後5年以内にパートナー関係を形成した者は58％であった。一方，1984年前後に離婚した者について見ると，5年以内に再婚した者は42％であるのに対して，同棲経験者を加えると62％になった。つまり離婚経験者のうち，再婚する者の割合は減少しているが，再婚と同棲を含めると，パートナー関係を形成した者

は，やや増加していることになる。さらに，再婚した者の少なくとも60％が，再婚前にパートナー（たいていの場合，現在の配偶者であるが，必ずしも一致していない）とともに暮らしていることも知られている（Bumpass & Sweet, 1989）。アメリカでは近年，婚姻率が低下しており，再婚率も低下している。しかし同棲を含めたパートナー関係全体で見るならば，あまり大きな低下は生じていないといえる（Qian & Preston, 1993）。

同棲と結婚とは，どのような関係にあるのだろうか。1970年代には，同棲が結婚に代わるパートナー関係として，普遍化するのではないかという期待があった。しかし，アメリカの現状はそのようにはなっておらず，同棲カップルは，比較的短い期間ともに暮らし，その後，結婚または別離のどちらかの方向を選択する傾向がある。同棲カップルの半数が1年半以内に，90％が5年以内にどちらかの選択をする。同棲関係が終わるとき，60％が結婚し，40％が別れるという推計がある（Bumpass & Sweet, 1989）。また同棲後に結婚した場合，共同生活の経験が活かされて，その結婚が安定するわけでもない。「全米家族世帯調査」の結果では，同棲後に結婚した場合，その後の10年間に離婚する確率は，同棲を経ない結婚よりも高い（Bumpass, Sweet & Cherlin, 1991）。

アメリカにおける同棲は，現在のところ，カップルにとっては，結婚前の親密な関係の段階であろう。同棲の普及の背景には，性規範の変化や避妊方法の普及，さらに女性の就業機会の拡大などがある。また若い男性の所得水準があまり向上していないことも，カップルが，結婚よりも同棲を選択する一因になっている。また同棲が普及すること自体，個人の満足感を基に男女関係を判断するという個人主義的な基準が浸透していることの現れである。結婚よりも同棲の方が，自己の満足感に応じて，法的手続を取らず簡単に，パートナー関係を形成したり，解消したりすることができる。同棲においては，個人の独立性が失われる可能性も小さい。このようにアメリカにおける同棲は，伝統的規範の弱まりや経済変動を背景にしつつ，個人主義的な結婚観と恋愛観の新たな展開の結果として普及していると理解してよいだろう。

チェーリンは，現在の結婚，離婚，再婚，同棲の率や期間を基に，次のよう

な男性のライフコースを仮説的に描いている (Cherlin, 1992)。10歳のときに両親が別居し，離婚する。母親と住み，父親とは日曜ごとに会う。4年後，母親が再婚し，義父が家族に加わる。18歳のとき，大学へ進学するために，家を出る。大学卒業後，ガールフレンドと同棲し，1年半後に結婚し，一児をもうける。しかし7年後，破局を迎えて離婚する。子どもの養育権は妻がもつ。3年後，子どもをもつ女性と再婚し，もう一人の子どもをもうける。2回目の結婚が35年間続く。この場合，人生において，六つの家族もしくは疑似家族を経験することになる。多くのアメリカ人（もちろんすべてではない）が，以上のような複雑なライフコースを辿るようになってきた。

（3）同性のカップル——ゲイ・カップルとレズビアン・カップル

前項では，同棲カップルとは，性的関係をもつ異性のカップルとしたが，性的関係をもち世帯を形成している同性のカップルの数も増えている。同性カップルについての研究はまだ少ないが (Allen & Demo, 1995)，レズビアンの大半，そしてゲイの多くが，特定の相手と継続的な関係をもち，世帯をともにしていることが知られている。アメリカ国勢局の1993年の発表によると，異性の同棲カップルの数は約350万世帯であるのに対して，同性の同棲カップルの数は約150万世帯であると推定されている。[3]

同性カップルにおけるパートナー関係は，異性カップルにおけるパートナー関係と共通する部分が多い (Cherlin, 1996)。すなわち，カップルを構成するパートナーはそれぞれ，自己の成長とパートナーに対するコミットメントとのバランスを気にかけており，パートナーとの結びつきが強くなり過ぎて，パートナーに依存する状態になることを避ける傾向がある。しかし，同性カップルは，異性カップル以上に，それぞれのパートナーの自立性やパートナー間の平等な分担を求める傾向がある。その意味で，同性カップルは，自立型の結婚モデルにあてはまりやすい。

同性カップルについて注目すべき点は，ゲイまたはレズビアンの多くが，職場や社会あるいは生育した家族において疎外を感じた経験をもつがゆえに，

パートナーや友人からなるサポート・ネットワーク作りを非常に積極的に行うことである (Weston, 1991; *Newsweek*, 1996年10月30日付)。彼 (女) らが「家族をつくる」「親戚関係をつくる」という場合の家族は，血縁・婚姻・養子関係による絆がなくても，お互いに頼りあうことができる多少とも安定した関係にある人々の集団をさしている。そのネットワークの中では，友人はしばしばパートナー以上に頼りになる存在であり，ある時点でのパートナーが，その後友人として，サポート・ネットワークの中にとどまることも少なくない。ゲイやレズビアンであることを表明しているか，また，その表明に対して血縁親族がどのような態度をとっているかによって，彼らの「家族」の関係は大きく異なっている。

5 新たなパートナー関係の提起するもの

アメリカにおける結婚とパートナー関係は，経済変動や個人主義を背景としながら，長期にわたる変化を遂げてきた。その変化は，1960年代後半から70年代に入って加速した。歴史の流れの中に置けば，50年代アメリカ家族は，むしろ特殊な形態であった。90年代半ばの時点で，離婚率は2組の結婚のうち1組が離婚に終わる水準に，出生率は人口置き換え水準をやや下回るところに留まっている。一方，婚姻率は低下を続け，同棲率は上昇を続けている。両親がともに就業している世帯ならびに女性を世帯主とする単親世帯の割合が増加を続けているだけでなく，再婚あるいは離婚後の同棲により形成されたステップ・ファミリーの数は急速に増えている。同性世帯については，公式な統計が取り始められたばかりであるが，おそらく増加傾向にある。以下では，結婚とパートナー関係の変化に対応して，近年，提起されてきた問題，そしてこの変化をめぐって，新たに生じている論争について紹介する。

(1) 家庭内パートナーの権利

法律婚が認められていないゲイやレズビアンのカップル，および法律婚に対

して否定的な態度をもつ同棲カップルの間では,法律婚だけに認められている法的権利や恩典を自分たちも確保したいという要求が強くなっている（Cherlin, 1996）。特定のパートナーとの関係を維持する傾向が強まっており,法的制約を嫌うリベラリストの間でも,家族関係を長期的に維持することを肯定的に評価するようになっている。

現在のところ,同性カップルの結婚は,アメリカの全州において認められていない。しかしながら,ここ10年前後の間に,「家庭内パートナー（domestic partner）」であるという登録をした同棲カップル（同性,異性を問わず）に対しては,法律婚カップルのもつ法的権利や恩典を部分的に認める自治体や企業が出てきている。1992年の春に行われた調査では,少なくとも14の自治体と14の企業や非営利団体は,職員または社員に対して,配偶者に関して認めている医療保険への加入,介護休暇,忌引などを家庭内パートナーにも認めていた（Wisensale & Heckart, 1993）[4]。

家庭内パートナーの登録の際に提出する宣誓書には,多くの場合,パートナーと血縁または婚姻関係にないこと,カップルが互いの幸福のために支えあい,気遣い,責任をもつ関係にあること,関係が終わった場合には直ちに届けることへの同意などの3点についての記載が求められている。しかしながら,自治体が起草した条例が住民投票において却下されたり,すでに実施されている条例が廃止されたケースも起きており,同性カップルに対する人々の意識は,まだそれほど寛容ではない。

（2）婚前契約と誓約結婚

2組のうち1組が離婚するという推定は,これから結婚しようとするカップルにも波紋を呼んでいる。一方では,先で離婚する場合を想定して,財産分与や慰謝料,さらに養育費について,婚前契約を交わすカップルがいる。逆に,一生別れない意思を示す方法として,誓約結婚を選ぶカップルもいる。

結婚後の財産についてあらかじめ契約を交わすことは,富裕な層の一部では以前から行われていた（Weitzman, 1981）。しかし,現在の離婚率や離婚の際の

第 11 章　アメリカにおける結婚とパートナー関係

財産をめぐる争いがもたらす金銭的・心理的コストを鑑みて，婚前契約を交わすケースが一般市民層にも広がり始めている（『日本経済新聞』1998年5月2日付）。子どもを連れた再婚や企業経営に参加する女性が増えていることも，婚前契約が求められるようになった要因である。これらの人々は，婚姻が離婚だけでなく，自らの死亡によって終わる場合にも，前の結婚で生まれた子どもが困らないように，あるいは自らが関与している事業に支障をきたさないように，婚前契約を交わす必要性を感じている。しかしながら，結婚を目前にして，離婚の条件を話しあうことは，お互いの愛の永続性を信じるという結婚の本質と根本的に相いれないものであり，婚前契約に対する抵抗感は小さくない。

　一方，誓約結婚は，有責主義から破綻主義への離婚法の変化に対抗するものとして，生まれてきた法律である。1997年8月に全米で初めてルイジアナ州において成立した（『朝日新聞』1998年5月12日付）。この法律は，「児童虐待，10代の妊娠，子どもの貧困は，すべて家庭の崩壊が原因であり，離婚が減れば，問題はたちどころに減る」という保守派の主張に基づいて提案された。同法に基づいて誓約結婚を選ぶと，夫婦のどちらかに不倫や虐待といった「責任」があるか，2年以上別居しないと，離婚することはできない。1998年5月の時点では，誓約結婚を選んだカップルは，1％にも満たないが，他の多くの州議会において，同法の導入が検討されている。

（3）婚前カウンセリングとマリッジ・カウンセリングの隆盛

　年間約120万件の離婚がもたらす，莫大な社会的経済的コストを考えれば，結婚は安易にするものではないし，壊すものでもないという認識は，政治的立場を超えてアメリカ社会に広がりつつある（Time, 1995年2月27日付）。保守派が「家族の価値」の主張を強めているだけではない。クリントン大統領もその演説の中で，結婚を維持し，子どもたちを育むことをカップルに訴えている教会の活動に触れている。

　カトリック教会ではこれまでも，婚約しているカップルにはカウンセリングを受けることを義務づけてきた。現在では，婚前調査項目（premarital inventory）を用いて，パートナーの性格や親族との関係などを話しあうプログラムが組まれている。このプログラムは，カトリックだけでなく，全米の多くの宗派の教会で採用されつつある。アメリカ各地の教会はまた，既婚カップルに対するセミナーも主催している。

一方，離婚を専門に扱う弁護士の間でも，結婚を維持する（preserving）プロジェクトが始まっている。「毎日，子どもたちが，押し付けられたり，連れ戻されたりする」のを目の当たりにしている法律家たちは，家族法の骨子や家族関係を維持することの難しさを，高校生の段階で学ばせる必要性を感じている。また，結婚後１年の夫婦を対象とした週末セミナーの企画にも乗り出している。過去10年ぐらいの間に，ビッグ・ビジネスに成長した結婚セラピーの専門家の間でも，カップルの選択を手助けするだけでなく，関係を維持する手助けをすべきであるという認識が高まりつつある。

州政府のレベルでも，離婚しようとしているカップルを和解させることはできないまでも，節度のある別れ方を指導すべきであるという考えが広がっている。州によっては，家裁に持ち込まれるケースのうち未成年の子をもつカップルには，親を対象とした教育プログラムを受講することを義務づけている。また，裁判官が必要と判断した場合には，離婚教育のクラスを受講することを親に命じている州や郡もある。さらに，親がそのクラスを受講している間に，子ども向けのクラスが用意されているところもある。

もちろん，聖職者，弁護士，結婚セラピスト，裁判官といった，第三者ばかりでなく，既婚カップル自身の間でも，ここ数年，自分たちの関係を維持し強化することに注意を向ける傾向がある。結婚セラピストを訪れたカップルの数は，1980年には120万組であったが，90年前後には460万組に膨らんでいる。

6 おわりに——「結婚と家族」の意味をめぐる教科書論争

1990年代に入ると，アメリカの家族の現状をどのように評価するかについての論争が研究者の間で再燃した。センサスの最新の結果が公表され始めたこと

第11章 アメリカにおける結婚とパートナー関係

に加えて，21世紀を迎える最後の10年間に突入したことが，議論に拍車をかけた。

今回の論争は，*Journal of Marriage and the Family* 誌に掲載されたポープノウによる論文 "American Family Decline, 1960-1990 : A Review and Appraisal" (Popenoe, 1993) から火がついた。彼は，1960年以降の家族の衰退は異常に急速であり，家族は多くの機能，権限，権威を失い，家族主義的な文化規範は薄れ，人々は時間や金やエネルギーを家族生活にではなく自分自身に振り向けるようになり，その社会的影響は，とくに子どもたちにとって深刻である，と論じた。

この後，論争の舞台は *Family Relations* 誌に移った。家族問題について憂慮する研究者やジャーナリストは以前より Council on Families in America を組織していたが，その研究部長であるグレン (Glenn, 1997) が，「結婚と家族」の分野で1995年前後に出版された20冊の大学のテキストについて，批判的レビューを発表した。彼によると，これらのテキストは，結婚を明確に否定してはいないが，全体として結婚について否定的なイメージを伝えている。また，大人を中心とした記述に偏り，子どもたちに及ぼす家族の変化の影響が強調されていない。この論文の改訂版は，The Family Values Institute によって，1万部のパンフレットに印刷され，全米のメディアと大学の家族論の担当者に送られた。メディアは，大学のテキストが結婚を否定するバイアスを学生に植えつけている可能性がある，という報道を繰り広げた。

グレンの論文が掲載されたのとほぼ同じ時期に，*Contemporary Sociology* 誌にも，「結婚と家族」のコースでよく使われている最近の6冊のテキストをレビューしたジョンソン (Johnson, 1997) の書評が掲載された。その結論はグレンとは違っていた。彼女によれば，家族について懸念すべきことがないとはいえないが，家族は回復する力を失っておらず，これらのテキストはいずれも「家族の現状が，現代社会のさまざまな問題を引き起こしている根本的な原因である，とは記述していない」。ジョンソンの書評を掲載した *Contemporary Sociology* の編者は，「結婚と家族」のテキストについての評価は，研究者の間

でも分かれていることをメディアに訴えた。ただし，1社を除いて取り上げられなかった（Risman, 1998）。

　家族の変化についての保守派とリベラル派の論争は，さらに継続している。[13]なお，アメリカの多元主義を象徴するように，リベラル派の社会学者を中心とした研究者は，Council on Contemporaty Families を組織して，彼らの知見をアメリカ社会に訴えている。

注
(1) アメリカの家族の全体像を把握するためには，人種や階級による差異を詳しく記述する必要がある。しかし，紙数の制約のために，本章では，白人中流階級の動向を中心に述べている。
(2) 同棲カップルについてのより詳しい研究動向については，善積（1996, 1997）および本書第3章を参照されたい。
(3) アメリカのセンサスでは，これまで，同棲カップルとルーム・メイトを区別することができなかった。1990年の調査から，カップルが単なるルーム・メイトの関係ではないことを自ら表せるように，調査票を改訂した。
(4) バーモント州の最高裁判所は，1999年12月20日に，「同性間の結婚を，婚姻法の保護の対象とするか，それとも別の法律を制定して保護するかは州議会の判断にゆだねられる」が，「同性のカップルにも一般の結婚とまったく変わらぬ便益と保護が与えられなければならない」という判決を下した。
(5) 離婚法が有責主義から破綻主義へ移行したことに伴って，離婚の主たる原因を招いた者が配偶者に対して慰謝料を払うという考え方から，結婚生活を通じて二人で築き上げてきた財産への寄与度を評価し分与するという考え方へと変わってきている。専業主婦に対しては，夫の職業生活における成功を支えてきた存在として，結婚後に築いた財産の半分の分与を認めることが一般的になっている。さらに，夫が結婚後に獲得した弁護士や医師の資格が「無形財産」として，共有財産に組み込まれて，財産分与が行われるケースも出てきた（『日本経済新聞』1997年3月31日付）。資格を入手してから日が浅く，財産が十分に形成されていない場合でも，その資格に基づいて将来見込まれる収入が財産分与の対象となる。
(6) 以前のカウンセリングは1日で，司祭と既婚のカップルから，家計，家族計画，コミュニケーションなどについての話を聞くものであった。
(7) 週末に教会に集まり，結婚生活の困難な局面を乗り越えた夫婦が，問題を抱えて

いる夫婦に対して，自分たちの経験を語るセミナー。パートナーをいかに許し，いかに争い，いかに問題を乗り越えるかを学ぶ。
(8) 1994年秋には，3200人の法律家が時間と金を投じて，全米の50以上の高校の教室で，2・3年生を対象として，ロールプレイも含めて5回のセッションをもった。1995年3月には，結婚後1年の夫婦を対象に週末のセミナーが企画された。
(9) ライセンスをもつ結婚セラピストの数は，約5万人である。
(10) Kids in Divorce Succeeding (KIDS)。
(11) "Closed Hearts, Closed Minds: The Textbook Story of Marriage."
(12) この時期には，*Journal of Family Issues* 誌にも，家族社会学の教科書のレビュー論文が掲載されている (Mann, Grimes, Kemp & Jenkins, 1997)。彼らは，1960年代から90年代にかけて版を重ねている7冊の教科書を取り上げて，家族社会学におけるパラダイムの転換について検討した。その結論によると，パーソンズに代表される構造機能主義のパラダイムは根強いが，この30年間に，意見の分かれる論点を次第に多く取り上げるようになっており，収斂から多様性へ，差別から階層格差へ，一致から葛藤へと焦点が移っている。
(13) アメリカ社会学会のニューズレター *Footnotes* 上では，1998年1月号において "Sociologists Differ About Family Textbooks' Message" と題して寄せられた投稿を特集している。また，アメリカ社会学会の家族の部会のニューズレター *Family Forum* 上でも，1998年春季号において "Debating The Quality of Marrige & Family Texts" と題して，特集を組んでいる。

引用・参考文献

Allen, K. R. & Demo, D. H., 1995, "The Families of Lesbians and Gay Men: A New Frontier in Family Research," *Journal of Marriage and the Family*, 57, pp. 111-127.

Becker, G., 1991, *A Treatise on the Family* (enlarged ed.), Harvard University Press.

Bianchi, S. M., 1995, "Changing Economic Roles of Women and Men," in Farley, R. (ed.), *State of the Union: America in the 1990s*, Volume One: Economic Trends, Russel Sage Foundation.

Bumpass, L. L. & Sweet, J. A., 1989, "National Estimates of Cohabitation," *Demography*, 26, pp. 615-625.

Bumpass, L. L., Sweet, J. A. & Cherlin, A., 1991, "The Role of Cohabitation in Declining Rates of Marriage," *Journal of Marriage and the Family*, 53, pp. 913-927.

Burgess, E. W. & Locke, H. J., 1945, *The Family: From Institution to Companion-*

ship, American Book Company.

Cherlin, A. J., 1992, *Marriage, Divorce, Remarriage* (revised and enlarged ed.), Harvard University Press.

――, 1996, *Public and Private Families: An Introduction*, McGraw-Hill.

Chevan, A., 1996, "As Cheaply as One: Cohabitation in the Older Population," *Journal of Marriage and the Family*, 58, pp. 656-667.

Collins, R., 1988, *Sociology of Marriage and the Family: Gender, Love, and Property* (2nd ed.), Nelson-Hall Publishers.

Coontz, S., 1992, *The Way We Never Were: American Families and the Nostalgia Trap*, Basic Books.

――, 1997, *The Way We Really Are: Coming Terms with America's Changing Families*, Basic Books.

Easterlin, R. A., 1987, *Birth and Fortune: The Impact of Numbers on Personal Welfare* (2nd ed.), The University of Chicago Press.

Glenn, N. D., 1997, "A Critique of Twenty Family and Marriage and the Family Textbooks," *Family Relations*, 46, pp. 197-208.

Greeley, A. M., Michael, R. T. & Smith, T. W., 1990, "Americans and Their Sexual Partners," *Society*, 27 (July/August), pp. 36-42.

Hernandez, D. J., 1993 *America's Children: Resources from Family, Government, and the Economy*, Russell Sage Foundation.

Hochschild, A. with Machung, A., 1989, *The Second Shift: Working Parents and the Revolution at Home*, Viking Penguin.

兵庫県家庭問題研究所編, 1989『アメリカの夫婦像との比較研究報告書』。

岩井八郎, 1997「ジェンダーとライフコース――1950年代アメリカ家族の特殊性を中心に」『京都大学 教育・社会・文化研究紀要』4, 1-16ページ。

――, 1998「女性のライフコースの動態――日米比較研究」『京都大学教育学部紀要』44, 24-52ページ。

岩井紀子, 1997「離婚」「アフター・ディボース――離婚からの出発」石川実編『現代家族の社会学――脱制度化時代のファミリー・スタディーズ』有斐閣, 126-152ページ。

Johnson, M. M., 1997, *Contemporary Sociology*, 26, pp. 395-399.

Mann, S. A., Grimes, M. D., Kemp, A. A. & Jenkins, P. J., 1997, "Paradigm Shifts in Family Sociology? Evidence From Three Decades of Family Textbooks," *Journal of Family Issues*, 18, 3, pp. 315-349.

McLanahan, S. & Casper, L., 1995, "Growing Diversity and Inequality in the American Family," in Farley, R. (ed.), *State of the Union: America in the 1990s*, Volume 2: Social Trends, Rusell Sage Foundation, pp. 1-45.

Mintz, S. & Kellog, S., 1988, *Domestic Revolution: A Social History of American Family Life*, The Free Press.

Oppenheimer, V. K., 1994, "Women's Rising Employment and the Future of the Family in Industrial Societies," *Population and Development Review*, 20, pp. 293-342.

Parsons, T., 1955, "The American Family: Its Relations to Personality and to the Social Structure," in Parsons, T. & Bales, R. F. (eds.), *Family, Socialization and Interaction Process*, The Free Press, pp. 3-33.（橋爪貞雄他訳，1981『家族』黎明書房。）

Popenoe, D., 1993, "American Family Decline, 1960-1990: A Review and Appraisal," *Journal of Marriage and the Family*, 55, pp. 527-555.

Qian, Z. & Preston, S. H., 1993, "Changes in American Marriage, 1972 to 1987: Availability and Forces of Attraction by Age and Education," *American Sociological Review*, 58, pp. 482-495.

Risman, B. J., 1998, "Editors' Note," *Comtemporary Sociology*, 27, pp. vii-viii.

Robinson, I., Ziss, K., Ganza, B., Katz, S. & Robinson, E., 1991, "Twenty Years of the Sexual Revolution, 1965-1985: An Update," *Journal of Marriage and the Family*, 53, pp. 216-220.

Ross, C. E. & Mirowsky, J., 1988, "Child Care and Emotional Adjustment to Wives' Employment," *Journal of Health and Social Behavior*, 29, pp. 127-138.

Shelton, B. A. & John, D., 1996, "The Division of Household Labor," *Annual Review of Sociology*, 22, pp. 299-322.

総務庁青少年対策本部編，1996『子供と家族に関する国際比較調査　報告書』大蔵省印刷局。

Swidler, A., 1980, "Love and Adulthood in American Culture," in Smelser, N. J. & Erikson, E. H. (eds.), *Themes of Work and Love in Adulthood*, Harvard University Press, pp. 120-147.

Thornton, A., 1989, "Changing Attitudes towards Family Issues in the United States," *Journal of Marriage and Family*, 51, pp. 873-893.

Weitzman, L. J., 1981, *The Marriage Contract: A Guide to Living with Lovers and Spouses*, The Free Press.

―, 1985, *The Divorce Revolution : The Unexpected Social and Economic Consequences for Women and Children in America*, The Free Press.

Weston, K., 1991, *Families We Choose : Lesbians, Gays, Kinship*, Columbia University Press.

Wetzel, J. R., 1990, "American Families : 75 Years of Change," *Monthly Labor Review*, 3, pp. 4-13.

Wisensale, S. K. & Heckart, K. E., 1993, "Domestic Partnerships : A Concept Paper and Policy Discussion," *Family Relations*, 42, pp. 199-204.

善積京子，1996「アメリカ合衆国における同棲の研究（2）」『追手門学院大学人間学部紀要』3，111-129ページ。

―，1997「アメリカ合衆国における同棲の研究（1）」『追手門学院大学　創立三十周年記念論集　人間学部篇』211-225ページ。

第12章
スウェーデンにおける結婚とパートナー関係

高橋美恵子

　スウェーデンにおける結婚とパートナー関係，家族のあり方を論じる時，ライフスタイルの中立性という理念が社会における基本であることを捉える必要がある。その中でも男女平等の理念は，家族政策を改革する上での土台となってきた。また，家族政策の変遷は，人々の考え方やライフスタイルに大きな影響をおよぼし，家族の形態と機能の多様化をもたらしてきた。

　本章では，まずパートナー形態と家族形態の多様化に焦点をあて，家族政策の変遷からライフスタイルの多様化と結婚のあり方を捉える。次に家族内でのパートナー関係に焦点をあて，ジェンダーの視点からみた性別役割分業と勢力関係からパートナーとの絆について論じる。最後にスウェーデンの経験がもたらす意義と問題点を探っていきたい。

1　変わりゆくパートナーの形態と家族

（1）家族政策の流れとパートナー形態の多様化

　スウェーデンでは，1960年代初めに専業主婦論争が起こった。「女性が家事を担い，男性が働き家族を養う」という従来の性別役割分業を否定し，労働・家庭・社会生活における機会と権利を男女平等に与えられるべきだとした。その当時，国の産業経済は発展の一途をたどっており，市場での労働者不足による女性労働者の需要，産業構造の変動による職種の変化というインセンティブに伴い，女性の就業率増加の兆しがみられていた。この社会の変動と男女平等イデオロギーがうまく相重なり，スウェーデンは男女平等先進国としてのス

タートを切ることとなった。

　男女平等論をかかげる女性解放運動，そして学生運動が盛んであった1960年代の後半，同棲カップルの増加が目立ち始め，そこで婚外子として生まれる子どもの権利が問題となった。その頃はまだ子どものもつ権利は，両親の婚姻の有無により法的に区別されており，非嫡出子には，被保護者として，また親の財産を相続するにあたって，嫡出子と同等の権利が与えられていなかった。1976年，親子法の改正により，嫡出子・非嫡出子間の壁は取り除かれ，子どものもつ権利は全て平等であると定められた。

　同棲，つまり法律的に結婚していない男女の同居形態を，スウェーデンでは文字通り"一緒に住む"（"サンボ"，sam-（一緒）＋bo（住む））と称している。二人の男女が生活をともにし始め，登録する住所を共有した時からサンボであるとみなされる。親子法の改正が，サンボカップルの増加に拍車をかけることとなり，1970年代から80年代にかけて，サンボはますます一般化し，スウェーデン人のライフスタイルの一つとしてみなされるようになっていった。

　1987年には新婚姻法が成立し，夫婦とは経済的に自立した男女が共に生活を営むものであるとされ，財産の自己管理，および夫婦共同の家事・育児分担の義務が唱えられた。男女平等イデオロギーが法的な側面から強化されたのである。同年，サンボ法（Sambolagen）も成立し，婚姻関係にある夫婦とほぼ同等の権利がサンボカップルにも与えられることとなった。婚姻関係とサンボ関係で法的権利について異なる点は，パートナーと離別する時の財産分与と死別時の相続権にある。サンボ関係では，パートナーが死亡した場合，残された相手は自動的に法定相続人にはなれない。また，パートナー解消の場合，一緒に暮らしている住居とそこの家財は共同のものとして平等に分割されるが，婚姻の場合と異なり，サマーハウス・ヨットなど余暇利用を目的として取得された財産や預金・有価証券などの財産は分割の対象外になる。

　親子法の改正により，結婚していない両親をもつ子どもに対する法的差別が取り除かれたことに加え，サンボ法の制定によって，サンボ形態はライフスタイルの一つとして定着していき，サンボは人々に承認された社会的制度

第12章 スウェーデンにおける結婚とパートナー関係

(Social Institution) となった (Trost, 1993)。

　パートナー形態として，男女の結婚・サンボカップルに加え，同性（ホモセクシュアル）カップルも存在する。前述のサンボ法は，同性カップルにも同様に適用され，同性カップルもライフスタイルの一つとして認められた。その後，1995年1月より施行されたパートナーシップ法により，同性カップルは法的カップルとして登録することが認められ，市民婚に相当する登録式を挙げることができるようになった。しかし，スウェーデン教会側はこの事実は認めておらず，教会での登録式は挙げられない。

　法的なカップルになるということは，同性カップルも法的夫婦がもつ権利と同等な権利を取得することを意味する。しかし，現実には，財産分割・相続の権利は法的夫婦と同様に与えられたものの，親になる権利は制限されている。同性カップルは養子を取ることはできない。現政権を握る社会民主党は，1997年度秋期党大会で，「同性カップルにも養子縁組の権利を与えるべき」という方針を打ち出した。今後の進展が見守られている。

　このように婚姻関係からなるパートナー形態のみを規範とするのではない「ライフスタイルの中立性」の理念は，スウェーデンの家族法に反映され，パートナー形態の多様化をもたらした。それに加え，個人の役割の「男女平等」を促進する政策は，1970年代に入り次々と実施されていった。

　第一に，1971年に税金制度が改正され，所得税についてそれまでの夫婦合算納税方式が改められ，個人別納税方式に切り替えられた。このことは社会の単位を家族から個人に位置づけたことを意味し，社会制度としての男女平等を大きく前進させることとなった。

　第二に，1970年代後半には，就学前保育・学童保育などの公的保育が充実化された。幼い子どもをもつ親も安心して仕事をすることが可能となった。

　第三に，有給育児休業制度と子どもをもつ親の労働条件の改善が図られた。1974年には両親保険制度が導入され，母親だけを対象としたそれまでの育児休業制度を改め，父親にも休業の権利を認めた。制度の内容・条件はその後も改正を重ね，親としての役割に対する"性の中立化"を推し進めている。現在は

出産・育児休業制度，臨時児童看護休業制度に加え，勤務時間短縮制度が設けられている[(1)]。

最後に，1990年1月1日より廃止された寡婦年金制度が挙げられる。これにより，1989年12月31日以降に結婚した女性には従来の寡婦年金受給資格は与えられず，年金の受給対象者はそれ以前に結婚した者と，すでに受給している者に限られることとなった。女性は経済的に従属する妻としてでなく，男性と同様に，経済的に独立した個人として，労働より得た収入から税金を支払い将来の年金の糧とすべきである，という考え方を基本としている。

（2）多様化するライフスタイルの実態

スウェーデンでは，政策レベルにおける「平等・中立」の理念により，法的に結婚した夫婦と子どもからなる家族は規範モデルとされず多々ある家族形態の一つとみなされている。さまざまな家族形態，例えばサンボカップルと子ども，ワンペアレント・ファミリー，同性カップルなどが認められている。したがって，今日のスウェーデンにおいて"逸脱家族"という概念は存在しない。また，ある家族形態が特定の社会階層において顕著であるという状況ではなく[(2)]，ライフスタイルの多様化はスウェーデン人全般にみられる。

誰かと一緒に住むということは，個人のその時の選択肢の一つにすぎないといえよう。スウェーデン人は子どもの頃から両親に"自立した個人"となるようしつけられるので，親元から独立するのも早く，1964年生まれの人の親元から独立した平均年齢は，女性で18.8歳，男性で20.2歳である（SCB, 1994）。また，パートナーとの同居開始年齢もかなり低いことがわかる。表12-1にあるように，同居開始平均年齢は，サンボが一般的でなかった時代の人たちでは比較的高いが，サンボが一般的となった1950年代生まれの出生コーホートでは，女性で20.9歳，男性で22.7歳とかなり低い。

若くして親元から独立し，文字通りのシングル生活を送る人も多い。しかし，恋人ができてしばらく付き合えば，とりあえず一緒に暮らし始めるというのが，かなり一般的である。それぞれの住居の家賃を払い続けるより，一緒に住んだ

第12章 スウェーデンにおける結婚とパートナー関係

表12-1 パートナーと同居（結婚・サンボ）を始めた平均年齢

出 生 年	同居開始年齢	
	男 性	女 性
1910年代[1]	28.9	26.4
1920年代	27.5	24.4
1930年代	25.6	23.0
1940年代	24.4	22.1
1950年代	22.7	20.9
1964年[2]	23.0	20.8
1969年	—	20.9

注：(1) ULF 1984-85, を基にした平均年齢。
　　(2) Familj och arbete, 1992, を基にした平均年齢。
資料：SCB, 1994, Tabell 6.2.

方が経済的であり，また時間的にも，お互いの住居を行き来する手間が省けるからである。

　現在，スウェーデン人の間で，サンボ期間を経ずに結婚するカップルはまずいない。一緒に暮らしてお互いをよく確かめもせず，いきなり結婚することは，今のスウェーデン人にいわせれば，無謀なことなのである。

　図12-1にあるように，サンボは特に若い人たちの間で一般的なものとなっている。同居しているカップルのうちサンボの状態にある女性の割合は，全体としては19.0％であるが，20歳未満の女性では，91.1％，20～24歳では75.0％，25～29歳では46.1％と，若い年齢層ほどその割合は高くなっている。

　サンボ生活を始めてから年月を経て，お互いの関係を確信できた者は結婚に踏み切っていく。スウェーデン人の平均初婚年齢はかなり高く，1997年では女性で29.6歳，男性で32.2歳である（SCB, 1999）。

　2年以内に結婚を予定しているサンボカップルに，結婚の理由を尋ねた調査によると，「二人の関係を確認するため」という者が45％と最も多く，次に，「子どものため（今後の出産予定も含む）」を挙げている者が18％である（表12-2参照）。「(結婚は) 伝統・慣習」だからと答えた者は10％，「財産分与・相続などの法的手続のスムーズさ」と答えた者は7％である。両親の婚姻の有無

第Ⅲ部　変動する社会と結婚

図 12-1　全同居カップルにおける女性のサンボの割合（1990年）

(%)
- 20未満: 91.1
- 20～24: 75.0
- 25～29: 46.1
- 30～34: 25.3
- 35～39: 16.6
- 40～44: 12.5
- 45～49: 10.1
- 50～54: 8.4
- 55～59: 6.6
- 60～64: 5.1
- 65以上: 3.9
- 全体: 18.2

資料：SCB, 1999, Tabell 41.

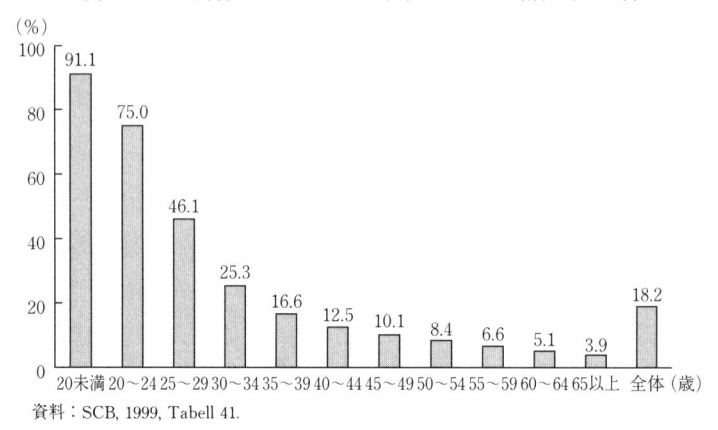

表 12-2　サンボカップルの結婚する理由

理由　（複数回答）	%
二人の関係の確認	45
子どものため	18
伝統・慣習	10
離別・死別時の法的手続きがスムーズ	7
結婚すると義務感が増す	4
パートナーが望む	3
経済面	1
その他	11

資料：SCB, 1994, Tabell 6.14.

は，子どもにとって法的な権利の差をもたらさないことは前述したが，結婚せずにサンボのままで子どもを産むということに対する社会の偏見もない。したがって，子どものために結婚に踏み切ると答えたカップルは，共通の子どものためにお互いの関係を確認し，絆を強めようとするのだと考えられる。

　子どもをつくるまで，サンボ状態でいるカップルが一般的となってきたことは，全出生児における婚外子の割合の増加にみることができる。婚外子出生率は1970年には18％であったが，80年には40％，97年には53.6％にも達している（SCB, 1975, 1990, 1999）。この子どもたちの両親の大半はサンボカップルである。スウェーデン社会において，シングルの女性が単身で出産するケースはまれで

ある。また、第一子ができてから結婚するカップルが多いことから、第一子は両親のサンボ生活中に生まれる割合が高く、第一子の婚外子出生率は65％であるが、第二子では44％に、第三子では29％に減少する（SCB, 1999）。

全体的にみると、18歳未満の子どものいる同居カップルのうち、サンボカップルの割合は、1990年で21.9％である（SCB, 1999）。

前述のように、パートナーシップ法により、同性カップルが1995年より法的カップルとして登録できるようになった。同年中に登録したカップルは、全国で男性カップル249件、女性カップル84件で、男性カップルの方が多く、全体の75％を占めている（Befolkningsstatistik, 1995）。社会制度として承認されてからの年月は浅く、また子どもを育てる親は男女の両親という社会規範が根強く残っているため、同性カップルはいまだ、スウェーデン社会において一般に支持されているとはいえない。ホモセクシュアルの親とそのパートナーと一緒に暮らす子ども（二人のうち、どちらかが実の父か母。レズビアンカップルとゲイカップルが、お互い同意の上で共通の子どもをつくることもある）は、いまだ学校など社会生活の場で好奇の目にさらされている。同性カップルとその家族が、ライフスタイルの一つとして広く社会で受け入れられるには、平等先進国スウェーデンといえどもまだまだ時間がかかりそうだ。

（3）結婚様式

スウェーデンで法律により結婚できる年齢は、男女とも18歳である。結婚様式としては教会婚と市民婚の二通りがあり、いずれも法的に承認された執行人の前で二人の関係を誓うことにより成立する。結婚式執行の資格をもつ者は、スウェーデン教会の聖職者、その他の宗教における聖職者、また、裁判所や自治体の役人などである。式後、各々の場所で結婚証明書を受諾し、それで婚姻成立となる。

プロテスタントのルーテル派であるスウェーデン教会で式を挙げるためには、カップルのいずれか一人がスウェーデン教会に属していなければならない。これまでの法律によると、スウェーデンで生まれた者は、全て自動的にスウェー

デン教会の一員となった。スウェーデン政府は1995年12月，国家と教会の分離（政教分離）を進め，1999年12月31日をもって完全に切り離すことを決定した。その第一段階として，1996年1月に，全出生児が自動的にスウェーデン教会員となる制度を廃止した。その代わり，会員権は，親の意志で子どもに洗礼を受けさせた時に得られることとなった。乳児の時に受ける洗礼は，日本でいえばお宮参りに相当する慣習の一つであるので，一般的に行う親が多い。

　現代のスウェーデン人は，概して，宗教的な信仰心はあまり厚いとはいえず，定期的に教会に通う人はかなりの少数派である。それでも各々の地域（教区）の教会に属していることは，自然なこととして受け止めているようだ。また，自分の意志で教会を脱会したければ自由にできる。スウェーデン国籍を保持する者のうち，スウェーデン教会に属していない者は，1997年で11.0％である（SCB, 1997）。

　結婚式を挙げるためにどの教会を選ぶかも全く自由であるが，自分たちの住む地区の教会，あるいは育った場所でもある両親の居住地の教会を選ぶことが多いようだ。

　市民婚も結婚様式としてかなり一般化しており，1995年中に結婚したカップルのうち33％がこの様式を選択している（SCB, 1997）。首都ストックホルムでは，街のシンボルでもあり，ノーベル賞の晩餐会が催されることでも有名な市庁舎が好んで選ばれる。式自体は，誓いの言葉を述べるだけなので，3分ほどで終了する。親類・縁者が一同に介する教会婚では式後のパーティーも華やかに催されるが，市民婚の場合は，家族とごく親しい友人のみでささやかに祝われることが多い。

　結婚式は，あくまで個人同士の結びつきのためのものであり，二つの家族のつながりのためのものではない。またスウェーデン人は，親からの独立意識が強く，自分たちの考えを強くもっている。しかし，今なお伝統的な慣習を重んじる親や，社会的に子どもの結婚披露を行うべき立場にあると考える親は，結婚披露の仕方について自分たちの意見を出す場合もある。新聞の日曜版に結婚写真入りの結婚通知が掲載されたりするが，そこに新郎・新婦の両親の名前が

第12章 スウェーデンにおける結婚とパートナー関係

一緒に記載されているケースも一部でみられる。

2 パートナー関係

(1) 性別役割分業

　男女平等のイデオロギーは，今日のスウェーデン社会における規範として浸透しているといえよう。婚姻法においても，夫婦における個人の自立を唱え，従来の性別役割分業の考え方を否定している。性別にかかわらず仕事と家庭が両立できるように制度的に保障していくことが政治課題とされ，さまざまな社会的政策が講じられてきた。その結果，女性にとって家庭をもちながら仕事を続けることは全く当然のこととみなされるようになり，1970年代を境に専業主婦の割合は減少の一途をたどった。生活水準調査を使ったアクセルソン(3)（Axelsson, 1992）の分析によると，1968年当時，有配偶女性における専業主婦率は48％であったが，74年には32％，81年には18％と減少している。

　しかしながら，女性の労働市場進出度は，実際のところ男性の家事・育児への参加率に比例してきたとはいえない。家族社会学者のビヨンベリイ（Björnberg, 1994）は，男女とも仕事と家庭を共に重要なこととみなしており，以前にも増して父親としての役割を認識し，子どもの世話をする男性が増えているが，まだまだ平等な役割分担が家庭内で行われていない，と指摘している。家事の大半はいまだ女性が担っており，女性は仕事と家事の二重労働の負担を強いられている。統計局の家事労働調査によると，女性が平均して家事全体の3分の2を担っている。小さい子どもがいて，かつ二人ともフルタイム労働のカップルをみても，女性が平均して週に41時間を家事・育児労働に費やすのに対し，男性は23時間とされている（Nyberg, 1996）。不平等な性別役割分業がスウェーデンの家庭においてもいまだに存在している。

　育児休暇の取得率に関しても，男女平等というイデオロギーとのギャップがみられる。1974年に育児休業制度が父親にも適応されるようになって以来，男性の取得率は増加してきてはいるものの，全体における割合はいまだ低く，96

年においても育児休業全体の10.6％にしかすぎない。[(4)]

　政府は父親に対し育児休業の取得を促すため，従来の育児休業期間の一部である30日間を父親だけが取得すべきとする"パパの月"（Pappamånad）という制度を導入した。社会保険事務所ではこの"パパの月"に関するパンフレットを作成し，父親たちへの育児休業取得を呼びかけている。しかし，この政策に対しては，国が各々の家族の選択の自由を脅かすとして，批判も一部で存在している。

　育児休業の分担の仕方は，実際のところ男女の職種とキャリアに左右される。とりわけ，パートナーに同等な育児への参加を望み，またそれを促せるだけの学歴やキャリアなどの資源をもつ女性と，この機会を利用して最大限の期間仕事を休んで，子どもと一緒にいる時間を大切にしたいと思う女性とでは，パートナーへの働きかけが異なる。また，平等な分担を望んではいても，後で述べるように，パートナーの男性の方が権力が強く，現状に甘んじている女性も多くいる。

　育児休暇が終わり，仕事にカムバックしてからも，子どもが12歳に達するまで労働時間を通常の75％まで短縮する権利を利用するのもやはり女性である。未就学児をもつ母親たちの8割が労働市場に参加しているが，そのうち週間35時間未満のパートタイム勤務者が，実に49％に達している（AKU, 1996）。

　1970年以来，スウェーデン政府は男性を主な稼ぎ手と位置づける規範を打ち崩すための政策・制度を整えてきた。それにもかかわらず，一般的には，いまだに女性は第二の稼ぎ手であり，かつ主なケアの担い手として存在しているのが現状である。

（2）家事労働と勢力・権力関係

　このようにスウェーデン社会においては，男女平等意識が浸透し，また社会制度も男女平等の理念に沿って整えられてきた。しかしながら，日常生活レベルでは，男女平等はいまだに達成されていない。アルネとロマン（Ahrne & Roman, 1997）は，この性別役割分業のあり方を男性のもつ権力の結果であると

みなしている。

　1996年，家事労働と男女の権力関係に関する全国調査(5)が行われた。アルネとロマンはその調査結果に基づき，家事労働（炊事・洗濯・掃除の3項目）の分担のあり方を分析し，対象家族をその平等性の高さから順に次の四つのタイプに分類している。平等タイプ（全ての家事労働は男女で平等に分担するか，男性が多く担う），準平等タイプ（家事の3項目のうち二つは平等に分担し，一つは女性が主に担う），伝統タイプ（2項目は女性が全てあるいは主に行い，1項目は平等に分担），家父長タイプ（女性がほぼ全ての家事を行う）である。

　女性の回答をみると，伝統タイプが一番多く，全体の36％を占め，家父長タイプが27％，準平等タイプは24％，平等タイプは13％にとどまっている。子どものいない35歳未満の若いカップルでは平等タイプが32％と一番多くみられる。しかし，子どもが生まれると，二人の生活様式が変わる。多くの女性は育児休暇期間を通して家事の大半を担うようになる。8歳以下の子どものいる家族では平等タイプは13％であり，さらに就学児の子どものいる家族では7％と少ない。調査結果から，女性は仕事にカムバックしても，家事からあまり解放されることなく二重労働を強いられている現実が明らかである。

　アルネとロマンは，ジェンダーの視点から権力関係を論じるコムター（Komter, 1991）の三つの権力次元（明らかな権力，潜在的権力，不可視的権力）のアプローチを取り入れ，明らかな権力による対立（対立が表面化しており，二人のうちどちらか一方がその権力を行使している状況）と潜在的権力による対立（対立は表面化していないが，権力をもたない方が現状に甘んじている状況）の存在に着目し，家族のタイプ別にその対立状況を捉えようと試みる。

　平等タイプに比べると，家父長タイプの家族の女性では男女平等イデオロギーと日常生活での実状との間のギャップが大きく，明白な対立と潜在的な対立の両方をより多く経験している。

　表12-3にあるように，家父長タイプの家族の女性では，78％の者が「現状を変えたい」「夫にもう少し家事をして欲しい」と思っている。しかし，これまでの夫の非協力的な対応からか，あるいは他の要因が影響してか，63％の女

表 12-3 家事分担についての明白・潜在的な対立（女性の回答・家族タイプ別）(%)

項　目	家父長タイプ	伝統タイプ	準平等タイプ	平等タイプ
家事分担はやや公平・公平だと思う	45	68	87	87
夫がもう少し家事をしてくれたらいいと思うことが時にある／よくある。	78	74	53	34
これ以上夫に文句をいうのは面倒だと思う	63	53	29	23
夫が家事の責任を放棄することがある	37	9	1	1
家庭の平穏のためにだまっていることがある	48	35	15	14
分担について話し合いをもつことがある	54	54	41	28
分担について意見の一致しないことがある	48	37	23	25

資料：Ahrne & Roman, 1997, Tabell 31.

性が「これ以上夫に文句をいうのは面倒だ」と感じ（潜在的対立），また48％が「家庭の平穏のために，だまっていることがある」と回答している（潜在的対立）。さらに，このグループの女性の約半数が夫と家事分担についての話し合いを頻繁にもつ一方，夫との意見の不一致を経験している（明らかな対立）。

また，家父長タイプの家族の女性の3分の2以上の者が家事は平等に分担すべきだと考え，これまでに夫にもっと家事をするように促したことがあるという。しかし，そのうち5分の2の夫は，家事の分担を拒否している。

一方，男性の回答をみると，家父長タイプの家族の男性は他のグループの男性に比べ，伝統的な男女の役割意識をもっており，家事の最終責任は女性がもつべきだという意見を支持する者は52％に達している。平等タイプの家族の男性ではその数わずか9％である。つまり，家父長タイプの家族では，女性の多くはパートナーの家事分担を望みながらも，従来の性別役割分業を肯定するパートナーの考え方に影響され，現状に甘んじている。家事労働の不平等な分担は，部分的には男性の権力の結果であるといえる。

アルネとロマンは，家事労働は女性の領域とみなす従来の規範に加え，男性のもつ資源（キャリア・収入）が女性のそれに比べて一般的に多いことも不平等性の要因である，と指摘している。

男女平等政策がすでに熟しているスウェーデンにおいて，完全な平等を実現させるためには，女性も男性と同等な資源（キャリア・収入）を得ることが必

須であると思われる。

（3）パートナーとの絆と別れ

スウェーデンでは夫婦・カップルの関係は，愛情と信頼関係が基本となっている。したがって，その絆が崩れると，カップル関係の解消に至る可能性は高い。1974年に改正された離婚法では破綻主義が取られ，夫婦のうちどちらか一方が離婚を申し立てれば，他方が離婚に同意していなくとも，6カ月後には離婚が成立する。夫婦が合意していればすぐさま離婚は成立するが，16歳未満の子どもがいる場合には6カ月間の考慮期間が置かれる。この離婚法の成立が，離婚率を一時的に高めた。人口1000人あたりの離婚件数は，1970年には3.2であるが，75年には一気に倍増し6.1となった。しかしその後減少し，80年と85年は4.7，94年は5.0で，離婚率はそれほど高くはない。しかしこれは，法的に結婚したカップルの離別率であるためである。離別率は，サンボカップルの方が結婚しているカップルに比べ約2，3倍も高いという調査結果があり（SCB, 1995），サンボの増加を考慮すると，全体としてのカップルの離別率は上昇し続けていると推測される。

離婚を子どもの視点からみると，1990年に17歳であった少年・少女のうち，およそ4分の1の者が両親の離別を経験しているとされている（SCB, 1995）。

表12-4に示すように，ワズビーとスベディン（Wadsby & Svedin, 1993）が離婚を経験した157人の男女を対象に行った調査によれば，離別の原因としてまず挙げられるのは，二人の間の「生活におけるさまざまな対立」である（全体の37％の者がそれを第一の離婚原因としている）。これには，仕事と家庭のバランスや家事分担に関連した対立，お金に関する対立，子どものしつけに関する対立などが含まれる。次に，4人に1人が「お互いの気持ちが離れた」ことを原因としている。「パートナー以外との異性関係」を挙げた者も5人に1人いた。「アルコール等への依存や暴力」を挙げた者は13％で，「病気」を理由にした者は4％と少ない。

このような問題に直面しても，全てのカップルが離別に至るとは限らない。

表12-4　離婚に至った主な原因
（離婚した男女157人を対象，1987年）

主な離婚原因	%
生活におけるさまざまな対立	37
お互いの気持ちが離れた	24
パートナー以外との異性関係	22
アルコール等への依存と暴力	13
病　　　気	4
合　　　計	100

資料：Wadsby & Svedin, 1993：p. 181.

個人レベルでの解決が難しい場合は，自治体レベルで設置されている家族カウンセリングを受けることができる。専門カウンセラーの適切な助言により，まずカップル関係を修復する方法を話し合う。

　たとえ関係の修復は不可能で離別に至ったとしても，子どもがいる場合はパートナーとの関係はそこで終わらない。親としての子どもを通じてのつながりは続く。1983年の法律の改正により，離婚後も両親共同の養育権が認められた。さらに90年代に入り養育権の共同性が強化され，どちらかの親が単独で養育権を得ることは，もう一方の親が経済的・社会的に特別な問題を抱えていない限り，難しくなった。サンボのカップルの場合，子どもが生まれた時，自動的に母親が法的な養育権を得ることになっているが，同居中に共同養育権を取得したカップルについては，その離別時の取り決めは法的な夫婦と同じ扱いとなる。しかしながら，サンボカップルにも自動的に共同養育権を与えるべき，という提案がなされている（Justitiedepartementet, 1999）。

　ここでいう養育権とは，子どもの成長期の生活における重要事項（学校・進路の選択など）の決定に意見を述べる権利を指す。よって養育権をもつことは，子どもとの同居の有無とは無関係である。基本的に母親の家に住み，隔週末，木曜の夕方あるいは金曜の夕方から日曜の夕方にかけて父親のもとで過ごすという子どもが一般的に多い。しかし，子どもが1週間ごとに父親と母親のもとを行き来するようなケースや，常に母親と住み，父親宅にはほとんど出入りしないケースもある。また常に父親と住むケースもある。

離別後の養育費の支払い義務は,同居時の婚姻関係の有無にかかわらず,子どもと同居しない親（多くの場合父親）が負うこととなる。子どもを養育する責任は実の親にあるものとされ,たとえ一緒に暮らす母親が再婚しても,その"継父"に養育の責任は課されない。

　離別への人々の偏見はないものの,子どものために離別・離婚を回避したいという意識をもつスウェーデン人も多い。1992年の調査によると（対象は28歳,33歳,43歳という年齢グループ）,両親は子どものためになるべく別れず一緒にいるべきだという意見に対して,男性の60％,女性の45％が賛成している（SCB, 1994）。

　男性の方が離別に否定的であるというこの結果は,離別により精神的に受ける影響の男女差を考えるとうなずける。女性は一般的に離別後,自立意識を強くもち,解放感を得て,友人ネットワークを広げていくのに対し,男性は孤立化し,精神的に立ち直るのに時間がかかるとされている。

　また,たとえ両親が離別しても,子どもの居住環境を維持する目的から,子どもと同居しない親は,自分が住居を所有していてもそこから出て行かなければならないことが多い。よって,一般的に子どもと別居することになる男性は,一人で家から出て行かなければならないという観念があるため,離別に否定的になる傾向があると考えられる。

　現在,日本で論じられている夫婦別姓法は,スウェーデンにおいて1982年に導入された。結婚後,姓を変えないままの女性もいるが,自分の姓と夫の姓の両方を取り,ダブルネームとする女性も多い。しかし,夫の姓に変える女性もまだ数多くいる。興味深いのは,この人たちの多くが離婚後,旧姓に戻さずに元夫の姓を名乗りつづけていることである。筆者は,離婚した何人かにその理由を尋ねたことがあるが,「子どもの姓は変えずにそのままの方がいいし,それなら自分の姓も子どもの姓と同じ方が都合がいい」という答えが返ってきた。何年も使い馴れた姓はすでに自分のものとして受け入れているのに加えて,夫の家族に属するなどという観念がないので,このような考え方となるのかもしれない。

いずれにせよ，パートナーと別れても，それはその人との夫婦・カップル関係の解消にすぎない。子どもを含む家族の100％の解体にはつながらない。子どもとは親子としてのつながりをもち続けるのが理想とされ，どのようないきさつがあったにせよ，別れた元パートナーと子どもの親としてのつながりをもち続けることになる。

（4）セクシュアリティ

 離婚の原因として「パートナー以外の者との異性関係」を挙げているケースがある。スウェーデン人の性行動の実態について，これまであまり調査されてこなかった。国民健康研究所が1967年以来約30年ぶりに「スウェーデンにおけるセクシュアリティ」と題した全国規模の調査を行い，非常に話題となった[7]。その第一次報告（Folkhälsoinstitutet, 1997）によると，「パートナー以外の人と性交渉をもった経験がある」と答えた有配偶者は，男性で38％，女性で23％を占めている。これはたった一度の交渉をも含む数字であるが，この「経験がある」と答えた人たちのうちの約半数は，性交渉をもった相手と「交際している／していた」と回答している。

 「性行為は愛情と結びつくものでなければならない」というのが，スウェーデン人が一般的にもっている道徳観である。過去12カ月以内で，つい最近の性交渉の相手との恋愛関係の有無について尋ねた設問では，女性の95％，男性の87％が「恋愛関係にあり」と答えており，「セックス＝愛」の図式はまだ成り立っている。

 スウェーデンではフリーセックスは，法律で定められた結婚という一つの枠に捉えられない性のあり方を指すもので，性の娯楽化・商品化を意味するものではない。「愛が生まれた時，そこには性行為が伴うということを否定しない」という考え方から，子どもに対し早期に性と避妊の知識を与えることとなる。前述の調査において，18〜24歳の若者を対象に初体験の年齢を尋ねたところ，女性では16.4歳，男性では16.9歳で，初体験の相手は男女ともに同年代の者が多かった。

第 12 章　スウェーデンにおける結婚とパートナー関係

最初のサンボとなる相手と出会った時には，男女ともすでに数人との性体験があることが一般的で，また誰もがそれを当然のこととして受け止めている。特に若くサンボに入った者の間では，時とともにおのおの別の方向に成長し，また次のパートナーをみつけ，以前のサンボを解消していくことが多い。スウェーデンでは，お互いを理解し高め合うパートナー関係でいることが，年齢の枠を超えて理想とされている。

3　スウェーデン社会のインパクトと今後の問題点

男女平等論争が吹き荒れて以来30年余を経た今，世界一の男女平等社会といわれるスウェーデンにおける現状の一部を，パートナー関係に焦点をあてて論じてきた。おそらく完璧に平等な社会は地球上にまだ存在しないだろう。スウェーデンもいろいろな解決すべき課題を抱えた社会の一つである。スウェーデン社会で特記すべきことは，直面した問題を常に"人権"の視点から前向きに取り組んできたことである。

スウェーデンの諸政策は，諸外国に大きなインパクトを与えており，今後の日本社会のあり方を考察していく上でも参考になることが多い。例えば，第一に，ライフスタイルの中立性についてである。スウェーデンでは，法制度においても，また社会保障制度でも，個人の尊厳を重視し，個人の権利と生き方を尊重してきたが，この点で最先端を行くモデル社会として，他の福祉国家に与えた意義は大きい。法律婚家族が社会的単位として優遇され，個々人の人権が軽視され，多様なライフスタイルに否定的な日本社会と雲泥の差がある。

第二に，セクシュアリティへの取り組みである。スウェーデンでは，フリーセックスは性の娯楽化・商品化を意味しない。学校での子どもに対する性教育は発達しており，親・教育者の双方が，性行為の真の意味での純潔性（愛が伴うべきであるとする）をオープンに教え，避妊の知識を与えている。男女に対する性のモラルが違い，性の商品化が目にあまる状況にある日本社会では，「性の解放」「フリーセックス」の意味を真剣に考える必要があるだろう。

第三に，パートナーとの離別後の関係である。スウェーデンでは，離別後も子どもの権利を中心に据え，親には社会的，経済的な養育の義務が課せられ，元パートナーとも，子どもの親同士としての関係をもち続けている。子どもにとって（特殊な事情を除いて），実の両親とのコンタクトをもち続けることは大切なことである。その絆を大人たちのエゴから断ち切ってしまわなくてもよい解決法を，スウェーデンの経験から学ぶことができるのではないだろうか。

　最後に，現在スウェーデンにおいて，今後取り組んでいかなければならないとされている重要課題を紹介しておこう。

　第一に，家庭内における家事・育児分担について，先に述べた平等イデオロギーと現実生活との間のギャップの解消である。それは個々のカップルで話し合いをもち，解決してゆかねばならない問題ともいえる。しかし，このギャップが一般的に女性側からのパートナー関係の不満の第一要因として挙げられ，カップル関係の解消に大きく関わっていることを考えると，これは社会的に解決していかなければならない問題でもある。

　第二に，離別の原因にもあげられる家庭内の暴力，特に性的暴力も含む女性への暴力である。たとえ夫婦間であっても，一方が同意しないのに性行為を強制した場合，それはレイプと同様に罰せられることが，1969年すでに法律で明記された。しかし，家庭内暴力が一般的に問題視されるようになったのは，80年代に入ってからで，現在では大きな社会問題の一つとなっている。94年の犯罪対策協議会の調査によると，女性への暴力行為として警察に届けられたのは1万8000件で，そのうち10件に8件はその知人が加害者であった。犯罪学者によると，パートナーから受ける暴力は，家庭内だけで処理され，社会においては潜在的なものであることがほとんどであり，家庭内暴力を受けている女性は全国で約12万人に達するであろうと推定されている（BRÅ, 1994）。この件数には，外国人移民の家庭も含まれる。その中でも，特に一部の回教徒の間で，女性蔑視がいまだ根強く残っていることが問題とされている。しかし，スウェーデン人の家庭においても，多くの女性が抑圧されていることは明らかにされている。近年，特にこういった暴力を受けている全ての女性を対象にした「女性

緊急ダイアル（Kvinnojouren）」や「全女性の家（Alla Kvinnors Hus）」などの相談センターが設けられている。暴力が発生した時，一刻も早く現状打破することができるように女性たちに知識と行動力を授けることが必須である。また，身体的な力の優位さを盾に，暴力で女性を抑圧する男性の行動意識・原因についての研究がさらに進められ，家庭や学校を含む社会全体で，その原因を取り除くよう働きかけることも重要であろう。

　社会の変動，中でもとりわけ女性の社会全体への進出に対する議論の時に使われる表現，「動き始めた時計を巻き戻すことはできない」は，スウェーデン社会のみならず，どの社会においてもあてはまる言葉であろう。

注
(1) 現在，子どもをもつ親が取得できる制度の内容は次の通りで，いずれも父母を対象としている。
　「出産・育児休業制度」：子ども1人につき計450日間で，360日間は休業者の賃金の80％を保障する。そのうち30日間は父親だけが取得する権利をもつ（パパの月。しかし母子家庭の場合は母親が権利を取得）。その後90日間，日額一律60クローナを支給（1クローナ＝約14円：2000年5月調べ）。子どもが8歳に達するまでに取得可。
　「臨時児童看護休業制度」：子どもが12歳に達するまで，子ども1人あたり年間60日まで。賃金の80％を保障。
　「勤務時間短縮制度」：子どもが12歳に達するまで，通常の勤務時間を75％まで短縮する権利。通常1日8時間の仕事であれば，6時間の勤務に短縮できる。短縮分の収入は保障されない。
(2) 例えば，一人親家族の母親と二人親家族の母親を比較した，ホブソンと高橋（Hobson & Takahashi, 1996）によると，学歴及び社会階層とも両者の間に大きな違いはみられないとしている。
(3) ストックホルム大学スウェーデン社会研究所が行なったパネル調査（Levnadsnivåundersökning）で，アクセルソンの研究対象である20～64歳の有配偶女性の総数は，以下の通り。1968年：2307人，1974年：2346人，1981年：2351人。
(4) 父親が育児休暇を取得した日数を全育児休暇期間における割合で示したもの。この割合は1974年では0.5％であったが，87年には7.3％，93年には10.1％であった（Sundström & Duvander, 1998）。

(5) この調査は、スウェーデン政府が進めている"女性の権力調査"プロジェクトの一環として行われたもの。対象者は全国から任意抽出された25〜60歳の有配偶の男女で、回答者数は計1280名であった。
(6) 養育費の額の計算方法は次の通り。支払い義務のある親の税込み年収から控除分2万4000クローナを引き、子どもが1人の場合、その額の10%を、2人の場合12.5%、3人の場合15%を、12で割り、毎月支払う。ただし、子ども1人につき1カ月の基礎額は1997年時点で1173クローナと設定してあるため、親が支払う額が同額に達しない場合、その差額は国から支給されることになっている。なお、定められた額を支払わない場合は、国からの取り立てが行われる。ちなみに1997年度の支払い額換算に適用されるのは95年度の年収であるため、その後失業し、収入が激減した者などからこの制度への批判の声があがっている。
(7) 18〜74歳の男女を対象とし、有効回答数は2810件であった。調査の目的は、1967年に行われた"スウェーデンにおける性調査"と比較し、この間の社会・制度の変動(避妊方法の多様化、1975年の妊娠中絶法の成立、法律婚の減少、エイズなど感染病の増加)がスウェーデン人の性行動にいかに影響を与えてきたかを捉えることとしている。

引用・参考文献

Ahrne, G. & Roman, C., 1997, *Hemmet, barnen och makten : Förhandlingar om arbete och pengar i familjen*, SOU 1997 : 139, Fritzes.

AKU, 1996, *Arbetskraftsundersökning*, SCB (統計局).

Axelsson, C., 1992, *Hemmafrun som försvann : Övergången till lönearbete bland gifta kvinnor i Sverige 1968-1981*, Swedish Institute for Social Research 21, Stockholm University.

Björnberg, U., 1994, "Mäns familjeorientering i förändring" Björnberg et al., ed. *Janus och Genus*, Brombergs, pp. 49-71.

BRÅ P. M. 1994 : 4, *Våld mot kvinnor i nära relationer.*

Folkhälsoinstitutet, 1997, "Hälsa och sexualitet - om sexuallivet i Sverige 1996," *Rapport Nr. 15/1997.*

Folksam, 1998, *Vår Trygghet.*

Hobson, B. & Takahashi, M., 1996, "Genusperspektiv på det sociala medborgarskapet. En Studie av ensamstående mödrar", Palme & Wennemo (eds.), *General välfärd : Hot och möjligheter ?*, Socialdepartementet, pp. 171-198.

Justitiedepartementet, 1999 *Gemensamvårdnad för ogifta föräldrar*, DS 1999 : 57.

Komter, A., 1991, "Gender, Power and Feminist Theory", Davis et al., *The Gender of Power*, Sage.

Nyberg, A., 1996, "Arbetstiden ur jämställdhets- och familjesynpunkt," *Arbetstid*, SOU 1996:145, pp. 224-296.

SCB, 1994, *Fakta om Den svenska familjen -Demografi med barn- och familj.*

――, 1995, *Skilsmässor och separationer -Demografi med barn- och familj.*

――, 1995, Befolkningsstatistik.

――, 1975, *Statistiskårsbok.*

――, 1990, *Statistiskårsbok.*

――, 1997, *Statistiskårsbok.*

――, 1999, *Statistiskårsbok.*

Sundström, M. & Duvander, E., 1998, "Föräldraförsäkringen och jämställdheten." Persson & Wadensjö ed., *Välfärdens genusansikte*, SOU 1998:3.

Trost, J., 1993, *Familjen i Sverige*, Stockholm: Liber Utbildning.

善積京子, 1995「スウェーデンのカップル形成の三形態」『追手門学院大学人間学部紀要』No. 1, 159-178ページ。

Wadsby, M. & Svedin, C. G., 1993, "Skilsmässa - bakgrund, orsaker och följder" Agell et al., *(eds.), Om Modernt Familjeliv och Familjeseparationer.* SFR, pp. 177-186.

文献紹介

序　章　結婚制度のゆらぎと新しいパートナー関係

Gittins, Diana, 1985, *The Family in Question Changing Household & Familiar Ideologies*, Macmillan Publishers.（ダイアナ・ギティンス，金井淑子・石川玲子訳，1990『家族をめぐる疑問』新曜社。）

　　家族が，決して自然で，私的で，平等主義に基づいた制度でなく，ジェンダー・年齢・階級に基づく権力関係を特徴とするものであることを明らかにした本。

Giddens, Anthony, 1992, *The Transformation of Intimacy: Sexuality, Love, and Eroticism in Modern Societies*, Polity Press.（アンソニー・ギデンズ，松尾精文・松川昭子訳，1995『親密性の変容――近代社会におけるセクシュアリティ，愛情，エロティシズム』而立書房。）

　　親密な関係性がいかに変容してきているかを解明し，抑圧的なロマンティック・ラブに変わり，対等な人格的絆の交流を想定した「ひとつに解け合う愛情」を提唱。

伊田広行，1998『シングル単位の社会論』世界思想社。

　　家族単位制度の差別性を原理や具体的な制度から示し，男女平等を進めるためには，シングル単位の発想や社会構造の変革がいかに必要であるかを説く。

伊田広行，1998『シングル単位の恋愛・家族論――ジェンダー・フリーな関係』世界思想社。

　　家族，結婚，離婚，不倫，三者関係，性，売買春などについて，シングル単位社会論の視点から考察したもので，同著者の『シングル単位の社会論』の応用編に相当する本。

第1章　未婚化・晩婚化・シングル化の背景

水田珠枝，1990『男性 VS. 女性』岩波ジュニア新書174，岩波書店。

　　フェミニズムの視点で西欧古典の名言をあげ，言葉に示されるジェンダー問題をわかりやすく解説。結婚について，家庭における男女の役割，愛と性についてなど，現代に通じるキイワードが多い。

Wollstonecraft, Marry, 1792, *A Vindication of the Rights of Woman: With Strictures on Political and Moral Subjects*, J. Johnson. (メアリ・ウルストンクラーフト, 白井堯子訳, 1980『女性の権利の擁護』未来社。)
 2世紀前の1792年, メアリ・ウルストンクラーフトが描き主張する女性の精神的経済的自立は, 現在のとくに日本女性に訴える意味は大きい。ルソーを始め当時の有名著述家の著書をフェミニズムの視点からの根底的批判をした勇気, ひたむきさ, 純粋さは, 今なお心打つ。

大橋照枝, 1993『未婚化の社会学』日本放送出版協会。
 結婚という呪縛にとらわれたことのある世代からの結婚の経済的, 社会的側面の徹底した分析と, 女性の経済的, 精神的自立の大切さの意味をわかりやすく解説したもの。

第2章　結婚の現在的意味

別冊宝島編集部編, 1995『結婚のオキテ』宝島社。
 「女の本音教えます」という副題がついている。結婚斡旋業から, テレクラ, ナンパと結婚に至る過程が, いかに多様化しているかをさまざまなルポから迫る。

経済企画庁編, 1992『国民生活白書』平成4年版, 大蔵省印刷局。
 1.57ショックを受け, 未婚化・少子化を国家的な政策課題として把握した初めての白書。これにより, 未婚化, 少子化が高齢化と並んで社会問題として認知される。

宮本みち子・岩上真珠・山田昌弘, 1997『未婚化社会の親子関係』有斐閣。
 日本のポスト青年期の様相を, 調査データに基づいて分析したもの。豊かな親元でのリッチな未婚生活が明らかにされる。

落合恵美子, 1994『21世紀家族へ』有斐閣。
 家族の戦後体制という視点から, 「サラリーマン―専業主婦体制」の成立とゆらぎを豊富なデータで追求。

大淵寛, 1997『少子化時代の日本経済』NHKブックス。
 未婚化, 少子化の実態とその経済的・社会的影響をデータに基づいて丁寧に予測している。経済学的に日本の少子化を考える場合, 必読の書。

田中康夫, 1981『なんとなくクリスタル』新潮社。
 経済的に豊かで恋人に不自由しない未婚者を主人公にした小説。巻末に高齢化への危惧が語られる。当時, 恋愛の変化と未婚化・高齢化を結びつけた数少ない論

者である。

谷村志穂, 1990『結婚しないかもしれない症候群』角川書店。
　バブル崩壊後の結婚意識の転機を示すルポルタージュ。日本の多くの未婚者は, 確信的独身主義者ではないことが確認される。

渡辺和博とホイチョイプロダクション, 1984『金魂巻』主婦の友社。
　若者の階層分化の新しいあり方を描き出している。親と同居する若者の豊かさを初めて指摘している。

山田昌弘, 1996『結婚の社会学——未婚, 晩婚は続くのか』丸善ライブラリー。
　日本で未婚化, 晩婚化が進む理由を, 低成長経済の進展と, 男女の交際機会の拡大ととらえたもの。本章は本書を要約した上, 理論的精緻化を図ったもの。

山田昌弘, 1999『家族のリストラクチュアリング』新曜社。
　現代日本における家族のゆらぎの本質をみすえ, 家族のリストラクチュアリングの必要性を説く。

第3章　非法律婚のライフスタイル

星野澄子, 1994『夫婦別姓時代——氏名とわたしの自然な関係』青木書店。
　夫婦別姓のために非法律婚カップルになった人も多い。本書では, 日本ではなぜ婚姻届け時に夫婦同姓が強制されるのかをその仕組みを解説。夫婦別姓選択制を求める声には, 新しい男女〈夫婦〉の関係のあり方を築こうとする人々の願いが込められているという。

二宮周平, 1991『事実婚を考える』日本評論社。
　日本の事実婚カップルの実態, 欧米でのライフスタイルの一つとしての事実婚の増加の実情・背景を紹介した上で, 事実婚に対する生活保障について検討。事実婚を選択した場合に, どのような法的権利や義務が生じるのか, 具体的に説明されていて参考になる。

二宮周平, 1991『結婚届——出す理由と, 出さない自由』毎日新聞社。
　結婚にこだわらなくても男女のいい関係はつくれる。では, なぜ人間は古くから結婚生活をしてきたのか。こうした疑問に答えるために, 民法学者の視点から結婚制度の仕組みをわかりやすく説明。

榊原富士子, 1992『女性と戸籍——夫婦別姓時代に向けて』明石書店。
　多様化する家族関係に「戸籍」制度は追い越されている。家族単位の「戸籍」か

ら個人別登録の「個籍」へいかに転換させるか，具体的な提案がされている。

佐藤文明，1984『戸籍がつくる差別——女性・民族・部落，そして「私生児」差別を知っていますか』現代書館．
　戸籍制度に反対して婚姻届を出さないカップルがいるが，なぜ戸籍制度が問題なのかという疑問に答えてくれるのが本書．筆者は，役所での戸籍業務の経験を通じて戸籍の差別性に気づき，戸籍制度と闘い始めた婚外子差別徹廃運動のパイオニア．同著者による『戸籍』現代書館（1981）もわかりやすい．

善積京子編，1992『非婚を生きたい——婚外子の差別を問う』青木書店．
　第1部「婚外子差別との闘いの軌跡」では当事者からこれまでの運動を具体的に紹介．第2部「非婚の論理」では非婚の親や婚外子への差別の構造を通文化的・歴史的視点から分析し，婚外子差別の不当性を理論的に解明．日本の婚外子差別の実情がよくわかる．

善積京子，1993『婚外子の社会学』世界思想社．
　婚外出生の実状を解明し，欧州の婚姻制度の歴史から非婚の親や婚外子への差別の論理を解明し，その差別を克服するための解放の論理構築をめざした本．

善積京子，1997『〈近代家族〉を超える——非法律婚カップルの声』青木書店．
　アンケート調査とインタビューの生の声から，日本の非法律婚カップルの実態に迫る．一口に非法律婚といっても，カップルによってかなり価値観やライフスタイルが違うことがわかる．本章の実態レポートのもとになっている本．

第4章　同性愛者のライフスタイル

Blumstein, P. & Schwartz, P., 1983, *American couples: money, work, sex*, Morrow. （南博訳，1985『アメリカン・カップルズ（マネー・ワーク編，セックス編）』白水社．）
　結婚した夫婦，同棲している男女，ゲイ，レズビアンの4タイプのカップル，計6000組を調査し，家計，仕事，セックスという三つの側面から比較対照して論じている．

Foucault, M., 1976, *L'Histoire de la sexualité, I, La volonté de savoir*, Gallimard. （渡辺守章訳，1986『性の歴史I　知への意志』新潮社．）
　西欧近代が「セクシュアリティ」を作り出した歴史を追う．レズビアン／ゲイ・スタディーズの論者の多くが，この著作から多大な影響を受けている．

伏見憲明，1991『プライベート・ゲイ・ライフ——ポスト恋愛論』学陽書房．

ゲイ・ライターを名のる作者のセクシュアリティ論。読みやすい体裁で，内容も良質。

掛札悠子，1992『「レズビアン」である，ということ』河出書房新社。
　レズビアンである著者が，「『レズビアン』であるということはどういうことか」を徹底的に問う。著者の緻密な議論と執拗な「自分」に対する追究には舌を巻く。

大塚隆史［ほか］編，1992『別冊宝島159　ゲイの贈り物——GAY がつくった，みんなのための，ゲイ・カルチャー案内！』JICC 出版局（宝島社）。
　ゲイに関連する情報が，ファッション，アート，コミック，映画，音楽，演劇，文学，雑誌など多方面にわたって掲載されている。

小田切明徳・橋本秀雄，1997『インターセクシュアル（半陰陽者）の叫び——性のボーダーレス時代に生きる』かもがわ出版。
　「インターセクシュアル」とはなにかについての全般的な理解に役立つ。「男／女」という二項対立的な「当たり前の」性別観を疑う視点が獲得できる。

虎井まさ衛，1996『女から男になったワタシ』青弓社。
　「女から男へ」の「トランス」を果たしたトランスセクシュアル自身による本。上記の『インターセクシュアルの叫び』とあわせて読むと，両者の違いがよくわかる。

矢島正見，1997『男性同性愛者のライフヒストリー』学文社。
―――――，1999『女性同性愛者のライフヒストリー』学文社。
　本章で利用したケースの大部分が収録されている。バラエティに富んだライフヒストリーと，編著者の考察で構成されている。

1990『別冊宝島64　女を愛する女たちの物語——日本で初めて！ 234人の証言で綴るレズビアン・リポート』JICC 出版局（宝島社）。
　レズビアンについて書かれた本で初めて読んだもの，として挙げる人も多い。レズビアンから「バイブル」として見なされている。

1997『レズビアン／ゲイ・スタディーズ』現代思想5月臨時増刊，第25巻第6号，青土社。
　レズビアン／ゲイ・スタディーズの論文のアンソロジーである。代表的な論文が邦訳されている。

第5章　性別役割分業からみた夫婦関係

Hochschild, Ariie, 1989, *The Second Shift: Working Parents and the Revolution at Home*, Viking Penguin.（田中和子訳，1990『セカンド・シフト――アメリカ共働き革命のいま』朝日出版社。）

　　現代アメリカの代表的スタイルである共働き家族を対象に，夫婦はどのように育児・家事を分担し，第一の勤務（職場）と第二の勤務（家事・育児）の折り合いをつけているのか，インタビューと参与観察という方法を用いて詳細に描いている。

伊藤公雄，1996『男性学入門』作品社。

　　〈男らしさ〉へのこだわりが生む男性問題の諸相，〈男らしさ〉の作られ方等，〈男らしさ〉についてさまざまな角度から論じている。そして，男性が〈男らしさ〉を捨て，生活スタイルを見直すことをせまっている。

直井道子編，1989『家事の社会学』サイエンス社。

　　家事の性格や意味づけを明らかにした上で，人々が実際どのような家事をしているのか，主婦の就労状況や子どもの存在の有無によってどう異なるのか等，家事そのものをメインテーマに実証的に明らかにした先駆的研究である。

Oakley, Ann, 1974, *Housewife*, Allen Lane.（岡島芽花訳，1986『主婦の誕生』三省堂。）

　　イギリスにおける主婦の歴史的誕生をテーマにしている。産業化の進展とともに職場と家庭の分離がおこったが，どのようにして女性は主婦になっていったのか，産業革命前，産業革命後の変化について論じている。

大沢真理，1993『企業中心社会を超えて――現代日本を〈ジェンダー〉で読む』時事通信社。

　　職場における女性労働（周辺労働力），そして家庭内における女性の家事労働（内助の功）が，いかに男性中心の企業中心社会，さらには日本の経済成長を支えてきたかを豊富な資料をもとに分析している。

塩田咲子，1994「現代フェミニズムと日本の社会政策――1970〜1990年」井上輝子・上野千鶴子・江原由美子編『日本のフェミニズム4　権力と労働』岩波書店，113-133ページ。

　　1970〜1990年の日本の社会政策がいかに被扶養の妻（専業主婦およびパートタイマーの主婦）を税や年金面で優遇してきたかを明らかにし，これらの優遇政策は女性の家庭内役割分業を固定化するものであると批判している。

清水博子，1996『夫は定年（うろうろ）妻はストレス（イライラ）』青木書店。

　　日本の経済成長を支えるために「男は仕事，女は家庭」を選んで頑張ってきた女性たちが，夫の定年を迎え「夫在宅ストレス症候群」になってしまう。女性たちのカウンセリングを通してその実態を明らかにしている。

千本暁子，1990「日本における性別役割分業の形成——家計調査をとおして」，荻野美穂・田邊玲子・姫岡とし子・千本暁子・長谷川博子・落合恵美子編『制度としての〈女〉』平凡社，187-228ページ。

　　性別役割分業が可能になるためには，少なくとも夫の収入だけで生計費が賄えるということが前提となる。性別役割分業を「夫が一家の扶養者，妻は被扶養者」という家計の側面から捉え，いつ，どのような過程を経て形成されたのかを明らかにしている。

山田昌弘，1994『近代家族のゆくえ　家族と愛情のパラドックス』新曜社。

　　現代家族と愛情の関係を中心テーマにしている。特に第3章では，家事労働の基本的性格と家事労働の意味づけを明らかにし，なぜ女性が家事育児役割を引き受けてしまうのか，女性の愛情表現としての家事労働という観点から論じている。

全国過労死を考える会編，1997『死ぬほど大切な仕事ってなんですか』教育資料出版会。

　　『日本は幸福か——過労死50人の妻たちの手記』の続編。なぜ，死ぬまで働かなくてはならなかったのか。家族を養うことが男の義務だと信じ，仕事にすべてを捧げてしまった，男性たちの悲劇が描かれている。

第6章　私事化・個別化の中での夫婦関係

Coontz, S., 1992, *The Way We Never Were: American Families and the Nostalgia Trap*, Basic Books.（岡村ひとみ訳，1998『家族という神話——アメリカンファミリーの夢と現実』筑摩書房。）

　　アメリカの家族の変遷と家族の課題について述べ，「正しい家族」伝統的家族の記憶が神話にすぎないことを明らかにする。

Gurium, J. F., & Holstein, J. A., 1990, *What is Family*, Mayfirld Publishing Company.（中河伸俊・湯川純幸・鮎川潤訳，1997『家族とは何か——その言説と現実』新曜社。）

　　家族研究を社会構築主義という視点から批判的に検討し，家族が，法や生物学による定義を超えて，人々の行動やことばによって日々つくられるものであること

を述べる。

Mitterauer, M., & Sieder, R., 1977, *Vom Patriarchat zur Partnerschaft : Zum Struturwandel der Familie*, C. H. Beck'schen Verlargsbunchhandlung.（若尾祐司・若尾典子訳，1996『ヨーロッパ家族社会史―家父長制からパートナー関係へ』名古屋大学出版会。）
 ドイツ語件の歴史家研究所。中世から近代の中欧史まで，家族の変化を家族規模，ライフサイクル，家族機能，家族の中の諸関係について論じている。

野々山久也・袖井孝子・篠崎正美編，1996『いま家族に何が起こっているのか』ミネルヴァ書房。
 第21回（1988年）から第23回（1990年）家族社会学セミナー（家族社会学会の前身）の成果をまとめたもので，Ⅰ家族の個人化と私事化　Ⅱ家族の多様化と諸側面　Ⅲ家族変動と比較文化　Ⅳ21世紀の家族新時代に向けての4部からなる。

Shorter, E., 1975, *Making of the Modern Family*, Basic Books.（田中俊宏・岩橋誠一・見崎恵子・作道潤訳，1987『近代家族の形成』昭和堂。）
 男女や親子の愛情という心性が，近代の産物であることを，時系列データ，及び民衆生活の記録を用いて描く。

牟田和恵，1996『戦略としての家族』新曜社。
 社会史・家族史の成果を踏まえ，近代日本の家族について，特にその政治的装置としての側面を論じている。

上野千鶴子，1994『近代家族の成立と終焉』岩波書店。
 近代家族の歴史性を明らかにすべく，ファミリーアイデンティティという視点から考察したものを始め，〈女性〉〈近代〉〈家族〉についての論稿を編んだ一冊。

第7章　家計の中の夫婦関係

家計経済研究所編，1992『ザ・現代家計――家計の組織化に関する研究』大蔵省印刷局。
 従来一つの単位として扱われてきた家計を現代的視点から捉え直し，夫妻の所得が「家計」となるまでの過程を分析した調査研究書。

家計経済研究所編，1995『消費生活に関するパネル調査（第1年度）』大蔵省印刷局。
 「第1章　家計収支と経済関係」で，前掲書の分析視点による全国規模の調査結果を報告している。以降，毎年の変化が報告されている。

御船美智子，1995「家計内経済関係と夫妻間格差」『季刊家計経済研究』家計経済研究所，通巻第25号，57-67ページ。
　　貨幣配分タイプを規定する要因と家計内の夫妻間格差について分析している。

Pahl, J., 1989, *Money and Marriage*, Macmillan.（室住真麻子・木村清美・御船美智子訳，1994『マネー&マリッジ』ミネルヴァ書房。）
　　イギリスの家計の貨幣配分に関する調査研究書。この書が類型化した配分タイプは，イギリスや他国の多くの調査に用いられている。

善積京子，1997『〈近代家族〉を超える——非法律婚カップルの声』青木書店。
　　非法律婚カップルの生活や意識に関する調査報告書。御船による貨幣配分類型を援用して，非法律婚カップルの家計の特徴を明らかにしている。

第8章　セクシュアリティからみた夫婦問題

フィンレージの会，1994『レポート不妊』フィンレージの会。
　　事情は異なるが，「子どもはまだ？」と聞かれることの辛さを訴えた手記が紹介されている。

河野貴代美，1990『性幻想』学陽書房。
　　女性のもつ様々な性にまつわるイメージについてのインタビューをもとに，性幻想と性の解放との関わりを考える。

河野貴代美，1992『ビジネスマンの夫へ』経済調査会。
　　企業戦士の妻100人へのインタビュー。妻の孤独と夫婦間のコミュニケーションギャップが浮き彫りにされている。

横浜市女性協会，横浜市婦人相談，かながわ・女のスペース"みずら"1996『横浜市女性相談ニーズ調査報告書Ⅰ』横浜市女性協会。
　　横浜市内3機関の相談事業に関する共同調査。この内，横浜女性協会の相談事業調査では，相談内容を，関係性（誰との関係性の中で相談したいことが生じているのか）を縦軸に，相談ニーズ（相談者がどうしたいか）を横軸にしたマトリックスを用いて分類している。さらに，マトリックスを補完するものとして，相談員の経験から相談に至る背景を選び調査報告に加えている。電話相談では29.7％，面接相談では43.2％が，問題が生じている人間関係を「夫婦」としている。

第9章　夫婦関係の終結のあり方

Belsky, Jay Ph. D., and Kelly, John 1994, *The Transistion to Parenthood*, Delacorte Press.（安次嶺佳子訳，1995『子供をもつと夫婦に何が起きるか』草思社。）
　　250の家族を調査し，子どもの誕生が夫婦に及ぼす影響を向上・変化なし・悪化に3分類。悪化過程の分析が新鮮。

厚生省大臣官房統計情報部編，1991『離婚に関する統計』厚生統計協会。
　　毎年実施される厚生省『人口動態統計』の中から離婚に関する統計を報告。不定期にまとまった報告書が出る。

婚姻法改正を考える会，1995『ゼミナール婚姻法改正』日本評論社。
　　家族法学者のグループが日本の婚姻・離婚・親子法の課題を専門的にかつわかりやすくまとめたもの。

二宮周平，1996『家族をめぐる法の常識』講談社現代新書。
　　離婚や不倫の現状・解決方法・損得が，男性読者を念頭において実例をあげてわかりやすく解説されている。

二宮周平・榊原富士子，1994『離婚判例ガイド』有斐閣。
　　離婚原因，離婚給付，養育料，親権の決定，事実婚の離婚など離婚に関する最近の判例が満載され分析されている。

離婚制度研究会編，1992『子どものための離婚講座』有斐閣。
　　子どもに関連する離婚のさまざまな悩みと解決方法がQ＆Aで示されている。離婚に関する基礎知識の情報が豊富。

しんぐるまざぁず・ふぉーらむ，1994『母子家庭に乾杯！』現代書館。
　　仕事，子ども，行政手続，恋愛等母子家庭のさまざまな悩みとその克服事例が満載されている元気の出る本。

鈴木眞次，1992『離婚給付の決定基準』弘文堂。
　　1991年までの10年間の東京地裁の全離婚判決の調査をもとにした，離婚給付の動向についての研究成果。

利谷信義・江守五夫・稲本洋之助編，1988『離婚の法社会学』東京大学出版会。
　　先進国における離婚の比較法社会学的な共同研究の成果である。社会の変動と離婚の関連，その世界的動向がわかる。

第10章 中国における夫婦のパートナー関係

細谷昂その他著,1997『沸騰する中国農村』御茶の水書房。
 日本の社会学者による実証研究。農業人口が全人口の約7割を占める中国の農村が改革・開放政策以後どのように変わりつつあるかを知ることができる。

李小江その他著,秋山洋子・江上幸子・田畑佐和子・前山加奈子編訳,1998『中国の女性学——平等幻想に挑む』勁草書房。
 現在中国女性学の第一線で活躍する研究者たちの論文集。訳者による解説も簡潔明瞭で,こうした論文が書かれる社会背景や実情への理解をたすけてくれる。

Stacey, J, 1983, *Patriarchy and Socialist Revolution in China*, University of California Press.（J. ステイシー著,秋山洋子訳,1990『フェミニズムは中国をどう見るか』勁草書房。)
 フェミニズムの視点から中国革命を再検討した書。社会主義革命の勝利によって,家父長制支配構造に終止符が打たれたという建て前に挑戦する。

東京都生活文化局女性青少年部女性計画課,1994『女性問題に関する国際比較調査』東京都生活文化局。
 1992年度に世界の8カ国,日本・韓国・フィリピン・アメリカ・イギリス・フランス・ドイツ・スウェーデンにおいて,女性を対象に実施された意識調査の結果を国際間比較した報告書。

陶春芳主編,1993『中国婦女社会地位概観』中国婦女出版社。(山下威士・山下泰子訳,1995『中国の女性——社会的地位の調査報告』尚学社。)
 本論考でも引用されている『中国婦女社会地位概観』の翻訳。1990年に中華全国婦女連合会と国家統計局によって行われた大規模調査の結果を紹介している。

中華全国婦女連合会編,1989『中国婦女運動史(新民主主義時期)』春秋出版社。(中国女性史研究会編訳,1995『中国女性運動史——1919~49』論創社。)
 共産党政策樹立以前の,共産党の指導による女性運動の軌跡をたどる書。革命運動や民族運動と緊密に結びついた中国の女性解放運動の特異な一面を実感させる。

第11章 アメリカにおける結婚とパートナー関係

Coontz, S. 1992, *The Way We Never Were : American Families and the Nostalgia Trap*, Basic Books.（岡村ひとみ訳,1998『家族という神話——アメリカン・ファミリーの夢と現実』筑摩書房。)
 Council on Contemporary Families の設立時のメンバーである著者が,歴史的事

実や社会学的データに基づいて、伝統的家庭生活の実態と神話を区別し、神話が生み出された背景を明らかにしようとした話題の書である。続編として、*The Way We Really Are*, 1997, Basic Books が出ている。

Hochschild, A, 1989, *The Second Shift: Working Parents and the Revolution at Home*, Viking Penguin.（田中和子訳、1990『セカンド・シフト――アメリカ共働き革命のいま』朝日新聞社。）

50組の共働き夫婦（12組については長期に追跡）とベビーシッター、教師、片働き夫婦、もと共働きの離婚経験者への面接調査に基づいた研究。仕事と家事（第二の勤務）の調整の実態および夫と妻が互いに用いているジェンダー・ストラテジーを描き出している。

熊谷文枝、1983『アメリカの家庭内暴力――子ども・夫・妻・親虐待の実態』サイエンス社。

著者は、アメリカの家庭内暴力の社会学的研究の第一人者であるストラウス教授のもとで学んだ。アメリカの実態調査の結果と研究動向をレビューし、日本の状況にも触れている。

増田光吉、1969『アメリカの家族・日本の家族』日本放送出版協会。

高名な家族社会学者であった著者が、現地観察と現地調査に基づいて、2カ国の家族をそれぞれの社会的・文化的背景に位置づけて比較している。1969年に著されたが、そのエッセンスは現在にも通じる。

野々山久也、1985『離婚の社会学――アメリカ家族の研究を軸として』日本評論社。

アメリカにおける離婚の動向を法改正や女性の雇用と関連させながら歴史的に位置づけ、離婚と再婚さらに同棲に関する数多くの社会学的研究について、実態と理論の両面からレビューを行っている。

下村満子、1982『アメリカの男たちは、いま』朝日新聞社。

1982年1月から9月にかけて「週刊朝日」に掲載されたルポルタージュ。1970年代に生じた家族や男女関係の急激な変化の中で、男性や父親（たち）が、どのように感じ、行動を起こしたかについて、全米各地で取材を行っている。

第12章 スウェーデンにおける結婚とパートナー関係

Liljeström, R. & Mellström, G. F. & Svensson G. L., 1978, *Roles in Transition*, Liber Fölag.（槙村久子訳、1987『スウェーデン／女性解放の光と影』勁草書房。）

1973年にスウェーデン政府の男女平等に関する諮問委員会が、男性の仕事に女性

を雇用するという実験計画を開始した。78年にその結果をスウェーデンの研究者が家族社会学の観点からの評価したもの。スウェーデン社会の男女平等実現への過渡的経験は，日本の男女平等政策を考察する上で示唆に富む。

岡沢憲芙，1994『おんなたちのスウェーデン――機会均等社会の横顔』日本放送出版協会。

確実に忍び寄る超高齢化社会に日本はどう対処するのか。〈先駆け高齢化社会〉〈生活大国〉〈男女機会均等の国〉として定評あるスウェーデンが政策の貴重なヒントを提供してくれるという。男女共同参画社会という視点からスウェーデンを豊富なデータ・インタビューから分析する。

高島昌二，1997『スウェーデンの家族・福祉・国家』ミネルヴァ書房。

スウェーデン紹介の本では，福祉・経済・政治・男女平等などの分野のものが多く，タイトルに「家族」が付されているのは珍しい。スウェーデンの福祉制度や労働政策だけでなく，家族の変容や家族政策について触れられている。

塚口レグランド淑子，1988『女たちのスウェーデン』勁草書房。

スウェーデン滞在経験の長い著者が，スウェーデン社会の女たちを観察した記録。男女の新しい関係と家族のあり方を模索する女たちを描き，〈解放〉と〈平等〉がスウェーデン社会でどのように実現されたかを解き明かす。

ヤンソン由美子，1987『男が変わる――スウェーデン男女平等の現実』有斐閣。

男女平等政策の中で，男たちはどう変わったか。女性が中心に進めてきた男女平等実現は，男性の変革なしにはこれ以上進めない段階に到達した。役割変更を迫られた男たちが，主体的に集まり動き出している。「男が変わる」という視点から，労働や家庭での男女平等の動きをレポートしている。

善積京子編，1998『スウェーデンの葬送と高齢者福祉――変わる家族の絆』M＆Kメディア文化研究所。

教材ビデオ『スウェーデンの葬送と高齢者福祉――変わる家族の絆』のサブテキストとして出版されたもの。ビデオは3部構成で，第3部の「新しい家族規範のパラダイム」では，パートナーシップ登録儀式や養育費強制取り立て制度などが具体的に紹介されている。

索　引

ア　行

アイデンティティ　27, 271
愛による再生産役割　135
愛の生活共同体　19, 20
明らかな権力　138, 299, 300
アセクシュアル　119
新しいパートナー関係　19
アメリカ　18, 97, 99, 100, 259
アメリカの家族の変化　260
新たなパートナー関係　279
アルネとロマン　298, 299
育児休業　39, 40
育児休業制度　292, 297, 298, 307
育児遂行　131, 132
慰謝料　223
イースタリン, R. A.　264, 265
異性カップル　13, 83, 105, 108, 112, 113
遺族年金　34, 35, 141
一時帰休　255, 256
一体タイプ　175-78, 180, 184
逸脱視される非法律婚　95
委任タイプ　175, 176
陰盛陽衰　253, 254
インターセックス　106, 120
インティマシー　58, 59
ヴォグラー, C.　177, 182
生まれ変わり　67
ウルストンクラーフト, M.　49
M字型曲線　30, 31, 268
エンゼルプラン　39
大橋照枝　59
オークレー, A.　126
「遅れている男性」仮説　63, 64
尾高邦雄　36
落合恵美子　70
夫の生涯経済　67
親子法　290
オルタナティヴとしての非法律婚　98, 99

カ　行

介護休暇　38
介護保険法　37
階層の性差　74, 75
核家族　259, 260, 265, 271
家計　15, 168, 172, 186
家計管理貨幣　172, 173, 180
家計組織　90-92
家計の共同原則　15, 168, 169, 171, 178, 182, 186
家計の個別化　170
家事・育児の分担　89
家事・育児役割　135, 138
家事・育児遂行　139
家事遂行　128-30, 132
家事遂行率　130, 132
家事分担　240, 274
家事労働　4, 127
家族イメージ　87
家族家計　172, 173
家族内貨幣配分　170
家族の凝集性　152
家族の私性　152, 153
カップル（家族）単位　5
カップル幻想　116, 117
カップルの一体感　101, 102
カップルの分類　83, 84
家庭生産請負制　251
家庭責任　65-69, 74
家庭内パートナー　279
家庭内暴力　306, 321
家庭内役割分担　14, 128, 136, 144
家庭内離婚　77
家父長制　5, 127, 138, 246, 270
家父長タイプ　299, 300
貨幣共同タイプ　177, 178
貨幣配分タイプ　15, 174-77, 179, 182, 186, 187
カミングアウト　110, 111, 121

325

過労死　142
関係のカップル中心主義　116
機会費用　30
「企業戦士」化　44, 45
既婚女性の雇用労働化　18, 259, 260, 266, 268, 271
偽装結婚　111
ギティンス，D.　20
ギデンズ，A.　21, 77
挙案斉眉　240
教会婚　295
教科書論争　282-85
協議離婚　214, 224
強制的異性愛　13, 108, 109, 120, 121
共同化　15, 155, 157
共同監護　230
共同管理タイプ　177, 183
共同支出　172, 173
共同性　15, 155, 157, 159
拠出タイプ　175, 180
近代家族　125-27, 135
勤務時間短縮制度　292, 307
勤労の権利と義務　36
ゲイ　9, 10, 278, 279, 295
計画経済体制　17, 255
経済的合理性理論　136, 137
経済的責任　65-67
継続的就労　17, 247, 248, 254
結婚相手への期待　65
結婚観　29, 30, 219, 272-74, 277
結婚生活の質　242
結婚制度　86, 87
結婚制度の本質　2, 7, 11
結婚制度のゆらぎ　1, 3, 6, 7, 9, 11
結婚難　60
結婚の経済学　40, 59
結婚の個人的選択化　3, 4
結婚のメリット　4, 42, 43
結婚の類型化　3-4
権力　184-86
権力関係　138, 210, 298, 299
権力配分　242
権力論　138
合計特殊出生率　30, 40
公私の分離　151

郷鎮企業　253
公的介護　37
高度成長期　70, 71
高齢者介護　37, 38
個化　27
国際結婚　75
個人管理貨幣　172, 173
個人支出　172, 173
個人主義　101, 259, 260, 270-72, 277, 279
戸籍制度　84, 86, 99
子どもの権利　306
コハビテーション　84
個別化　14, 147-60, 162-65
個別家計　172, 173, 180
コミューター　82-84
コミュニケーション不全　142-44
コムター，A.　138, 299
婚姻法　17, 18, 248, 249
婚外子　8, 290, 294, 295
婚外子差別　96
婚外子出生率　72, 294, 295
婚前カウンセリング　281
婚前契約　280, 281

　　　　　　サ　行

再婚　266, 272, 276-79
再婚率　277
財産分与　222, 223, 281, 284
妻子の貧困　185
再生産活動　127
再生産労働　127
サポート・ネットワーク　22, 279
サンボ　290, 292-95, 305
サンボカップル　290-93
サンボ関係　290
サンボ法　290, 291
ジェンダー・アイデンティティ　107, 108
支援ネットワーク　21, 22
試験婚としての非法律婚　99, 100
自己実現　27, 36, 101, 102
自己達成感　18, 21, 260, 270-74
私事化　14, 147-54, 163-65
事実婚　81-84, 112, 214-16, 228
支出の夫婦間格差　183, 184
支出の不平等　182, 187

索　引

支出分担タイプ　175, 180, 183
市場経済体制　17, 255
児童扶養手当　235, 236
「自発的」抑制　182, 184
市民婚　295, 296
社会学的父　2, 3, 8
社会化理論　134
社会制度としての結婚　1
就業モデル　247
終身雇用・年功序列制　67
準平等タイプ　299, 300
少子化　8, 30, 35, 73
少子化対策　37, 39, 40
初婚年齢　259, 262, 266, 272
女性解放運動　5, 17, 98, 245, 246, 290
女性差別撤廃条約　36, 127
女性の高学歴化　30, 270, 271
自律　27
自立型の結婚　271, 278
シングル（個人）単位　5, 19, 20
シングル化　27
シングルパワー　53, 54
親権　16, 228-30
親権者　218, 228, 229
身体化した性別役割分業　75
シンデレラ・ガール　68
審判離婚　214, 225
親密性　58, 59, 76, 77, 249
人民公社化　251
スウィドラー, A.　272, 273
スウェーデン　18, 39, 40, 50-52, 97, 289
スタンプ, P.　185
生活水準　58, 59, 66-68, 71
性的魅力　69
制度的結婚　270
性別役割分業　14, 18, 34, 63, 125-27, 141, 144, 210, 221, 222, 260, 265, 270, 289, 297, 298, 300
性別役割分業意識　64, 65, 135
性別役割分業型　259, 260, 263-65, 268, 271
性別役割分業体制　5, 14, 19
誓約結婚　18, 280, 281
セクシュアリティ　9, 10, 15, 16, 58, 59, 191, 195, 203, 207, 304, 305
セクシュアル・アイデンティティ　107, 109

セクシュアル・オリエンテーション　107, 108, 110
セックス　15, 16, 56-59, 93-95, 193, 198, 200, 203, 204
セックスレス　16, 197, 204, 210
専業主婦　17, 18, 34, 63, 64, 71, 74, 125, 265
潜在的権力　138-40, 299, 300
「全米家族世帯調査」　101, 275, 276
相敬如賓　240

タ　行

多子多福　252
「脱」性別役割分業　144
玉の輿　68
多様化・多様性　159, 161-63, 259, 261, 285
多様なライフスタイル　10, 11, 18
段階的就労　247, 248, 254
男権社会　245
男女の賃金格差　33, 137, 217, 269
男女平等　18, 50, 52, 289-91, 297, 298, 305
チェーリン, A. J.　259, 272, 274, 276-78, 280
嫡出制の規範　8
嫡出制の原理　2
中国　17, 239
長時間労働　46, 141
調停離婚　214, 224, 225
チョドロウ, N. J.　69, 70
手当タイプ　175, 177, 178, 180, 184, 185
ディスコミュニケーション　207
低成長期　72
適齢期　29
纏足　246
伝統タイプ　299, 300
伝統的家族　260, 264
同一労働・同一賃金　32, 249, 251, 254
統合努力　159
同棲　6, 7, 84, 97, 100-2, 262, 266, 274-78, 280, 290
同性愛　9, 10
同性愛者　13, 105, 109
「同性愛者のライフヒストリー調査」　109, 110, 112, 114, 115, 117
同性カップル　13, 18, 83, 105-9, 113, 261,

278, 280, 284, 291, 292, 295
同棲カップル　261, 277, 278, 280, 284
同棲法　7, 11, 97
同棲率　72, 275, 276, 278, 279
独立管理タイプ　177
ドメスティック・パートナー　10, 279, 280
ドメスティック・パートナーシップ（DM）制度　116
トランスジェンダー　106, 120
トランスセクシュアル　106, 120

ナ 行

内縁　215
24時間在宅介護・看護　37
日本型福祉社会　140
日本の企業風土　49, 50
野口悠紀雄　72
ノン・モノガミー　117-119, 121

ハ 行

配偶者控除　34, 96, 141
パーソナル化　27
パーソンズ, T.　260, 265, 271
パターナリズム　73
破綻主義　6, 217, 226, 233, 266, 281, 284, 301
ハッテン場　118
パート減税　34, 35
パートナーシップ法　10, 11, 18, 291, 295
パートナーとの情緒的絆　92, 93
パパの月　298
パール, J.　20, 177-79, 180, 185
パワーゲーム　16, 206, 210
判決離婚　214, 225, 226
晩婚化　10, 12, 27, 60, 61, 63, 70, 71, 73, 74, 262, 266
非婚　82
非婚カップル　84
非婚協棲　82-84
非嫡出子　96, 290
非同時性　162, 163
「ひとつに融け合う愛情」　21
非法律婚　8, 81
非法律婚カップル　13, 21, 81-84, 180, 181
「非法律婚カップル調査」　81, 89, 90, 93, 94, 99, 105, 113, 180
非法律婚カップルの家族観　87, 88
非法律婚の現代的意味　95
非法律婚の選択動機　84
非法律婚の利点　86
平等タイプ　299, 300
貧困の女性化　270
夫婦間暴力　215
夫婦の平等性　242-45, 249
夫婦分離課税　35
夫婦別姓　84, 85
夫婦別姓案　54
夫婦別姓法　303
フェミニズム　4, 17, 127, 269, 271, 290
不可視的権力　139, 299
父権社会　245
父子関係の確定制度　7, 8, 11
婦女権益保障法　255
フリーセックス　304-06
ブンクとドリール　101
平均初婚年齢　72, 270
ベッカー, G.　41, 42, 59, 269, 271
ヘンスリン, J.M.　98
封建的家父長制　245
法律婚　6, 7, 20, 21, 83, 91, 98, 99, 111, 112, 214, 216
法律婚カップル　11, 13
法律相談　232
北欧　50-52
「母子家庭」化　45
ホックシールド, A.　132, 133, 274
ホーフステッド, G.　43, 44
ホロン型　28, 50

マ 行

マリッジ・カウンセリング　18, 281
マリノフスキー, B.K.　2
未婚化　10, 12, 27, 60, 61, 70-73
未婚率　30, 33, 61, 70, 72, 262, 263
民法改正案　54, 96, 222, 227, 229
面接交渉　229, 230
メンタルな家事　133, 134
モラトリアムとしての非法律婚　101

ヤ　行

八代尚宏　59
ヤングアダルト　73
友愛的結婚　270, 271
有責主義　6, 217, 226, 233, 266, 281, 284
有責配偶者からの離婚請求　226
養育権　302
養育責任の追及　8, 11
養育費　303, 308
養育料　224, 230, 231
養児防老　252, 253

ラ・ワ　行

ライフスタイルの多様化　1, 12, 17, 18, 21, 289, 292
ライフスタイルの中立性　18, 97, 289, 291, 305
ライフスタイルの一つとしての非法律婚　97, 98
ラッセル，B.　41

履行勧告　224
離婚　16, 212, 262, 266, 271-74, 276-82, 301
離婚観　219
離婚給付　222, 223
離婚増加の原因　218
離婚の理由　215
離婚法　6, 226, 301
離婚率　72, 212, 216-18, 259, 260, 264, 266-69, 272, 279, 280, 301
リッチ，A.　9, 108, 120
両親保険制度　291
臨時児童養護休業制度　292, 307
レズビアン　9, 10, 278, 279, 295
レズビアン／ゲイ・スタディーズ　106, 119
恋愛観　270-72, 277
恋愛結婚　4
恋愛結婚イデオロギー　76
「連帯市民協約」（PACS）　7, 98
労働参加率　35
ワースマ，G. E.　99, 101

執筆者紹介 〔執筆順〕

善 積 京 子 (よしずみ・きょうこ,序・第3章)
編者紹介参照。

大 橋 照 枝 (おおはし・てるえ,第1章)
1941年生まれ。麗澤大学国際経済学部教授。博士(学術)
著　書　『未婚化の社会学』日本放送出版協会,1993年。
　　　　『デジタル時代のパーソナル・マーケティング』ＮＴＴ出版,1996年。
　　　　『静脈系社会の設計——21世紀のパラダイム』有斐閣,2000年。
　　　　『環境マーケティング大全——エコ・エコノミーの実践のために』麗澤大学出版会,2002年。

山 田 昌 弘 (やまだ・まさひろ,第2章)
1957年生まれ。東京学芸大学教育学部助教授。
著　書　『近代家族のゆくえ——家族と愛情のパラドックス』新曜社,1994年。
　　　　『結婚の社会学』丸善ライブラリー,1996年。
　　　　Japanese Family in Transition フォーリン・プレス・センター,1998年。
　　　　『家族のリストラクチュアリング』新曜社,1999年。
　　　　『パラサイト・シングルの時代』ちくま新書,1999年。
　　　　『家族というリスク』勁草書房,2001年。

杉 浦 郁 子 (すぎうら・いくこ,第4章)
1969年生まれ。中央大学他非常勤講師。
論　文　「「動機」はどのように観察されるか——カミング・アウトの動機の誤彙を題材に」『現代社会理論研究』(8,93-104ページ)1998年。
　　　　「Kさんは『トランス』か——性的アイデンティティの理解可能性」『解放社会学研究』(13,53-73ページ)1999年。

矢 島 正 見 (やじま・まさみ,第4章)
1948年生まれ。中央大学文学部教授。
著　書　『成熟社会の病理学』(共編著),学文社,1993年。
　　　　『生活問題の社会学』(共編著),学文社,1995年。
　　　　『男性同性愛者のライフヒストリー』学文社,1997年。
　　　　『女性同性愛者のライフヒストリー』学文社,1999年。

松田　智子（まつだ・ともこ，第5章）

1957年生まれ。佛教大学社会学部専任講師。
著　書　『職業とジェンダー』（共著）日本評論社，1998年。
論　文　「老親子関係の分析単位を個人にすることの方法論的有効性」（共著）『老年社会科学』
　　　　（Vol. 15 No. 1）1993年。
　　　　「中高年期の夫婦関係とソーシャル・ネットワーク——夫と妻のズレを中心に」（共著）
　　　　『生活協同組合研究』通巻289号，2000年。

礒田　朋子（いそだ・ともこ，第6章）

1956年生まれ。呉大学社会情報学部助教授。
著　書　『いま家族になにがおこっているのか——家族社会学のパラダイム転換をめぐって』（共
　　　　著）野々山久也・袖井孝子・篠崎正美編，ミネルヴァ書房，1996年。
論　文　「家族の私事化に関する実証的研究」（共著）家族社会学セミナー編『家族社会学研究』
　　　　1991年。
　　　　「私事化・個別化と家族の統合」（単著）社会分析学会編『社会分析』1994年。

木村　清美（きむら・きよみ，第7章）

1954年生まれ。大阪産業大学経済学部教授。
著　書　『現代女性の暮らしと働き方——消費生活に関するパネル調査（第5年度）』（共著）大蔵
　　　　省印刷局，1998年。
　　　　『ワンペアレント・ファミリー（離別母子世帯）に関する6カ国調査』（共著）大蔵省印
　　　　刷局，1999年。
論　文　「妻がもつ貨幣——貨幣をめぐる夫妻関係」『季刊家計経済研究』通巻第17号，1993年。
訳　書　ジャン・パール『マネー＆マリッジ』（共訳）ミネルヴァ書房，1994年。

加藤伊都子（かとう・いつこ，第8章）

1951年生まれ。「フェミニストカウンセリング堺」フェミニストカウンセラー。
著　書　『フェミニストカウンセリングの未来』（共著）新水社，1999年。
　　　　『ＣＲでエンパワメント』（共著）日本フェミニストカウンセリング研究連絡会自主グ
　　　　ループＣＲ研究会編，1998年。

榊原富士子（さかきばら・ふじこ，第9章）

1953年生まれ。東京弁護士会所属弁護士。
著　書　『これからの選択夫婦別姓』（共著）日本評論社，1990年。
　　　　『女性と戸籍』明石書店，1992年。
　　　　『離婚判例ガイド』（共著）有斐閣，1994年。
　　　　『程よい距離を保つための秘訣』メトロポリタン出版，1998年。

徐　　安琪（じょ・あんき，Xu An Qi，第10章）

1947年生まれ。上海社会科学院社会学研究所副研究員。
著　書　『離婚心理』中国婦女出版社，1988年。
　　　　『上海婦女社会地位調査』（編著）中国婦女出版社，1995年。

『世紀之交中国人的愛情和婚姻』（編著）中国社会科学出版社，1997年。
『中国婚姻質量研究』（共著），中国社会科学出版社，1999年。
論　文　「婚姻質量――度量指標及其影響因素」（共著）『中国社会科学』1998年第1期。

松川昭子（まつかわ・あきこ，第10章訳）

1961年生まれ。早稲田大学人間総合研究センター客員研究員。
著　書　『エイジングの心理学』（共著）早稲田大学出版部，1999年。
論　文　「山村高齢者の自立的生活――山梨県東八代郡芦川村上芦川地区の事例」，『人間科学研究』（早稲田大学人間科学部紀要）第9巻1号，1996年。
「中国における経済改革・対外開放政策と家族の変容――離婚増加現象に関する一考察」，『早稲田大学大学院文学研究科紀要』別冊第二十集哲学・史学編，1994年。
訳　書　A．ギデンズ，松尾精文・松川昭子共訳『親密性の変容――近代社会におけるセクシュアリティ，愛情，エロティシズム』而立書房，1995年。

岩井八郎（いわい・はちろう，第11章）

1955年生まれ。京都大学大学院教育学研究科助教授。
著　書　『戦後日本の教育社会』日本の階層システム3（共著）東京大学出版会，2000年。
『ジェンダー・市場・家族』日本の階層システム4（共著）東京大学出版会，2000年。
論　文　「標準化された優秀性――アメリカにおける私立エリート中等学校の伝統と変容」『京都大学大学院教育学研究科紀要』第47号，2001年。
訳　書　G．ホフステード『多文化世界――違いを学び共存への道を探る』（共訳）有斐閣，1995年。

岩井紀子（いわい・のりこ，第11章）

1958年生まれ。大阪商業大学総合経営学部教授。
著　書　『現代家族の社会学――脱制度化時代のファミリー・スタディーズ』（共著）有斐閣，1997年。
With This Ring: Divorce, Intimacy, and Cohabitation for a Multicultural Perspective（共著）JAI Press，1999年。
『日本人の姿 JGSSにみる意識と行動』（共編著）有斐閣，2002年。
訳　書　G．ホフステード『多文化世界――違いを学ぶ共存への道を探る』（共訳）有斐閣，1995年。

高橋美恵子（たかはし・みえこ，第12章）

1962年生まれ。大阪外国語大学外国語学部講師。
著　書　Lone Mothers in European Welfare Regimes -Shifting Policy Logics（共著）Jessica Kingsley Publishers，1997年。
『ワンペアレント・ファミリー（離別母子世帯）に関する6カ国調査』（共著）大蔵省印刷局，1999年。
論　文　「スウェーデンの住宅事情」『都市問題』第86巻第7号，1995年。
「スウェーデンにおけるワンペアレント・ファミリーの実態と家族政策の動向」『季刊家計経済研究』第35号，1997年。

《編者紹介》

善積 京子（よしずみ・きょうこ，序・第3章）

1949年生まれ。追手門学院大学人間学部教授。

主 著 『脱・結婚』（共著）世界思想社，1985年。
『ホームエコノミックスと女性』（共著）昭和堂，1987年。
『非婚を生きたい──婚外子の差別を問う』（編者）青木書店，1992年。
『婚外子の社会学』世界思想社，1993年。
『〈近代家族〉を超える──非法律婚カップルの声』青木書店，1997年。
『ビデオサブテキスト：スウェーデンの葬送と高齢者福祉──変わる家族の絆』（編著）M＆Kメディア文化研究所，1998年。

シリーズ〈家族はいま…〉①
結婚とパートナー関係：問い直される夫婦

| 2000年5月30日 | 初版第1刷発行 | 検印廃止 |
| 2003年4月30日 | 初版第2刷発行 | |

定価はカバーに
表示しています

編 者	善 積 京 子
発行者	杉 田 啓 三
印刷者	坂 本 嘉 廣

発行所 株式会社 ミネルヴァ書房
607-8494 京都市山科区日ノ岡堤谷町1
電話代表 (075)581-5191番
振替口座 01020-0-8076番

©善積京子, 2000　　　　内外印刷・新生製本

ISBN 4-623-03123-3
Printed in Japan

【家族社会学研究シリーズ】

野々山久也／袖井孝子／篠崎正美編著
① **いま家族に何が起こっているのか**
◎家族社会学のパラダイム転換をめぐって
A5判　386頁　本体3200円

現代の家族変動は新しい規範を模索している。家族の個人化，私事化ならびに多様化を探り，さらには外国の文化圏と比較することによって，家族社会学のニュー・パースペクティブを提示。

熊谷文枝編著
② **日本の家族と地域性（上）**
◎東日本の家族を中心として
A5判　216頁　本体2500円

各地域の文化的要因を考慮しながら，家族の構造と変動を分析する地域の現状を理解するためのパラダイムを構築することによって，進展する高齢化社会における日本の家族の現状と将来像を把握。

熊谷文枝編著
③ **日本の家族と地域性（下）**
◎西日本の家族を中心として
A5判　232頁　本体2500円

日本の社会は単一か。地域社会の多様性と地域性に着目し，日本の家族を照射する新しい試み。都市，近郊，過疎地域の三地域性をあわせて考察し，地域の特性をつかんだ生き方を探る。

【シリーズ・現代社会と家族】

野々山久也編著
① **家族福祉の視点**
◎多様化するライフスタイルを生きる
A5判　320頁　本体2800円

本書において家族福祉は，ライフスタイルとしての多様な家族形態に対する主体的な選択を保障する援助サービスであると定義される最新の理論を踏まえて家族福祉の全体像を提示。

森岡清美著
② **現代家族変動論**
A5判　256頁　本体2600円

現代の家族変動を解明する――第二次大戦後の家族研究者の関心を捉え続けてきた課題である。内外の研究動向と資料を踏まえた家族社会学研究の第一人者による家族変動論の戦後の達成を示す。

木本喜美子著
③ **家族・ジェンダー・企業社会**
◎ジェンダー・アプローチの模索
A5判　272頁　本体3500円

従来の家族研究方法に内在する問題点を批判的に考察しつつ，現代日本の家族を歴史的に位置づけ，かつ〈企業社会〉との相互連関構造を解明。
第2回社会政策学会奨励賞受賞。

光岡浩二著
④ **農村家族の結婚難と高齢者問題**
A5判　298頁　本体3500円

日本家族の原型といえる農村家族において，結婚難，高齢者問題，後継者難といった問題が発生している――。結婚難と高齢者問題に焦点をあて，その実態を分析し今後の動向を探る。

J. M. White著
正岡寛司／藤見純子／西野理子／嶋﨑尚子訳
⑤ **家族発達のダイナミックス**
◎理論構築に向けて　A5判　296頁　本体3500円

家族発達の理論にもとづいて家族変化の過程を考察。曖昧であった家族における主要な概念の多くを明確にし，疑問視されていた観念を根本的に再定義した。家族発達理論に一つの突破口を拓く。

―― ミネルヴァ書房 ――

——— シリーズ〈家族はいま…〉（全5巻）Ａ５判美装カバー ———

善積京子編
① 結婚とパートナー関係
◉問い直される夫婦
ライフスタイルの多様化する昨今，結婚しない人達も増え未婚率が上昇している。本書では，法律上の婚姻関係のみならず法律婚以外のパートナー関係も射程に入れ，現代における結婚の意味を問い直し，そのパートナー関係がどのように変容してきているか，国際的視点からも考察する。

藤崎宏子編
② 親と子
◉交錯するライフコース
「人生80年時代」といわれて久しい昨今，親として子にかかわり，同時に子として親にかかわるという「重層的な親子関係」が長期的に成立することで，従来の近代家族イデオロギーのさまざまな矛盾や問題点が明らかにされている。本書では，個別のライフコースを歩む個人としての認識から，「親であること」「子であること」の意味を問い直す。

染谷俶子編
③ 老いと家族
◉変貌する高齢者と家族
人生後半期における個人と家族の関係は，社会・経済環境の変化にともない，「高齢化」「少子化」をキーワードに，近年著しい変化を呈している本書は，老いと家族関係の変化とその影響を身近な課題も含め，歴史・文化・社会経済的側面から広範に取り上げ，考察を試みたものである。

清水新二編
④ 家族問題
◉危機と存続
家族の危機は普遍的な生活側面としてどの時代にも存在する。とはいえ，再度いま新しい家族と社会の関係が問われはじめている。本書では，生活の現実を直視した先に見えてきた「問題」に対し，家族危機の対処過程も射程に含み，さまざまなアプローチを試みる。

石原邦雄編
⑤ 家族と職業
◉競合と調整
サービス化・情報化・国際化等をキーワードとした産業構造，社会構造の大きな変化は，人々の働き方にも大きな変化をもたらしている。就業形態の多様化や変化の動向が家族生活にどの様な影響をもたらすのだろうか。既婚女性の就業の増加，終身雇用の解体と職業キャリアの複線化など密接に絡まりあう問題を問い直し，現代社会を展望する。

——— ミネルヴァ書房 ———